山西文华·著述编 阎宗临史学论著三种

世界古代中世纪史

阎宗临◎著

《山西文华》编纂委员会 编

山西出版传媒集团
三晋出版社

图书在版编目(CIP)数据

世界古代中世纪史 / 阎宗临著. -- 太原：三晋出版社，2015.8

（阎宗临史学论著三种）

ISBN 978-7-5457-1207-0

Ⅰ.①世… Ⅱ.①阎… Ⅲ.①世界史－中世纪史Ⅳ.①K13

中国版本图书馆 CIP 数据核字(2015)第 204559 号

世界古代中世纪史

著　　者：阎宗临

责任编辑：秦艳兰

封扉设计：山西天目·王明自

出 版 者：山西出版传媒集团·三晋出版社（原山西古籍出版社）

地　　址：太原市建设南路 21 号

邮　　编：030012

电　　话：0351－4922268（发行中心）

0351－4956036（综合办）

0351－4922203（印制部）

E－mail：sj@sxpmg.com

网　　址：http://www.sjcbs.cn

经 销 者：新华书店

承 印 者：山西人民印刷有限责任公司

开　　本：700mm × 1000mm　1/16

印　　张：23.75

字　　数：309 千字

版　　次：2015 年 9 月　第 1 版

印　　次：2015 年 9 月　第 1 次印刷

书　　号：ISBN　978-7-5457-1207-0

定　　价：96.00 元

ISBN 978-7-5457-1207-0

《山西文华》学术顾问委员会

（按姓氏笔画排序）

李文儒　李学勤　李　零　杨建业
张　颔　张光华　袁行霈　唐浩明
梁　衡　葛剑雄

《山西文华》分编主编

著述编　刘毓庆　渠传福
史料编　张庆捷　李晋林
图录编　李德仁　赵瑞民

出版说明

山西东屏太行，西濒黄河，北通塞外，南控中原，是中华民族的主要发祥地之一。中华文明辉煌灿烂，三晋文化源远流长。历史文献丰富、文化遗产厚重，形成了兼容并包、积淀深厚、韵味独特的晋文化。山西省政府决定编纂大型历史文献丛书《山西文华》，以汇集三晋文献、传承三晋文化、弘扬三晋文明。

《山西文华》力求把握正确方向，尊重历史原貌，突出山西特色，荟萃文化精华，按照抢救、保护、整理、传承的原则整理出版图书。丛书规模大，编纂时间长，参与人员多，特将有关编纂则例简要说明如下。

一、《山西文华》是有关山西现今地域的大型历史文献丛书，分"著述编""史料编""图录编"。每编之下项目平列；重大系列性项目，按其项目规模特征，制定合理的编纂方式。

二、"著述编"以 1949 年 10 月 1 日前山西籍作者（含长期在晋之作者）的著述为主，兼收今人有关山西历史文化的研究性著述。

三、"史料编"收录 1949 年 10 月 1 日前有关山西的方志、金石、日记、年谱、族谱、档案、报刊等史料，以影印为主要整理方式。

四、“图录编”主要收录1949年10月1日前有关山西的文化遗产精华，包括古代建筑、壁画、彩塑、书画、民间艺术等，兼收古地图等大型图文资料。

五、今人著述采用简体汉字横排，古代著述采用繁体汉字横排。

《山西文华》编纂委员会

阎宗临先生(摄于 1965 年)

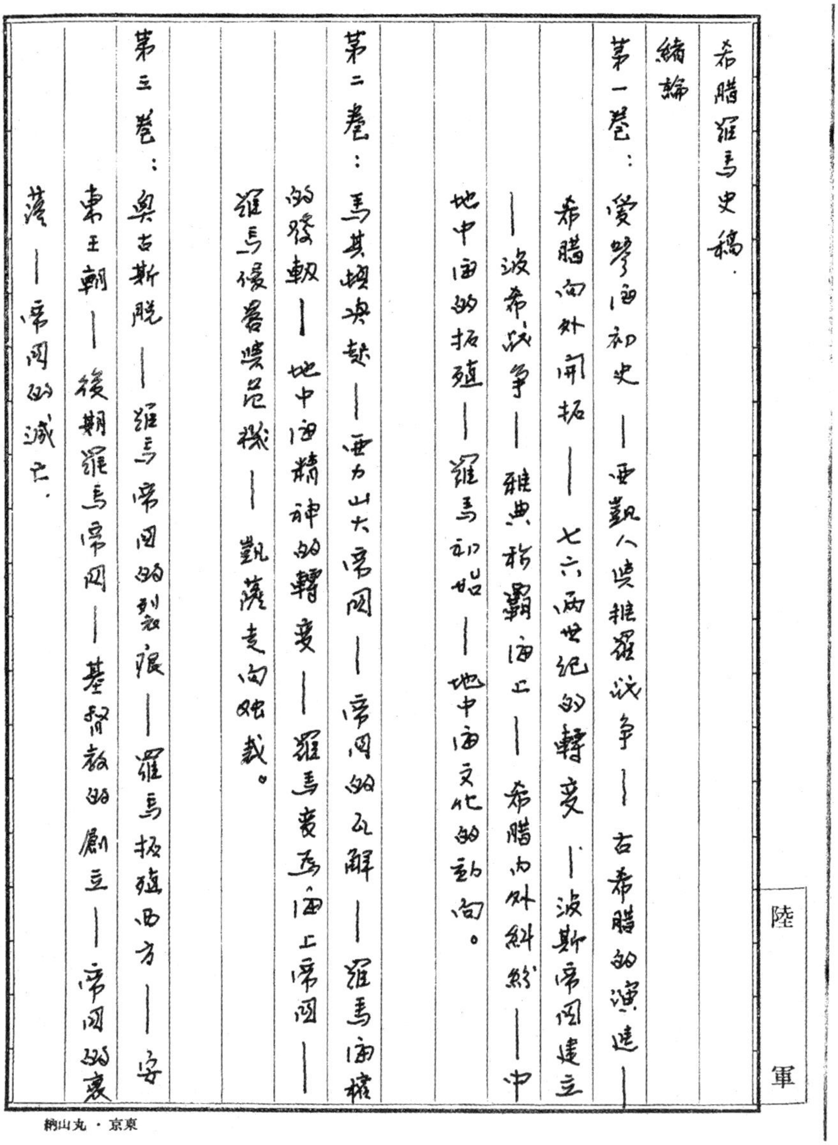
希腊羅馬史稿

緒論

第一卷：愛琴海初史——西亞人與推羅戰爭——古希腊的演進——希腊向外開拓——七六兩世紀的轉變——波斯帝國建立——波希戰爭——雅典稱霸海上——希腊內外糾紛——中地中海的拓殖——羅馬初始——地中海文化的動向。

第二卷：馬其頓興起——亞力山大帝國——帝國的瓦解——羅馬海權的發軔——地中海精神的轉變——羅馬變為海上帝國——羅馬侵略與黨派——凱撒走向獨裁。

第三卷：奧古斯脫——羅馬帝國的劃限——羅馬拓殖西方——安東王朝——後期羅馬帝國——基督教的創立——帝國的衰落——帝國的滅亡。

《希腊罗马史稿》目录

出版前言

阎宗临1904年6月生于山西省五台县一个普通农民家庭。1924年中学毕业后，来到北京，曾在《国风日报》当校对。1925年，赴法国勤工俭学。1929年，入瑞士弗里堡大学文学哲学院，学习欧洲文化和历史。1933年，获瑞士国家文学硕士。同年，回到北平，任中法大学教授，讲授法国文学。1934年，返回瑞士弗里堡大学，任中国文化课教授，同时在该大学攻读博士学位。1936年，获瑞士国家文学博士学位。1937年抗日战争爆发后，携夫人回国，共赴国难，先后在山西大学、广西大学、桂林师范学院、无锡国学专科学校任教授。1946年，赴广州，在中山大学历史系任教授兼系主任。1950年，回到山西大学，曾任历史系主任、副教务长、研究部主任等职。1978年10月逝世。阎宗临一生都在高等学校任教，专业是欧洲史、世界古代中世纪史，研究方向为文化史、中西交通史。

阎宗临回到山西大学之后，由于当时历史环境的影响，旧的学术论著不能重印，新的学术论著很少，因此，在学术界逐渐变得籍籍无名了。1998年，山西古籍出版社出版了《阎宗临史学文集》，引起史学界的关注和好评。2003年，大象出版社出版了阎宗临关于传教士的论文集《传教士与法国早期汉学》，其中收入了他在瑞士出版的博士论文《杜赫德的著作及其研究》（法文本）的中译本。2007年，广西师范大学出版社出版了《阎宗临作品》三卷，分别为《世界古代中世纪史》、《欧洲文化史论》和《中西交通史》。这三卷书，约一百万字，包括阎宗临的绝大部分史学研究成果，有专著、论文、古籍笺注以及未发表的论著，其中，70%以上是在20世纪三四十年代完成的。2007年12月，首都师范大学在北京召开"阎宗临先生学术思想研讨会"，与会学者高度评价了阎宗临博大精深的学术成就和真挚的爱国主义精神，认为他是我国世界史学科的开创者之一，是当之无愧的史学大师。而阎宗临不为当代史学工作者所知，是史学界的极大遗憾。2014年，三晋出版社出版了阎守诚著的《阎宗临传》和李书吉、宋晓芹主编的《阎宗临学术思想研讨文集》，这两本书有助于我们了解阎宗临其人、其学术。

阎宗临先生对中国传统文化和欧洲的历史与文化都有渊博的知识和深刻的理解，真正做到了中西会通，并在此基础上形成自己独特的文化史观，在欧洲文化史、世界古代中世纪史等方面提出不少精辟的见解。无论是他对文艺复兴的评价，对法国启蒙思想的价值判断，对欧洲历史的解读和文化本质的剖析，还是对中国文化的反思，都非常睿智、深刻，发人深省。他精通英文、法文、拉丁文，以西方第一手资料研究中西交通史，在这个领域取得的成绩，不仅得到欧洲学界的赞赏，也为中国学界所肯定。正因为如此，阎宗临的论著经过七八十年的沉寂，重新出版后，依然能引起史学界的震动，显示出强大的生命力。

阎宗临先生作为我国近现代中西文化交流史的开拓者，其有关著作，至今仍站在学术前沿。所以，我们决定将其有关著作《中西交通史》、《世界古代中世纪史》、《欧洲文化史论》收入《山西文华》，是为"阎宗临史学论著三种"。"阎宗临史学论著三种"所收阎宗临先生的著作大多作于1949年前，个别作于1949年后。由于研究范畴一致，写于1949年后的文章酌情收录其中。

《世界古代中世纪史》2007年曾由广西师范大学出版社出版。书中的《希腊罗马史稿》是阎宗临先生1948—1949年在广州中山大学讲授希腊罗马史课程时所写，2007年初次收入本书刊出。作者认为，欧洲是亚洲的半岛，欧洲成为“洲”是人为的。希腊罗马古史受地中海的支配与影响。

《世界古代史讲稿》是阎宗临先生1963—1964年在山西大学讲授世界古代史课程时所写，2007年初次收入本书刊出。当时高等学校已有周一良等编著的《世界通史》作为统一教材，但作者依然写了这个讲稿，题为《世界古代史参考资料》，印发给学生。现在称之为“讲稿”，是编者所改。作者对统一教材有些不同的观点，如在结构上作了调整，强调了破除“欧洲中心论”的思想；在讲到埃及、伊朗、印度等国家时，都强调了地理环境对历史的影响，这在当时是较为罕见的。

论文《李维史学研究》（1944年）、《16世纪经济革命》（1946年）写于广西桂林。《意大利文艺复兴的特质》（1947年）、《欧洲封建时代的献礼》、《欧洲封建社会之动向》、《论欧洲封建时代的法律》（均为1948年）写于广州中山大学。这些论文都是有关欧洲古代史和中世纪史的。

《关于赫梯——军事奴隶所有者》至《大月氏与贵霜王国的建立》6篇论文，写于20世纪五六十年代回到山西大学之后。论文的内容都是关于中亚诸国的历史及它们与中国的关系。作者认为，中亚是亚洲大陆的中心，也是东西方文化汇聚与交流的地方，这个地区在世界古代史上所起的作用是非常重要的，但我们所知甚少，需要深入研究，以弥补世界古代史上的缺憾。

此次出版，曾与《阎宗临作品》三卷的编者阎守诚先生共同协商，对原书进行了些微的修订，主要是改正了一些错别字和标点符号。至于原书中有些译名前后不相统一、外文名字未注中文译名、多种外语形式并存以及有些遣词用语较为特殊的地方，鉴于先生写作时的时代习惯和个人习惯，均一仍其旧，未作统一与修改，望读者周知。限于学识和时间因素，漏校错校之处在所难免，敬请读者明鉴。

三晋出版社

2015 年 7 月

饶宗颐序

孙子有言:“知己知彼,百战不殆。不知彼而知己,一胜一负。不知彼不知己,每战必败。”此谋攻之要道,知胜之枢机也。治学之道,亦何以异是。西方之言学,其考论吾华文字史事者号曰汉学,以西方之人而热心究远东之事,盖彼欲有知于我,此学之涉于“知彼”者也。返视吾国人之有志于究心西事者,乃寥若晨星。庸或有之,留学彼邦,略涉藩篱,归国而后,弃同敝屣,多返而治汉学,稍为“知己”之谋,辄以兼通东西自诩,实则往往两无所知,其不每战不败者几希?近世学风,流弊之大,国之不振,非无故而然也。

阎宗临先生早岁留学瑞士,究心西方传教士与华交往之史事,国人治学循此途辙者殆如凤毛麟角。其所造固已出类拔萃,久为士林所推重。抗战军兴,余任教(无锡)国专,自桂林播迁蒙山,复徙北流,与先生尝共事,颇闻其绪论,心仪其人,以为如先生者,真有志于“知彼”之学者也。嗣先生回山西故里,终未能一展所学,忧悴而继以殂谢,论者深惜之。哲嗣守诚世兄顷来书谓经已匄集先生遗书刊行在即,平生著述,自此可以行世,沾溉后人,为之大喜过望。不揣固陋,略序其耑,为陈“知彼”之学之重要,得先生书以启迪来学,使人知不能以“知己”为满足,而无视于“知彼”,则不免流于一胜一负。庶几欲求操胜算者,不至于南辕而北辙;则吾文之作或为不虚,亦可稍慰先生于地下也乎。

丙子春于香港

齐世荣序

阎宗临先生的文集即将出版，哲嗣守诚同志让我写篇序言，写序实不敢当，只能谈点拜读后的领会和感想，以表我对这位前辈学者的敬仰。

阎先生治学的范围很广，涉及中西交通史、世界古代中世纪史、欧洲史、古籍笺注诸多方面，其中尤以中西交通史的成就最大。《杜赫德的著作及其研究》是阎先生在瑞士伏利堡大学攻读博士学位时所写的论文，以此于1936年获瑞士国家文学博士学位。该文史料翔实，多发前人未发之覆，是我国学者系统深入研究18世纪法国汉学大家杜赫德的第一篇论文(原文为法文)，发表后随即引起了西方汉学家的重视。阎先生在巴黎、剑桥、梵蒂冈及布鲁塞尔等地图书馆辛勤查阅资料，收获甚丰，内中若干文件为我国学者向所不知。例如在《清初中西交通若干史实》一文中，阎先生根据他在罗马传信部档案中发现的资料，弄清了雍正三年(1725年)教皇本笃十三遣使来华的一些事实。阎先生还在《从西方典籍所见康熙与耶稣会之关系》一文的“附录三”中，抄录了康熙时传教士在华购置产业的契约20件，颇可注意。尤其需要指出的是：阎先生写于1962年的《17、18世纪中国与欧洲的关系》[①]，是一篇体大思精之作，生前没有发表，估计作者对这篇文章十分重视，还要继续修改。总之，阎先生关于中西交通史，特别是明清时代基督教与中国关系的研究，至今仍有重要参考

①见《阎宗临史学文集》，山西古籍出版社，1998年版，第189页。因本文与本套中《杜赫德的著作及其研究》等文内容多有重复，故本套未收此文。——编者注

价值,属于第一流水平。

阎先生于 1937 年回国后,在各大学多次讲授希腊史、罗马史、世界古代中世纪史、欧洲史等课程。在有关图书资料十分缺乏的情况下,他仍编写了《欧洲文化史论要》、《近代欧洲文化之研究》、《罗马史》、《希腊罗马史稿》、《欧洲史稿》、《世界古代史讲稿》等一系列书稿,其中除《欧洲文化史论要》和《近代欧洲文化之研究》外,大多数没有正式发表。这些书稿所达到的水平,自然不如中西交通史方面,但由于阎先生对西方历史和文化的深刻理解,仍不乏一些独到的见解。例如他认为:"构成中世纪文化的要素,概括地说,首先是希腊、罗马文化的遗惠,其次为新兴民族飞跃的活力,最后而最重要的是基督教对物质与精神的支配。这三种动力的接触,并非水乳交融,他们互相冲击,互相排拒,受五六百年时间的锻炼始冶而为一,产生了一种新的意识与秩序。"(《欧洲文化史论要》,见《阎宗临先生诞辰百周年纪念文集》,山西人民出版社 2004 年版,第 274—275 页)他还认为:"文艺复兴却是由 13 世纪文化蜕变出来的。"(同上书,第 294 页)在《罗马史》讲稿中,他指出:"罗马的伟大,不在它的武力,而在它的法律。""恃强凌弱,必然要淘汰的。"当然,阎先生在 1949 年以前还未接受唯物史观,所写的文章不免带有唯心主义文化史观的影响,这也是不必为贤者讳的。

古文献的笺注,是阎先生致力研究的另一个重点。其中《身见录》是我国第一部欧洲游记,阎先生于 1937 年在罗马国立图书馆发现其原稿,拍照带回,笺注刊布,弥补了中西交通史研究的一个空白点。《北使记》与《西使记》,王国维在《古行记校录》中虽有校注,但较简略,阎先生的笺注较王氏为详,为研究中古中亚史提供了重要史料。

阎先生之所以能取得上述成就,得力于他在国学西学两方面都有深厚的功底,称得起中西会通,这也是我国许多老一辈有成就的史学家共有的优点。阎先生留学瑞士 8 年,回国后一直教世界史方面的课程，不但精通法文、英文、拉丁文，而且他的国学修养也很深。例如，他在《古代波斯及其与中国的关系》一文中，利用《册府元龟》摘录了太安元年（455 年）至大历六年（771 年）的波斯来华使节，还利用《本草纲目》，摘录了波斯产物及其输入之品物。《册府元龟》这部类书，因其仅采“正史”，不采杂书，曾为前人所轻，但实则有其高的史料价值。史学大师陈垣说，利用它，“可以校史，亦可以补史”。还说：“《册府元龟》书唐事，多据实录，按事按年排纂，与《新唐书》等之调弄笔墨者不同，其史料最为忠实。”（《书内学院新校慈恩传后》，见《陈垣学术论文集》第一集，中华书局 1980 年版，第 414 页）《本草纲目》是医药学宝典，但亦可用以证史。史学大师陈寅恪在《狐臭与胡臭》（《寒柳堂集》，上海古籍出版社 1980 年版，第 140—141 页）、《天师道与滨海地域之关系》（《金明馆丛稿初编》，上海古籍出版社 1980 年版，第 38 页）等文中，均曾引用《本草纲目》。由此可见，阎先生虽主攻外国史，但引用中国文献时，也得心应手，甚为到位。今天的中青年应当向阎先生等老一辈史学家学习，打好基础，拓宽知识面，然后才能由博返约，达到一流水平，而不可一开始就在很窄的知识范围内阅读研究，更不可“速于成书，躁于求名”。

我们还应当学习阎先生对于著作精益求精的态度。他有不少论著已经达到相当高的水平（上述《17、18 世纪中国与欧洲的关系》即其中一例），但生前一直未正式发表。明末清初大学者顾炎武对自己的著作持十分严格的态度，他的标准是：“其必古人之所未及就，后世之所不可无，而后为之。”阎先生和许多前辈学者都是这样严格要求自己的。

根据阎先生的学养和刻苦精神，他本来有可能达到更高的水平，留下更多的传世之作。但不幸的是，抗战时期回国，颠沛流离，以微薄的薪金养活一大家人，无法安心进行学术研究。新中国成立后虽然生活安定，但又有一连串的思想批判运动，兼以地处山西，外文资料奇缺，“巧妇难为无米之炊”。20 世纪 50 年代末，阎先生曾对山西大学一位教师说:“连《圣经》都见不到,不能读,还学什么中世纪史!”拜读阎先生的文集以后,既对他的大著不胜钦佩,又对他的坎坷遭遇和未尽其才深感惋惜。今天,我国经济日益发展,政治环境宽松,社会和谐,中青年学者比前辈享有优越得多的条件,深望他们刻苦钻研,做出更多更大的成绩。

阎先生是我尊敬的前辈学者,浅学如我,岂敢为他的文集作序,无奈守诚同志盛意难违,只得遵命,好在读者自能品鉴,远胜于我的介绍。

2006 年 12 月 29 日

编者语

我的父亲阎宗临逝世后，我曾编过《阎宗临史学文集》(1998年，山西古籍出版社出版)和《传教士与法国早期汉学》(2003年，大象出版社出版)。2004年，任茂棠、行龙、李书吉编的《阎宗临先生诞辰百周年纪念文集》(山西人民出版社出版)除选编了对父亲论著的评论、他的学生的回忆及生平事迹等文章外，还收录了他的专著《欧洲文化史论要》。即使这样，父亲还有许多论著没有能出版，如：1944年在逃难中写的《罗马史》，在中山大学时写的《希腊罗马史稿》、《欧洲史稿》，新中国成立后写的《世界古代史讲稿》等。因此，我一直有个愿望，就是把他所有的论著(包括大量的手稿)编成三本书：即《世界古代中世纪史》、《欧洲史》和《中西交通史》。这样，父亲的全部学术成果，就可以得到集中的保存，不致散失，相信这对今天的研究者，会有所启迪和助益，对祖国的学术文化事业也是一点贡献。如今《阎宗临作品》三种的出版，使我多年来的愿望得以实现，我感到由衷的欣慰。

在父亲的三本书出版之际，我想谈谈这个愿望的由来。

我之所以有这个愿望，是因为我深知父亲求学的艰难。父亲于1904年6月18日出生在山西省五台县中座村一个普通农民家庭。中座村是坐落在群山环抱之间的一个小山村，那里民风淳朴，土地贫瘠，当地农民都以土法掘煤为副业。父亲从小参加劳动，种过地，背过煤。他靠半工半读读完中学。1924年，中学毕业后，来到北京。次年，在朋友们帮助下，赴法国勤工俭学，先到巴黎，白天做零工，做过推土工、油漆工、锅炉工,晚间补习法文。两年后,迁居里昂,进入杜比兹人造丝工厂,先当勤杂工,不久,被提升为实验室助理。在做工时,父亲节衣缩食,有了一些积蓄,1929 年进入瑞士伏利堡大学学习。他深知学习的机会来之不易,因此,读书非常刻苦,每到假期,同学们都到各地休假,他却留在宿舍继续苦读,因而各科成绩都特别优秀。

父亲在校主要学习欧洲古代、中世纪的历史和文化,因此,就要学拉丁文。虽然由于拉丁文深奥难学,学校规定东方学生可以免修,但父亲还是选修了这门课。经过三年的刻苦学习,在通过硕士学位前的拉丁文考试,他取得了优秀的成绩。拉丁文教授对这个东方学生的成绩感到十分惊讶,曾问他:“你从哪儿来的这股毅力?”他回答说:“我为了了解西方文化的灵魂。”1933 年,父亲获瑞士国家文学硕士学位。由于父亲勤奋好学,成绩优秀,深得校长、教育学家岱梧教授器重,遂聘他讲授中国近代思想史。与此同时,在该校研究院继续学习,1936 年, 取得了瑞士国家文学博士学位。父亲从一个农村的穷孩子,到完成国外的学业,全靠自己的努力、奋斗,其间经历的艰难困苦、坎坷曲折是难以备述的。

我之所以一直有这个愿望,还因为我深知父亲治学的艰难。父亲像所有善良正直的知识分子一样,非常热爱自己的祖国。1937 年抗日战争爆发时,父亲正在瑞士伏利堡大学任教,他毅然辞去教职,谢绝了校长岱梧教授的一再挽留,和我母亲匆匆回国。在民族遭受危难的时候,祖国的命运远比个人的安危更使他关心。抗战期间,父亲先后在山西大学、广西大学、无锡国学专科学校、昭平中学及桂林师院任教授。抗战胜利之后,1946 年应聘到中山大学任教, 并于 1948 年至 1950 年任历史系主任。新中国成立后,1950 年 8 月,父亲应张友渔、赵宗复的邀请,回故乡山西大学(山西师范学院)工作,直至 1978 年 10 月 5 日逝世,终年 75 岁。

回国后,父亲踏上了一条艰难的治学之路。父亲治学的艰难,一是客观环境的不良影响。新中国成立前,正是抗日战争和解放战争时期，战乱不已，时局不安，社会动荡，我们一家七口人靠父亲的工资维持，生活是清贫的。1944 年，日寇侵入广西，全家辗转播迁于荔浦、蒙山、昭平一带，饱尝颠沛流离之苦。新中国成立后，生活虽然安定并日趋好转，但接二连三的政治运动和极“左”思潮的冲击以及“文革”，都给学术研究的环境造成不良的影响。这些是父亲这一代人的共同经历，自不待多言。

二是研究资料的极其缺乏。父亲在欧洲期间曾购置大量图书资料，回国时运至上海，适逢上海战事，全部毁于战火，其中有鲁迅的书简、父亲翻译的《米开朗琪罗传》译稿及罗曼·罗兰为他写的序言等珍贵文献。在广西逃难时，又丢失了随身所带的书籍。上世纪五六十年代，我们对国外的学术动态及外文的历史资料原本就了解、掌握甚少，更何况父亲僻处山西，耳目分外闭塞，能见到的外文资料就更少了。尽管他精通拉丁文、法文、英文，日文和德文也都懂一点，有很好的语言知识，可惜几乎无一点用武之地。20 世纪 50 年代末，他曾对一位中年教师说：“连《圣经》都见不到，不能读，还学什么中世纪史？”表达了他对资料贫乏、禁区重重的愤慨。这种状况，使父亲很难对世界史作深入的研究。我想，他内心一定有“曾经沧海难为水”的感触，后来才转向从中国古代史籍中研究中外关系，这也是出于无奈吧。

三是学术思想的巨大转变。父亲的大学教育是在西方接受的，受西方史学思想和方法的影响较深。他采用的文化史观和多元比较法，即从历史、地缘、人种、社会、文化、宗教诸因素上，综合分析，以阐明历史的发展演变，是西方史学中的重要流派。这在他写的《近代欧洲文化研究》和《欧洲文化史论要》两部专著和一些论文中都有明显的反映。新中国成立后，他才开始学习马克思主义的史学思想，并以此重新认识历史。这对父亲来说，无疑是一个巨大的转变，一切都要从头学起。父亲是认真地、刻苦地学习马克思主义理论的，并努力以历史唯物主义的观点为指导进行学术研究。这就是他新中国成立前后的论文有较大区别的原因所在。

此外，我还深知父亲的论著和手稿保存至今是很艰难的。父亲的论著除博士论文在瑞士出版外，其余大部分发表或写成于新中国成立前，特别是抗日战争时期在广西桂林时。当时出版和发表的论著印刷粗劣，流传不广，逐渐鲜为人知。我整理的父亲的文稿，绝大部分都是他留下来的，只有很少是我从中国国家图书馆复印的。父亲的这些论著手稿得以保存至今，并不容易，至少经过两次大的劫难：一次是1944年在广西逃难时，衣物用具丢失殆尽，全家七口人只有一条被子。但不论走到哪里，父亲手里总提着一只小箱子，里面装着几本重要的书、讲义和文稿。一次是在“文革”期间，父亲的文稿被“造反派”作为黑材料抄走，父亲的精神受到极大的打击，我才懂得学术就是他的生命。后来，我几经周折，费尽口舌，才在一个风雪交加的夜晚，将文稿取回。然而，父亲写的中篇小说《大雾》和散文集《夜烟》、《波动》等书籍，却从此丢失，再也找不回来了。

正因为我深知父亲经历的种种艰难，所以，我常想，父亲这些经磨历劫、呕心沥血取得的成果，在当今学术昌明的新时代，如果再在我手里湮灭或散失，那就愧对父亲在天之灵了。这种责任感就是我的愿望的由来。

其实，我编父亲的文集，既是一种责任，也是一种缘分。新中国成立后，父亲的学术思想经历了从文化史观到唯物史观的转变。回想起来，学术思想的巨大转变在父亲的心灵深处一定留下了困惑。因为他对我们兄弟姐妹选择专业的指导思想是明确的：他希望我们学理科，不希望我们学文科，尤其不希望我们学历史。当我表示想学历史时，他多次对我说：“学历史是个无底洞，太难，不如学理科，实际一点。”在父亲的影响下，我们兄弟姐妹六人都学了理科。只有我，在山西大学地质地理系学习两年之后，改“行”学历史，那是由种种具体原因促成的，父亲也无可奈何，只好认可。1962年9月，我转到历史系，正是阶级斗争理论大行其道之时，“文科要以社会为工厂”，上山下乡、参加“四清”成了主业，我没有好好读书，父亲在专业上也没有指导过我，经常告诫我的一句话是“学好外语”。我也没有能做到。但毕竟兄弟姐妹中，只有我的专业是史学，整理父亲遗作的任务，就义不容辞地由我承担，我的兄弟姐妹和亲人也把希望寄托在我身上，这算是一种缘分吧！我想，这种缘分里，既有父子之间的亲情的责任，也有后学者对前辈学者的学术责任。那些在崎岖山路上攀登过、在荆棘丛林中开拓过的前辈学者，他们的学术贡献是不应该被埋没的。

我的愿望得以实现，父亲的论著能够出版，要感谢广西师范大学出版社领导的大力支持和责任编辑杨晓燕女士的热情帮助。我父亲从1938年至1943年曾在广西大学任专任教授，他的许多论著都写于此时。抗战八年，我们家都在广西度过，我也出生在桂林。这些算是与广西有点历史渊源吧。

父亲论著的出版还要感谢山西大学校长郭贵春教授、副校长行龙教授和历史文化学院院长李书吉教授的大力支持和慷慨资助。我父亲的后半生都是服务于山西大学的。他逝世已近三十年，他的论著的出版，还得到现任校、系领导的重视，充分体现了这所百年老校对知识分子的人文关怀，相信山西大学会越办越好。

1998年《阎宗临史学文集》出版时，香港中文大学饶宗颐教授欣然作序。饶先生是享有盛誉的国学大师。我把饶先生的序言依然放在卷首，以表达我对先生的崇敬之意，并遥祝先生健康长寿。

齐世荣先生是著名的历史学家，是我国世界史学科的开拓者之一，也是首都师范大学历史系的元老。我到历史系后，齐先生对我一直都很关心，对我整理父亲的论著也很支持，勖勉有加。现又应我的请求，在百忙中撰写了序言。我愿在此表达诚挚的谢意。

我也愿借此机会向所有关心、支持、帮助过我整理出版父亲论著的人们，致以深切的谢意！

阎守诚

2007年3月4日

目　录

世界古代史讲稿

论　文

希腊罗马史稿

绪　论①

古代西方历史的发展有两种不同的类型，由其地理环境与社会结构观察，其区别至为显明。一种以陆地为主，他的特性是封锁的，从自身取与，一切任自然演变，种族观念至为强烈，与土地结合成为含有侵略性的动力。此种社会组织扩大，凝结成一种国家观念，异常狭隘，如亚述与波斯。另一种以河流海洋为主，他是开放的，着重财富与思想的流动，竞尚自由，逞私意，喜冒险，有浓厚的个人主义，积久演为国际观念，至为宝贵，却异常空泛，如希腊与罗马。以故西方古代历史受此两种类型限制，亦即地中海与其边缘的关系，互相交错，受海陆支配，分裂成许多单位。因社会环境结构的不同，相因相成：有时兼利，趋于平衡；有时交攻，互相对峙；又有时偏执，不能相容，以趋衰落。各民族所提出之问题，所遭遇之困难，亦随时随地不同。此埃及、亚述、波斯、希腊、罗马等国，交相争夺，盛衰更替不已，促进古代西方的发展，形成辉煌的进步。然此种进步，非连续不断，有时是停滞的，而且经长久的时期。

希腊罗马史中所提出主要的问题有二：一、地中海政权如何趋于统一？二、希腊罗马文化——特别是伦理思想——与经济结构如何趋于协调？此两大问题，实希腊罗马史之骨干。他们有局部的成就，至为惊人，但是其结果却是失败的。希腊不能统一，由于经济结构受岛屿限制，形成城邦式，其伦理思想，却撮取古埃及与东方的精

①《希腊罗马史稿》写于 1947—1948 年。手稿中外文部分由比利时新鲁汶大学陈宜君、阎安审校。

英，致使个体与社会不能配合，虽有波希战后的典范时代光耀西方，却不能持久，沦于蛮横马其顿之手，终于分裂，为罗马所灭亡。罗马貌似统一，其困难亦复如是，因罗马统一的久暂不系于民族文化内在的力量，而系于地中海的统一，能否为其掌握。迦太基亡后，罗马开拓地中海，渐次取得海上霸权，跨入富强时代。然以个人与社会失调，启无限制的野心，集权产生，个人毁灭；社会是个体的结合，罗马社会破毁，实利统于掌握政权特殊阶级之手，由是内战不息，荼毒生灵，迨至3世纪，城市凋落，经济割裂，罗马统一亦破毁，为蛮人开一坦途，西方沦为群主争霸的时代，而地中海生命的活力亦由此萎缩。

希腊罗马史之动向，纯受地中海种种活动支配，对它须有一种概括的理解，始能明白希腊罗马史之发展。约在冰河时期，地中海仍系两个死海，与大西洋并不相通。直布罗陀海峡，当时仍为一陆桥。此两海赖尼罗河及欧洲河流灌汇，而亚得里亚海与红海，其时亦系巨大的河流。地中海为蒸发海，河流灌注之量不敷蒸发，须借大西洋及黑海之水调济，始能维持其水位。怀特（Wright）指出："地中海有二湖：其一为淡水湖，居东。泄入西方之湖，当冰消海水灌入时，其景有趣。方其流入，初甚细，水道被蚀，海面高涨，其面积亦扩大。峡口若非坚石，必然溃裂，缘注入时长，溃裂为必然的结果。形似空论，实有根据，试取直布罗陀海峡图证之，即见有极大之谷，由地中海深处，经海峡，入大西洋沙滩，此谷即水灌入时而成也。"[①]海水侵入，淹没此盆地，为西方大事件。当安定后，地中海人移此，文化亦随而发生。

希腊罗马古史受东地中海支配，岛屿满布，港湾交错，与亚非两洲浑然为一，不能分离，其历史发展，虽有个别的特性，却错综复杂，并不能孤立的。

希腊半岛，形似枫叶，伸入"紫罗兰色的海"内，呈现一种幻变的

①Wright：*The Quartenary Ice Age*.

神态。全境山势崎岖，系石灰岩，少树木花草，拥有一副强倔的风格。品都斯山横贯中部，沟涧错综，溪水曲折入海，沿流多丛树与野花。名山特多①，富于神话与传说，各地有他独特的品质。往昔池沼地带，今变为肥沃的平原②，景物秀丽，满植松柏、橄榄、桂花、葡萄。海风自南吹来，动响有如波涛。

希腊环以许多岛屿，有若繁星，赖伊奥尼亚海与西西里岛，与意大利半岛相连，其南部称为“大希腊”，意即希腊之拓殖，启发罗马人之心智，控制地中海的桥梁。

意大利半岛，三面环海，伸入地中海内，截为两半，亚平宁山，横贯南北，有如希腊，形成许多区域，成割据的局面。但是，希腊山脉为网状，中部突起，放射四方，构成港湾与岛屿。而意大利半岛，海岸少曲折，亚得里亚海为袋形，多暴风，非初民航海者所宜。北部阿尔卑斯山，割绝大陆，却非有力的保障。自山谷及两边甬道，外人向半岛侵入，压迫地方居民南移，集于罗马周边；南部希腊实力，向北推进，亦止于拉丁平原。以故罗马为海陆衔接地带，居民复杂，气候潮湿，土质坚硬，居是土者必有不拔的意志，始能创造土地。由人与自然的奋斗，环境亦训练居民：他们了解自强不息的真理，重个性而不重个人；他们明白有组织的合作为克服一切苦难，节省能力为最高的原则，一切以组织为出发点，要统治世界。

希腊罗马的古人并不知他们历史正确的由来，其先人藏于森林，“不知以砖建屋，运用木料，所居如蚁穴，只有阳光进去”③，但是地中海对这些质朴的居民，有种奇妙的作用，永恒的不安促使其前进，形成一种普遍的理想，活泼健壮凑至一种形的完美，不允许残缺，不允许模糊，构成地中海文化的特点。

①名山著者：Olympia，Oeta，Ossa，Parnasse，Hymette，Pentélique，Taygette.

②平原著者：Thessalie，Thebes，Athene，Angos，Sparte.

③Eschyle：*Prom*.452—453.

地中海历史，经施利曼（Schliemann）、米克贺夫（Milchhoefer）[1]及伊文斯（Arthur Evans）的地下开发，证明克里特及希腊有古远的历史，那些神话与传说仍含有史事，他不是孤立的。爱琴海文化以克里特为中心；希腊初期与埃及和小亚细亚关系至切；迨至罗马向南进展，地中海中心亦向西移，地中海的作用亦达到顶点。恺撒征高卢，轴心移动，古希腊罗马史亦渐凋零，欧洲进入混乱与蛮野的时代，亦即欧洲大陆史发展的开始。

①*Anfänge der Kunst in Griechenland*（1883），P.122—137.米氏指出爱琴海有独特的文化，并以克里特为中心。

第一卷

第一章 爱琴海历史的开始

希罗多德以为远古之时，希腊半岛有土著存在，其祖始为Pélasges。此种传说，曾视为不经，但就地名、典籍与传说等言，即含有局部史实而非完全幻想①。

倘 Pélasges 为历史实有的民族，即此民族原居何地，从何处移至希腊半岛，此问题至难解答。最合理的假设，Pélasges 是亚洲民族，由大陆移动，首先居代沙利，经亚地克，入亚加地，然后取道海路——克里特，入小亚细亚。此种移植与发展，由语言学上的成就，可说明此种趋向。安那拖利(Anatolie)地名语尾-ssos、-nda 与希腊地名有同者，如：

安：Ariassos、Iassos、Sagalassos、Pedasos、Ephesos……

希：Ilissos、Kephissos、Parnassos、Brilettos、Hymettos、Gargettos、Ardetos……

安：Alinda、Calynda、Isionda、Oenoanda、Labranda……

希：Tyrinthos、Probalinthos、Trikorinthos、Corinthos……

---

①Thessalie 有地名 Pelasgiotide；荷马的 Iliade 中，有"神圣的 Pélasges"语；雅典因 Pélasges，建立 Acropole；Achaïe 的 Ion 人，认为由 Pélasges 族的存在；Argolide 的传说，以 Pélasges 居于 Larissa，而 Herodotus 即认为在 Lemnos，Samothrace，Chalcidique，Propontide。

克里特岛，保存-sos 语尾：或为由海上移植时，所留的残迹。如：Cnossos，Tylissos，Praesos……此种名称，既非希腊语，亦非闪种语，必为西亚与东地中海古代普遍习用者。如布为 Byssos，金为 Chrysos。而意大利半岛南部，亦习用之。迨至阿卡亚人侵入，局势始变更。

中亚与埃及民族移动的结果，爱琴海起重大的变化，特别自铜器输入后，使克里特霸权稳固。

克里特位置优良，是希腊与罗得岛间之桥梁。船自北来者须停泊于此，加添淡水；船自南来者，风向北吹便于航行。物产不丰，却成为亚非欧货物聚散的中心。

公元前 3000 年前，克里特似孤立。随即为海民开拓，似来自红海。奥脱朗（Charles-Autran）断定此民族来自印度西岸、德拉维底族（Dravidiens），苏美尔王朝，萨尔贡海上发展的结果。适于此时，埃及古帝国衰落，红海开放，侵入爱琴海。

伊文斯分克里特古史为三期，①其演进历程，至为显明。到公元前25 世纪倾，已成经济中心。Zacro、Palaikastro、Mochlos 已为重要商港，而工业及金属提炼，如 Gournia 已使封建社会崩溃。锡已发现，克里特人由萨克斯，波西米亚，伊托吕利，即向西北发展。此复杂之新民族，配合新经济，已奠立地中海文化的基础。

希罗多德等赞美米诺斯（minos），语之为“海洋帝国的建立者”。米诺斯半为神话，半为史实。拉告尼、麦加利德、科孚、西西里、叙利

①伊文斯分克里特古史为三期：

M. A. I：公元前 3000—前 2800；M. A. Ⅱ：公元前 2800—前 2400；M. A. Ⅲ：公元前 2400—前 2100.

M. M. I：公元前 2100—前 1900；M. M. Ⅱ：公元前 1900—前 1750；M. M. Ⅲ：公元前 1750—前 1580.

M. R. I：公元前 1580—前 1450；M. R. Ⅱ：公元前 1450—前 1400；M. R. Ⅲ：公元前 1400—前 1200.

亚等处，有城市名 Minoa，亦如亚历山大赐名于所建之城。而 Cnossos、Phaistos 发现之资料，证明米诺斯之存在。米诺斯为实有人物，约于公元前 1750 年即位，建 Cnossos 宫。但亦代表克里特强盛时期，缘米诺斯的普遍性，证明范围广阔，此希罗多德言死于特洛伊战争前九十年，是指这一时期。

米诺斯传说与希腊传说有许多符合处，即以米诺斯神话言，亦知与雅典的关系，初臣属雅典，使之纳贡，继而反抗，由代塞（These）解放。克里特富于文化侵略，所谓迈锡尼文化，实克里特的一种混合。证诸希腊传说：

公元前 1533 年，Cecrops 开拓亚地克；前 1466 年，Danaos 开拓亚吉利德；前 1400 年，Mégaride de Car 与 Lebex à Amyclées 开拓拉告尼、麦加拉、洛克利德及亚加纳尼；前 1360 年，Cadmos 开拓碧奥西；前 1266 年，Tantale 与 Pelops 开发伯罗奔尼撒。

克里特建立海上霸权，宗教与政治混而为一。相传每九年，米诺斯与宙斯会见，地点在 Cnossos 南 Iouktas 山中，因此克里特的艺术，亦含有人神混合的特点。

公元前 17 世纪，克里特强大，有一百五十年之久，登峰造极，完全为繁荣时代。此后国势仍强，却有甚多宫殿被毁，如 Phaistos、Tylissos、Haghia-Triada，独 Cnossos 宫殿巍然独存，于是发生内战的可能，在公元前 15 世纪后半期，各城市互相战争，Cnossos 为胜利者，摧毁其他城市。但是，分析所遗留之古迹，严密考究，如 Haghia-Triada 宫殿毁后补修者，已脱离地方风味，多是麦加拉式。而麦加拉是阿卡亚人活动的中心，领导希腊陆上的动向。便是公元前 15 世纪后半期，Cnossos 所建宫殿，如 Keratos 河畔与 Isopata 坟墓，亦受希腊大陆的影响。因此，克里特的衰落，仍由于阿卡亚人的兴起。

阿卡亚人以和平方式，侵入希腊为时已久。自公元前 15 世纪后，侵占岛屿，向海上扩张，波及克里特岛，毁 Gournia、Pseira、Zacro、

Palaikastro 诸城市。克里特于外患中奋斗,维持至公元前1180年,米诺斯王朝最后代表须向西西里岛逃走,而克里特政权落于伊多麦奈(Idomenée)手中。相传伊氏参加特洛伊战争,此说明克里特转为希腊附庸,阿卡亚人成为希腊统治者。

第二章　阿卡亚人与特洛伊战争

希罗多德言希腊居民,继 pélasges 之后者,一来自埃及,名 Danaos,为 Persée 之后裔;一来自 Phrygie,是 Atrée 系统,即习惯所称阿卡亚人。“Ach”拉丁文为 Aqua,意为水,指新民族沿江河而来者。

约公元前2500年前后,铜为生活必需品。社会起重大变化,形成一种新贵族,以经济为其背景。印欧民族由游牧变为农业演进中,遂起一种分裂,向印度、伊朗、两河流域、希腊等移动,而阿卡亚人即停于希腊北部与小亚细亚边岸,其方式为和平的。

迨至亚述兴起,毁埃及与赫梯均势(前1278),阿卡亚人不能固守,向希腊伯罗奔尼撒半岛移动,有良好港湾,如 Nauphie 及 Asine,有险要的山区,如 Argos 及 Tyrinthe,易于防守,迈锡尼遂成为中心。

迈锡尼受克里特影响,前16世纪后,已少地方色彩,1876年施利曼考古工作可为证明。希腊传说,约前1266年,Pelops(Tantale 之子)为特洛伊王 Ilos 所逐,居亚告利德。Boghaz-Keui 发现赫梯文献,证明 Pelops (非神话中人,乃指代表亚凯民族者)来自伏利锐,并非虚构的。

自公元前13世纪后, 阿卡亚人发展, 昔为克里特统治之迈锡尼,今主客易位,一方面科林斯、雅典归附,迈锡尼充其盟主,他方面特洛伊战争发动,克里特王 Idomenée 遣二十四艘战船参加,于是史学家称此时为迈锡尼时期。

所谓迈锡尼文化,实克里特与雅典大陆的混合,以实用为目的,失掉克里特轻盈的理想,非常僵直(如狮门)笨重(如巨墓),多几何形。

当克里特武力衰弱，须维持其强国地位，借助殖民地实力。阿卡亚人始而与之合作。继而意识觉醒，渐次团结，终于发动攻势，迈锡尼代替 Cnossos，克里特变为附属。海上途路大开，希腊与小亚细亚浑然为一，而阿卡亚人生活亦起变化，“江民”变为“海民”。

Boghaz-Keui 史料证明，前 14 世纪，阿卡亚人与小亚细亚发展颇速，如 Lycie、Pamphylie、Milyas 拥有强大海军。据 Eratosthène 及 Denys d'Halicarnasse 所记，于公元前 1193 年至前 1184 年间，希腊阿卡亚人取 Lesbos 岛，与小亚细亚同种人衔接，造成包围特洛伊形势，以故战争发生。

阿卡亚人向爱琴海北部发展，已与雅典、特洛伊冲突，今取 Lesbos 岛，形成一种包围。特洛伊“多金多铜”①，据海峡之固，筑坚厚城墙，邻人信其力。特洛伊组织小亚细亚集团，以封锁黑海，参与者有 Mysie、Phrygie、Lycie、Carie。赫梯支持特洛伊，惜亚述兴起，毁其实力，埃及取中立，以故十年战争（前 1193—前 1184）②，终为阿卡亚人所败。

诗人荷马叙述战争，言特洛伊王普利安（Priam）子帕里斯（Paris）报聘斯巴达，遇墨涅拉俄斯（Ménélas）妻海伦，惊其美，夺走，迈锡尼王阿加门农（Agamemnon）集希腊全力，报此奇辱，终于焚毁特洛伊③。史诗被庇西特拉图（Pisistrate）（前 561—前 527）刊行问世，一为《伊利亚特》（*Iliade*），一为《奥德赛》（*Odyssée*），各二十四章。

荷马为人怀疑④，希腊七城争其出生地，生年不一，相距太远⑤，

①Iliade：X.315—316.

②Timée 以始于公元前 1193 年，Eratosthenes 以始于公元前 1183 年。

③1874 年，施利曼发现特洛伊故址及普利安财库。

④Aubignac：*Conjectures Académiques*. 1664. 1716 刊行。

Wolf：*Prolegomena*.1775（Halle）.

⑤Philostrate 以荷马生于公元前 1159 年，Théopompe 即生于公元前 687 年。

唯一可靠者，即史诗是伟大诗人作品，那里有传说，有短篇，有短歌，无一非天才的创作。希腊传说很多（古史中有传说是普遍的），原始想象丰富，将史事神化，这是一种活档案，虔诚者服膺于心。为了适合时代，歌者伴竖琴以感动群众，必有修改，于是有新的成分。

不论荷马如何，阿卡亚人前已有战争记载。克里特与迈锡尼艺人，确定唱词，需要写出，施以文学的技巧。此种工作必为一天才者，其名为荷马。继后向外说唱，时地不同，为使听众快慰，故杂以各地希腊人的事实、各种方言的结构，经时间淘汰，去粗留精，成为希腊共同统一的作品。

这是希腊古代的史料，由铜器进入铁器时代[①]，由游牧转为定居，氏族观念很强。尤利乌斯贵为国王，床须自作，其妻织衣，成而复拆，几二十年。国王与家长不分，有绝对权力。这是城邦制开始，尤利乌斯笑 Cyclops“没有法律，没有议场……”

阿卡亚人控制黑海，叙利亚及利比亚（Lybie）边岸，皆有他们的殖民地。

第三章　古希腊形成与社会演进

特洛伊战争是亚凯向外发展的结果，其向外发展的原因，由于争夺经济利益，同时亦因多利安（Dorian）民族的侵入。公元前 13 世纪，多利安人已向希腊移动，铁器开始应用，毛织物的衣服，皆为当时生活上重要事件。及至特洛伊战役六十至八十年间，多利安人如潮涌来，毁迈锡尼文化，阿卡亚人缔造的海上优势，亦渐次转移，史学家称此为“希腊史上的中古世纪”。

多利安人挟其军事的优势，自伊利利侵入代沙利，代沙利近海峡，各民族集会地带，地狭，不能供给居民生存，多利安人向伯罗奔

①《伊利亚特》提及铜三百二十九次，铁二十三次；《奥德赛》提到铜一百零三次，铁二十五次；《伊利亚特》中，铁用为武器者三次。

尼撒移民。[1]由是,自公元前 12 世纪末,多利安人渐取主动地位;控制亚告利德后,即取 Amyclai,更南下占据斯巴达平原[2]。

斯巴达平原,土地广大,藏于峻岭之中,不易为外人侵入,由五个村庄 Pitané、Limnai、Konaura、Mesoa、Dyme 集合, 形成多利安人实力的中心。他们对待土人,不使太强,以防叛乱;不使太弱,以利生产。多利安人用武力维持,保持民族的优势。

斯巴达为组织希腊大陆的因素,其政治开始便融贵族与军事于一体。由三家统治:Agiades、Euripontides、Aegides。公元前 1074 年,Aegides 移居 Thera 岛,政治即由两贵族处理,是为两王制的由来。

经多利安新民族的推动,阿卡亚人及其他民族外移。就希腊言,亚地克成为他们的中心。亚地克有七个小城,雅典为首,以其地偏东南,北方来者很少取道于此。其次,山势崎岖,土地贫瘠,不足维持大量居民生存,每至一定时期,须向外移民。最后,此地居民多是混合者,地方观念较为薄弱。至公元前 11 世纪,雅典社会有贵族、农民与工匠,趋向平等,三者皆为公民。

贵族虽较少,但是数目颇多,约有三百六十户,各以其家为中心,不能团结,故难维持君主制。自身既为贵族,不愿与人平等,欲维持特权,故有议会组织,代替君主军政权。自公元前 10 世纪起,贵族握有实力。至公元前 714 年,凡贵族,皆可为王。

古代希腊社会长期演进,将氏族扩大,逐渐达到个体解放,每个人对团体有独特的责任,他是团体的,并非个人的,由此形成城市(Polis)。此种演进的动力,由于情感(如宗教)与语言,即在原始游牧

①阿卡亚人与多利安人,就语言文字言,皆属广义的 Hellènes,其所不同者,阿卡亚人接受爱琴海文化,失掉原始的特点。而多利安人,即富于保守,有原始的活力。

②多利安人夺取阿卡亚人地位, 反映在 Eschyle 与 Euripide 剧本中,如 Clytemnestre 与 Oreste,叙述 Atrides 一家事。

时代，忘其经历，偶忆及二三要事，即创为神话，引为民族自身的光荣。每个城市有创立者与崇拜的神。为此，希腊不能成为国家，地方性太强，偶然特殊情形的结合，亦非政治的力量，乃是利害相同自然的演进。

无论游牧与定居，氏族（Genos，意为男性习惯）为团体的中心，非常神圣，保证过去与未来，重视血统，不许混杂，禁止独居，女子不生育者即出之。如无子嗣，可以过继。居屋为圆形，中间有火，屋小，墙厚，借此拒抗外敌。此种氏族为集体的，虽人口众多，土地不得分割，亦不得转让，因土地属于团体而不属于个人。家长权力最高，主祭祀，管理产业，传授来者。如族中有绝嗣者，女子可继承，却须与最近者结婚，或最近者继嗣，承受遗产。主妇主持家务，守长明灯。外客来须参加祭祀，始能分享家中生活。以故氏族重荣誉，设受外族侮辱，须加报复，此海伦被劫走而有特洛伊战争也。

时间演进，人口繁殖，生活亦渐复杂，氏族势必分裂，但囿于传统，有三氏族合为一组者，有四氏族合为一组者，以信仰为共同基础，不与外人通婚。他们选择适中与险要地点，作为市场，亦为宗教与政治中心，城市由是而起，上城称 Polis，下城称 Astu，意为住宅区。继后下城富足，取 Polis 之名，而守城即名为 Acropolis。希腊史开始时，伊奥尼人有四处，多利安人有三处。

王政起于氏族的扩大，帝王为家长的变形①。从史料上看，希腊有两种典型：一为米诺斯式，受埃及影响，含有神性；一为多利安式，是氏族演进结果，人民代表，如 Atrée。帝王如家长，握有一切全权，他是世袭的。倘如一个人有独特才能，尤其在军事方面，亦可为帝王。Boghaz-Keui 史料中 Koiranos 一字，意为“酋长”，而在荷马诗中，即作“将军”或“帝王”解。此证明武力重要，借此为王而合理化②。

①希腊文中 Basileus（王）与 Anax（主）通用。

②Iliade XII：“我们帝王有光荣的统治，吃肥肉，饮美酒，他的价值很大，因为他在先头作战。”

自公元前9世纪至公元前7世纪，王权衰落，究其原因，由于民族混合及经济变化，产生新贵族。少数资产者团结，如雅典的Alcméonides，科林斯的Bacchiades，他们握有武力与资产，资产阶级悉附属于贵族团体中。城邦逐渐形成，向外发展，争取殖民地。

第四章　希腊向外拓殖

亚洲帝国动摇，东地中海由腓尼基经营，约公元前1000年时，他们达到直布罗陀海峡，建加代斯（Gades）。论到腓尼基，《圣经》说："那些城内的商人比帝王还富足。"公元前814年，地尔控制整个地中海，建迦太基，由是西方原料，如银、铜、铅、锡、琥珀等，悉入其掌握，这是西方古史上重大的事件，给希腊人开创了新的路径。

希腊经特洛伊战争后，已接受亚洲的思想①，而小亚细亚脱离两河流域，不能自止地倾向爱琴海。这是米诺斯时代的复活，只是主人不同，他们充满了健壮的活力。约公元前9世纪顷，集Milet、Priene、Ephèse、Samos、Colophon、Teos、Clazomene、Erythrée……组成伊奥尼亚（Ionic）联邦，利用亚述恐怖造成的和平，封锁黑海与爱琴海。

米利都（Myles）海军实力，自公元前8世纪已独霸黑海，经营高加索铁的贸易。名城林立，如Sinope、Trébizonde、Cherson、Théodosie、Panticapé、Olbia、Tanaïs，米利都人变为国际商人，与他相近的Ephèse，掌握金融，幕后发动政治的阴谋。如银行家Melas族，拥有巨资，吕底亚国王受其惠以稳固政权。尔拜为金属原料市场，Chalcis与Erétrie逐渐繁荣，前者开拓色雷斯，后者与科孚相连，进至意大利。此种向外开拓，激起一种竞争，科林斯、麦加尔、埃锐纳、西西庸，向西拓殖，大希腊财富入其掌握。公元前734年，科林斯建叙拉古；而希腊争相竞夺，建Sybaris、Crotone、Métaponte。到公元前7世纪，在

① "希腊神学由各地因素形成，与巴比伦苏玛尔接近。"J.Pirenné：*Les grands courants de l'hist*.Univ.T.I.P.98.如Aphrodite与Ishtar类似。

地中海中部，希腊已成迦太基劲敌。

截至公元前9世纪，西方有两种动向：亚述以专制与武力，建立帝国；美索不达米亚为中心，然文化不统一，而空有外形。东地中海由割绝进入活动期，变为经济的向心力。埃及三角洲已为东地中海的一部，Ramsès Ⅱ建Tanio城，说明埃及争取海上的雄心。腓尼基与希腊相继兴起，互争殖民地，终于对峙，而地中海簇起的城市，有共同的理想，进一步推动希腊的历史。公元前655年，埃及都塞伊斯王朝建立，说明脱离大陆集团，走向海洋的道路。大陆渐次分裂，形成割裂局面；海洋以经济为基础，一种强烈社会性的个人主义，欣然跃进，从此后争夺中亚陆路及红海海路的斗争，支配了古希腊罗马的历史。此问题由古希腊向外开拓提出，由埃及、罗马执行，至16世纪始解决。

希腊向外开拓，是宗教行为，其仪式非常隆重的。城市欲向外开拓者，首先至特尔菲（Delphes），叩问神意。阿波罗的神职者，集海外知识，悉心研究，向叩问者解答，告其所经道路、地方景物，异常真实，希腊人视为神意。

方向既定，结合同伴，至亚克波罗，取神像与圣火，登舟向外出发，一种庄严与快乐的仪式。至新地，选择一山一港地带，陈列神像与圣火，行祭礼，凡参与者，悉为同仁，新殖民告成。

创立殖民地者，大都是杰出有为的人士。他们独树一帜，不受母国政治与法律限制，以故"殖民地"一字，含义与今不同。殖民地与本土关系至为密切，却是平等的，有如兄弟，如今日英美两国。希腊不是一个国家，但希腊却是整个的，海水将它组织起来，凡希腊人所至地，便将语言、文化、宗教、经济合而为一，故有泛希腊之称。

第五章　希腊公元前7、前6两世纪之转变

东地中海城邦的发展，卷入民主潮流，但此潮流是社会改革的

结果，并非倡导政治理论，夺取政权，强社会以就其型也。[1]

多利安人侵入，形成贵族政治，与民主潮流相违。自公元前7世纪后，暴君崛起，摧毁巨大资产者，贵族政府渐趋失势。公元前607年，西西庸的Orthagoras驱逐贵族，取消阶级。公元前657年，科林斯Cypsélos夺取贵族资产，强迫劳动，建立公社。公元前627年，科林斯发生失业风潮，麦加拉的Périandre以工代赈，建设海港。前604年，Théagène夺取富人资产，分散平民。在大希腊，发展情形不同，公元前633年，Locres的Zaleucos使政府由少数富者，人民则一律平等。公元前633年，Catane的Charondas给人民全权，使豪门失势。此种政治的动向，是长期社会与经济变化的结果，故能与文化融合。而雅典的演变，更剧烈与特殊。

雅典为海洋的中心，经济变化剧烈，由是产生政治的不平等，引发革命。公元前624年，贵族德拉贡(Dracon)执法，异常严厉。公元前621年，贵族权利被取消，但人民问题并未解决，为了避免内战，产生“梭伦变法”。

梭伦好旅行，热情。公元前612年，萨拉米岛失陷，梭伦愤慨，作诗激励雅典人，终与麦加拉战收复失地。迨至公元前594年至公元前593年时，梭伦被举为督理官，受埃及Bocchoris影响，实行改革，按资产分人民为四等：第一类，有500 medimnes[2]麦者；第二类，有300 medimnes麦者；第三类，有200 medimnes麦者；第四类，无资产者。一二两类，可做高官与将领，并可为骑兵。第三类，只做低级公务员与步兵。第四类不纳税，战时可划船。梭伦反对贵族霸占土地，有组织逐步实现释放奴隶，取消债务，恢复人体自由。

梭伦改革，摧毁社会秩序，使贵族与非贵族混合。以不动产多

---

①埃及于公元前715年，Bocchoris倡改革。次之，Gygès统治Sardes，资产阶级拥有政权。米利都的Néléides皇族，须退位；Ephèse的银行家Mélas握有实力。此种情形，不一而足，实当时社会演进必然的结果。

②1 medimnes=0.5182升。

寡，决定社会地位，有现金者反变为第四类人，极不合理；人民亦无参加政治机会，仍是一种不公平。此种改革，势难维持久远，废弃往昔标准，代以现金。第一类有一达朗现金①，第二类有两千杜拉姆，第三类为一千杜拉姆。

梭伦非革命者，而是社会运动者，他深知实况，仍保存旧社会成分，不使太脱节。他握有实力，以土地化为现金，配合人民的需要。他反对暴力，主张和平，认为每个人都有反抗暴动的义务。他创立四百人会议，制定法律，由人民大会决议，刻在石上，立于宫门，请人民发誓遵守百年。继民法后又创刑法，禁止械斗与报复。梭伦为雅典创立者，他最有实力。

希腊政治纠纷波及殖民地，阿卡亚同盟②内部不协，Sybaris 与 Cretone 争夺商路。公元前 510 年，西巴利斯毁，民主势力失败。继而达朗脱取大希腊领导地位，亦即贵族取得优势，但公元前 473 年，以波希战争影响，民主派又抬头，而西西里岛城市亦战争不绝，社会处于剧烈转变中。此种政治不宁，以经济转变故，迦太基与伊达拉里亚，悉以地中海为己有，而健壮新生的希腊也不放弃它们的利益，雅典与斯巴达的动向，成了地中海一切活动的趋向。

多利安人侵入伯罗奔尼撒后，向西南发展，与迈锡尼冲突。约于公元前 735 至公元前 716 年间，迈锡尼人退多姆山（Mt Thome），不屈服，组织同盟，抗拒斯巴达。至公元前 645 至公元前 628 年时，地尔尔（Tyrtée）主持战争，恢复斯巴达勇气，取得胜利。伯岛西北部埃利得（Elide）沃地，是广大牧场，富有神话传统，与埃利斯（Elis）争霸，前者求 Argos 之助，后者求斯巴达，于公元前 572 年，斯巴达胜利，稍事休息后，发动对亚加地（Arcadie）战争，于公元前 554 年将之屈服。

①1 Talent=60 mines. 1 mine=100 drachmes. 1 drachme=6 oboles. 1 Talent=5.890 金法郎。

②亚凯同盟在大希腊主要者有：Sybaris，Locres，Crotone。

八年后，Egine、Sicyone、Argos 不能合作，相继为斯巴达所控制。

斯巴达为大陆集团，以贵族与土地为基础，社会形成种种等级。它的演进与商业城市相反，以故不能统一希腊，然其军事组织严密，保证了二百年优越地位，成伯罗奔尼撒霸主。

梭伦变法后，雅典资产阶级复兴，平民生活依然未解决。然经此演变，山民、工匠与渔人相率认识政治，遂造成一种革命的气氛。庇西特拉图（Pisistrate）鉴于此种机会，利用平民冲动的情绪，造成一种改变，形成暴君制[①]。

梭伦取消债务后，造成两种困难：一种，债权者破产，社会突变，失其演进的方向；另一种，平民获得自由，却失掉资源，结果生产停顿。时雅典政府，贵族与平民联合组织，各占其半。平民之中，山民占三成，工人占二成，而自己又不合作，造成种种困难。庇西特拉图为山民代表，于公元前 566 至公元前 565 年间，以武力取尼塞亚（Nisaia），四年后，托言卫护，以五十人占雅典，除梭伦外，没有任何人反抗，雅典民主政治为之一变。

庇西特拉图执政十九年（死于公元前 527 年），巧于应付环境，压抑贵族，发展自由农民，兴水利，奖励工业，接受雅典的传统与改革的需要，使雅典有安定与休息的机会。庇氏死，其子希皮厄斯继位，遵守父志，但是雅典民主思想勃兴，雅典少年 Harmodios 与 Aristogiton，发动革命，希皮厄斯被逐走，逃往波斯，其弟希帕尔克斯（Hipparchus）被暗杀。回光返照，贵族又有短时期的胜利。

公元前 508 年，民主派克里斯提尼登执政，创贝壳制（Ostracisme），凡有害于城邦，公民以贝壳投票，使之远走，十年不得返雅典。雅地克分为百区，每区独立，有其议会与财政。此百区由十族统治，城市、滨海、乡田混合，不使有阶级与职业之分，每族养一军，

①暴君（Tyran）意为武力夺取政权，不合法定手续，并无恶意，亦非专制，实民主政治的初步。7 世纪诗人 Anchilogue de Paros 首次用此字。

共十督理(Archontes),于四十特等人中,抽签选出。雅典政权渐入公民之手,而城邦式个人主义,逐渐发生积极作用。

第六章 波斯帝国的建立

中亚波斯帝国的创立,始于居鲁士二世大帝(Cyrus II,前558—前529年在位),合并麦地,侵吕底亚及巴比伦。其子冈比西斯(Cambyses)继位,公元前525年进军攻埃及,败萨梅蒂科斯三世(Psammetichus Ⅲ),臣服埃及。冈比西斯以内乱,急返波斯,死于中途,帝位传于大流士(Darius I,公元前521—前486年在位),他有特殊的组织能力。

波斯原为封建的组合,大流士将之统一,东起兴都库什山,西至地中海,建立神意说的君主政治,然不泥于教条。波斯以阿呼拉马兹达(Ahuramazda),巴比伦以马杜克(Mardouk),埃及以阿蒙神,如是即大流士非暴力的侵略者,有如亚述,乃是各地神灵,授权以执行神意。以故波斯政治含有普遍性与世界性。

方帝国推进,埃及、巴比伦、希腊等地人悉可参加政府。按照希罗多德所说,分全国为二十省①,以巴比伦语为官方语言,创立学校,训练行政人才。苏撒、巴比伦、埃克巴登三地为首都,尊重各地固有的习惯与文化,文告悉用官方语及地方语推行。

各省由帝王任命三位高级官吏:省长处理民政,总督指挥军队,皇家秘书负责治安,各自独立,直属帝王。地方机构,如埃及与巴比伦,完全保留。各省百分之十的产物,折为现金,缴交国库。此种皇家税制,使商人得利,以商业盈余非实物生产。国家有此确定税收,财

① Lydie、Mysie、Phrygie、Cilicie、Syrie、Egypte、Arachosie、Perse、Babylonie、Médie、Elbourz、Bactriane、Arménie、Sagartie、Scythes、Chorasmie、Gédrosie、Mattiene、Cappadoce、Lnde. 此系按照希罗多德所指者。

政免除危机。亚历山大至苏撒，得十八万达朗现银[1]。东方土地肥沃，每年纳实物三千三百二十达朗，而埃及、叙利亚及小亚细亚，共合仅二千八百一十达朗。两河流域仅一千六百达朗。印度例外，不以实物计，缴交现金，约四千零七十一达朗。当时交通至便，由苏撒至沙德，约二千四百公里，皇家差驿，需时仅八日。

不只如此，大流士铸造货币，全国通行[2]；按照巴比伦方式，确定度量衡，商业发展，属于资本主义[3]，而信用贷款，利息落至百分之十二。[4]自公元前519至公元前503年，大流士创立法典，直至罗马时代，埃及仍保其形式。经济重放任，使农业发展，加重生产。使商业繁荣，完成苏伊士运河，由波斯为中心，印度、埃及与地中海经济活动完整为一，不可分离。

帝国经济政治扩大，首求北部安全。自黑海至土耳其斯坦，由塞脱斯（Scythes）人占据，沿俄国河流，定居与游牧，交相更替，尼尼微之亡，即波斯向北推动的结果。

波斯既为中心，新起地中海强力——迦太基与希腊，自处于对峙的地位，冈比西斯反迦太基，结果失败。大流士取羁縻态度，对腓尼基城市特别优遇。但是优遇的结果，使希腊城市损失。波斯攻塞脱，希腊取黑海贸易——小麦、锡、琥珀、矿石，希腊发展，波斯愈戒惧，方大流士辟色雷斯为行省，马其顿变为保护地，波斯与希腊的决斗，实无避免了。

①1 Talent d'Alexandre=26.196kg.

②大流士金币重8.41gr.

③吕底亚商人拥有两千达朗现银，四亿大流士金币。

④约公元前715年，埃及规定利息33%，巴比伦为20%。

第七章　波希战争

波斯联合腓尼基，推行西进政策，突然使伊奥尼亚海城邦濒于危机，四十年波斯与希腊相安局面趋于破裂。伊奥尼亚城邦举行集会，米利都暴君阿里斯多告拉斯（Aristogoras）倡导筹款造船，北部由拜占庭管制黑海，南部企图夺取塞浦路斯，拒抗腓尼基人，舍埃发斯与哥洛分外，伊奥尼亚城即悉起叛乱，波斯所支持之暴君悉为推倒，雅典与欧拜亚寄以同情，允出船队援助。

公元前499年，米利都率船队，沿埃姆斯河，焚烧沙德城，继安然返回，鼓动塞浦路斯叛乱。大流士欲和平解决，无效，公元前494年用武力报复，首从海上着手。波斯组织腓尼基与埃及混合舰队，约六百艘。伊奥尼亚仅及其半，失败，米利都陷落，居民移至底格里斯河畔。叛乱似为平息。

波斯欲久安而无忧，须控制地中海，臣服希腊。大流士于公元前492年召集伊奥尼亚代表大会，争取同情，放弃专制，使各城市独立与自治，唯不能向外宣战，设有纠纷，须受波斯仲裁。伊奥尼亚城市欢迎此种开明政策，雅典推进的民主集团深受打击。

波斯转向希腊，利用内部矛盾，使之分裂加深。科林斯不怕波斯统治，米利都毁，消灭其海上劲敌。阿里斯多告拉斯受斯巴达凌辱，欲利用波斯与之对抗。埃锐纳与雅典对峙，欲以波斯实力，使雅典毁灭。其他城市，对希腊无关痛痒，只有雅典与斯巴达，海陆强力，反抗波斯侵略。但是，他们内部有纠纷，不能团结。斯巴达两王——Démarate 与 Cléomène——政见不同，Démarate 失败，逃往波斯。雅典起革命，暴君伊比亚斯成为波斯贵宾。二者催促波斯进攻，以谋政权恢复。

波斯派使臣至希腊，宣扬德威，各城市屈服，只有雅典与斯巴达拒绝献“土与水”，战争遂起。波斯以兵舰六百艘，攻欧拜亚岛，雅典求斯巴达助，以月未圆，不敢出兵。米西亚德（Miltiade）主战，亚里斯惕德（Aristide）建议，变逐日更换统帅制。公元前490年，希腊取马拉松胜利[1]。波斯海军进窥雅典，见有备而退，帝国基础为之动摇。

马拉松战役失败，埃及叛乱。巴比伦因经济恐慌，亦起叛乱，薛西斯继位（Xerxes Ⅰ，公元前485年），以武力扑灭。巴比伦遭受摧毁，经济更趋凋零，印度洋货物咸取海路，经苏伊士运河进地中海，得利者为埃及与希腊。薛西斯知希腊强力，不能妥协，反前此神权之说，而倡亚洲种族理论，以此倡导，使战争合理化。

波斯准备由陆路进攻，与迦太基联合，牵制西西里岛。时西西里分裂，Gela与Agrigente团结，抗拒塞利农（Sélinonte）与叙拉古。公元前482年，该拉暴君若隆（Gélon）取叙拉古，倾向希腊，抗拒迦太基。

雅典知波斯必卷土重来，经几番争执，泰米斯托克利（Thémistocle）[2]取得政权，逐放其友亚里斯惕德，集资建造军舰，联合各邦，组织泛希腊同盟，开会于科林斯，使斯巴达统帅陆军，任大会主席。

公元前480年，薛西斯率大军进攻希腊[3]，斯巴达王李奥尼达（Léonidas）坚守德尔莫彼山隘，以埃非亚脱（Ephialte）叛国，三百人死难。波斯大军南下，雅典危在旦夕，和战不决，遵阿波罗指示[4]，退守萨拉米岛。

---

①希罗多德说："波斯人见敌人冲来，必然失败，因人数少，又是跑着作战，这是一种疯狂战术，转眼便要覆没。但是雅典人很勇敢，值得纪念，在我的知识中，这是第一次跑着攻击，也是第一次没有恐惧，大胆地攻击波斯。"

②Plutarque叙述泰米斯托克利："其人不谙鼓琴，不善吹笛，假如给他一个渺小城市，他可使之光荣与伟大。"

③波斯军队难确定数目，但是希罗多德言：波斯最精锐的队伍，有两万四千人，船一千二百艘。

④泰氏以雅典不决，叩问阿波罗神，神答"雅典毁灭无余"。问者急，苦求之，神又答："宙斯赐雅狄纳木墙，不为波斯所破，尔辈可避其中。"泰氏解木墙为船，须退萨拉米岛。

泰米斯托克利利用地形，决战于萨拉米海湾，海面狭，中有普西达利(Psyttalie)岛，波斯舰队密集，互相自撞"如落网之鱼，以桨与棍击之，碎波斯人如裂帛。时海波助其悲鸣，夜神展其阴暗面孔，将之隐藏"。而迦太基海上实力，亦为若隆败于伊麦尔(Himère)。

薛西斯知无法挽救失败，退返波斯，使马多尼斯屯军于索拉代。马氏欲和平解决，遣使修好，雅典拒绝。公元前479年，斯巴达遣甲兵五千，败波斯军于索拉代；时雅典海军追击，又败波斯舰队于米加尔。从此波斯退出东地中海，世界帝国的幻梦消灭了。①

两种不同的政治——专制与民主，两种不同的经济——土地与财富，互相矛盾，形成集体与个体的角斗。薛西斯于公元前465年被刺死于宫中，继位者为阿尔塔薛西斯一世(Artaxerxès I，前464—前424年在位)，他无法阻止宫廷叛乱和封建势力的扩张。公元前449年，缔结西门(Cimon)条约：放弃报复及小亚细亚的统治，海军所至地仅于边岸目力范围内。

第八章　雅典海上帝国的称霸

波希战争后，雅典为政治与经济的领袖，建立五里长的城墙，设要塞，划波来为军港，Zéa与Munychie港亦以坚厚墙垣包围。各地自由贸易，雅典为海上盟主。

公元前477年，泛希腊同盟解散，此年，亚里斯惕德为海军司令，召集各城市，组织德洛斯同盟，以防波斯来侵。每个与会者，各自独立，有选举权，维持二百艘战舰，约四万人。设各邦有纠纷，执行委员会为仲裁。雅典自然变为同盟的中心，经济、政治取得优越地位。自公元前490年至前431年，雅典现金收入，由二千达朗增至二万

①薛西斯于海峡检阅军队，忽感悲哀，放声痛哭，其叔亚脱巴纳(Arthanus)叩问："大王自称是快乐人，何以忽然悲泣，相去若是呢？"薛西斯答："是的，我念及人生几何，百年后，此芸芸大众，将无一人存在，以故感慨，悲从中来。"

五千达朗。土地可为信用贷款的抵押，普通利息将至12%。

经济繁荣的结果，人口增加，雅典于十八万八千民众中，四万七千为公民，不久便增三万外人、二十万奴隶。雅典政治为之一变。

伯里克利出自名门，父为克山提波斯（Xanthippe），米加列海战的胜利者，母属于庇西特拉图系，深悉雅典政治的内情。他受完善的教育，哲人阿那克萨哥（Anaxagore）教以崇高的理想，超绝不变，其名为“纳斯”（Nous），爱好文艺，和七弦琴而歌，其第二个夫人亚斯巴锐，协助他处理政务。

公元前462年，伯氏主持政务，年仅三十七岁，诚如，他形容雅典人“有战士的胆略，有了解义务的聪明，有履行义务时的纪律”①。此种开明的政治，是海洋系统的时尚。公元前459年薛西斯被刺，埃及随即叛乱，求助雅典，伯氏极力支持，前459年，雅典船队驶入尼罗河，驱逐孟斐斯波斯驻军。斯巴达忌雅典繁荣，乘雅典兴军之时，与之对抗，雅典急调军，虽败斯巴达，却损失一半兵力，埃及又为波斯臣服。

伯氏加强同盟，军事、财政、外交悉由雅典主持，而提洛财库移至雅典，会员纠纷，昔日为仲裁，现已变为法庭，即刑事案件，雅典亦可过问。除埃腓斯外，只有雅典可铸货币。公元前449年与波斯结《西门条约》。公元前446年，雅典与斯巴达修好，平分海陆，各自称霸。

波希战争后，雅典为文化中心，Callicrates与Ictinos建帕提侬，Mnésiclès建Propylées，Phidias饰以浮雕，雅典变为一艺术馆。思想家群起，冲破雅典城邦篱围，由现实而探讨真理，阿那克萨哥与希罗多

①“民主国家为大众谋福利，法律前一切是平等的；公众自由滋养公民的自由，保护弱者，以功绩提升，国家利益与个人利益协调，保证城市政治、经济、学术艺术的发展，不使个人危害国家，亦不使国家毁个人。”（*Thucydide* Ⅱ，35）

德，率能扩大思想范围。

雅典群众嗜好戏剧。公元前493年，Phrynichos排演《米利都陷落》，观者落泪。埃希尔演宗教剧，“波斯人”出，表现普遍情绪。不久索福克利斯表现命运，《俄狄浦斯王》是悲剧的典型。最后，欧利彼得斯追求伦理真理，表现一种自由思想。这些都是新世界的基础。

雅典登峰造极，然政治有其弱点。政治尚民主，并不自由，偏狭的城邦思想，使公民权受限制。久居雅典的外人，领导工商业，却没有政治权，而选举者，皆小资产阶级，以故完全注重城邦，不能有远大的思想。雅典如是，科林斯与斯巴达亦如是。

科林斯开发亚得里亚海，与雅典东西竞赛，不能合作。斯巴达保守的土地策略，憎恶雅典民主思想，使Béotie、Locride、Phocide与斯巴达对峙，由此斯巴达与科林斯相结，拒抗雅典，希腊统一毁灭。

雅典不放弃统一的任务，伯里克利渐次仇视科林斯，又无实力使之屈服，公元前431年，对锁麦加拉市场，战争无法避免，伯罗奔尼撒战争以是起，希腊海上势力遂进入崩溃的途程。

第九章　希腊内战与国际纠纷

希腊分为两个集团，斯巴达趋向分裂，雅典卫护统一，两者经济、政治、文化不同的对峙，战争遂起，其直接原因，由于科孚岛的叛乱，民主派反抗科林斯的统治，是为伯罗奔尼撒战争①。

公元前431年战争起，雅典海军胜利，但是陆上被斯巴达两次侵入，伯里克利战而无功。瘟疫起，伯氏以之死，景况至惨②。雅典既

---

①Xénophon：*Helléniques*（7 vol），Agésilas 1—2.

②伯里克利初为人攻击其友Phidias，死于狱中。继其帅Anaxagore逃走，最后其妻Aspasia为其辩护，声泪俱下。瘟疫起，战事失利，以是褫职。长子死于瘟疫，其妹亦死于瘟疫，亚斯拔锐所生幼子亦死于瘟疫。他深感晚境凄凉，至幼子墓上，痛哭，染疾亦卒，享年七十岁。

失安定力量，政治裂为二：主和派多是资产阶级，以尼西亚斯为领袖；主战派为平民，拥护克里昂。主战派胜利，雅典于 Sphactérie 俘虏三百斯巴达人，似占优势，但是名将 Brasidas 取 Amphipolis，断雅典食物来源。公元前 422 年，克里昂反攻失败，次年签《尼西亚斯和约》，维持战前现状，交换失地，结五十年和平。

和约无法履行，雅典与科林斯仇视，斯巴达助科林斯，取曼德约胜利（前 418）。三年后，亚西彼亚提出征西西里计划，毁叙拉古以打击科林斯。叙拉古与 Léontinoi 及 Ségeste 冲突，雅典助后者，任命亚西彼亚统率船队，尼西亚斯及德谟斯梯尼协助。中途亚氏犯渎神罪，不肯返雅典辩证，被判死刑，逃往波斯①。叙拉古得 Gylippe 助，大败雅典军（前 413）。

叙拉古胜利，民主派拒贵族统治，形成一种混乱。斯巴达不能得叙拉古实助，为建造海军，转求波斯，弃仇修好（前 412）。雅典民主派失势，十人委员会组成，亚西彼亚自波斯指导贵族，亦欲借波斯以毁斯巴达。波斯介于两者之间，左右内战，侵略政策复燃，遣军队至伊奥尼亚城市。雅典动员海军，其贵族借机夺取政权（前 411）。

雅典民主军据沙莫斯岛，反抗雅典贵族政治，雅典贵族求助斯巴达，但是在海上失败（前 410）。斯巴达与波斯更团结，借其经济实力，建造船队，名将李桑德毁雅典海军于羊河，雅典被围困，公元前 404 年陷落。雅典拆毁军事设备，战船仅留十二艘，军队只三千，由三十暴君统治，希腊领导权入斯巴达手。

东地中海入混乱时期，希腊内战，波斯复统治爱琴海，唯埃及民主思想发达，三角洲叛乱，脱离波斯。大流士二世死（前 404），阿尔塔薛西斯二世继位（前 404—前 358 年在位），波斯王位争夺起，斯巴达助大流士，有万人的远征，公元前 401 年，大败于 Cunaxa。此时

①Alcibiade 被判死刑，逃走说："要他们知道我尚在人间。"

国际情势，埃及恢复海军，借叙拉古（公元前415年后为斯巴达同盟）实力，联合斯巴达抗波斯。波斯不惧雅典，与之相约，雅典结科林斯与底比斯与斯巴达对抗。

公元前396年，斯巴达王阿西拉斯（Agésilas）率军两万，渡海攻陷沙德城。波斯支持雅典等城邦，起而抵抗，公元前394年败斯巴达船队于克尼德。雅典乘机复兴，追悔城邦理想消逝，倡导国家主义，苏格拉底尊重自然律与统一的人的观念，与偏狭城邦思想相违，公元前399年以是牺牲。此时，文化与经济的范围已超脱城邦的范围。

雅典眷恋往昔的繁荣，谋重建海上霸权，斯巴达力图压制，公元前392年，召开会议，使各城邦平等，分化希腊。雅典拒绝，斯巴达转复求波斯，除伊奥尼亚外，复许塞浦路斯及纪瑶斯。波斯支持斯巴达分裂政策，叙拉古惧雅典再起，亦倾向分裂，雅典拒绝，波斯采取封锁政策，控制黑海，于公元前387年签订《Antalcidas和约》，波斯变为西方最主权者，报复萨拉米耻辱。

斯巴达称霸未及四十年，政治与外交违反希腊趋向，势已倾衰。雅典未能团结，内部分裂，希腊霸权转入底比斯。底比斯改进战术，用骑兵，复有名将Pélopidas，于公元前379年恢复独立，公元前371年取Leuctres胜利，四百斯巴达人死难。次为Epaminondas，于公元前370年侵入伯罗奔尼撒，解放迈锡尼的奴隶。继而又侵入三次[①]，死于Mantinée战争，然斯巴达军力被毁，底比斯称霸约十年。

第十章　中地中海的拓殖

腓尼基与希腊争夺地中海霸权，迦太基建立是腓尼基的胜利。波斯兴起，向西发展，臣服腓尼基，地尔航业衰落，西班牙南部银矿

①公元前368、前367、前362年三次。

与锡矿，转入迦太基手。自公元前7世纪后，希腊控制麦西纳海峡；公元前6世纪，其殖民地马赛，开发底哈尼海，迦太基方兴，与伊脱拉斯克联合，与之拒抗，即东西的连横，施以南北的合纵。

伊达拉里亚并非航海民族，他们自小亚细亚移民，定居意大利中部，建设了许多城市，Populonia为岸口，由于海上运输方便，工业很发达，西巴利斯为货物交换地，Paestum为出口货的堆栈。公元前6世纪，伊达拉里亚发展迅速，北至波河流域，南至加普亚与沙来纳，跨越罗马，虽为无足轻重的城市，然以地形优越故，伊达拉里亚有时建立统治权。

伊达拉里亚文化受克里特影响，与迦太基联合，形成一种强力，公元前5世纪，波斯西进，便与之汇合，抵抗希腊，但是伊麦尔失败，迦太基与波斯遭受同样命运。公元前474年，叙拉古败其伊迦混合舰队于古姆（Cumes）。然而地中海沿岸，仍属迦太基掌握。

迦太基由Magon族统治，推行王政，约公元前450年，政体转为贵族共和，此乃地中海共同趋势，迦太基无法例外。金钱支配选举权，议会为资产阶级，平民不与焉。由议员中举百人为裁判，政权操于贵族富人之手，时在斗争。是时，迦太基富，向外开拓，摩洛哥与塞纳加（Sénégal）有其堆栈，而英国亦有其踪迹。

迦太基与雅典不同，采取统制政策，如运输，非洲沿岸的航权，小迦太基的贸易，撒丁、科西嘉、马尔太等的贸易，排绝外人，以故财富特多。希腊内争不已，而迦太基和衷共济，获得特殊的发展。

公元前413年雅典征西西里的失败，结束希腊海上霸权，叙拉古民主派乘机而起，方此紊乱之时，迦太基托言救助Ségeste，公元前406年兴军，取Agrigente，雅典为波斯统治，西西里有被迦太基侵略的危险。

叙拉古人民举东尼斯（Denys）为统帅（前406），树独裁制，建二百艘战船，雇五万兵，增税抽捐，取百分之二十，一切以抗迦太基。西西里借此统一，盛极一时，以柏拉图为中心，哲人与诗人群集，希腊中心向西移动。

大希腊以克洛东为核心，亦有团结倾向（前 392），斯巴达联合叙拉古，称霸大陆，以其与时潮相违，仅只昙花一现，而叙拉古自信坚强，公元前 379 年，兼并克洛东，又向北发展，而为达朗脱阻止。

达朗脱为哲人亚克达斯（Archytas）统治。亚氏是柏拉图之友，利用数学，组织海陆军，建石炮队，内政修明，与叙拉古分中地中海。公元前 371 年，雅典力图复兴，控制海峡，叙拉古与之接近。达朗脱联合北非西合纳（Cyrène），轴心建立，希腊海上强力，又似恢复。唯东尼斯死，团结瓦解，罗马初次参预，联合萨莫奈，攻击达朗脱，而迦太基即伸手西西里岛。战争又起，叙拉古求助科林斯，提摩勒昂（Timoléon）至西西里，取得中层阶级同情，呼号团结，公元前 341 年败迦太基，救出希腊的文化，也保住了希腊的地位。

西西里实行开明政治，人人平等，四方来者日众。公元前 339 年与迦太基和，经济繁荣，中产阶级执政，形成地中海政治的特色。此时西方实力，埃及复为波斯统治，拥有大陆；海上归西西里与迦太基领导，重心西移，准备罗马的降生。

第十一章　罗马初始

地中海周岸活动时，意大利中部仍在孤立状态，乃自然环境使然。

拉丁平原为火山遗迹，坚硬、贫瘠。居此者须有强倔意志，与自然斗争，始能生存。人创造了土地，土地亦创造了人的性格。此地缺少自然河流，以人工引水。生活被施以一种纪律，合作成为生存必须的条件。[1]阿尔班山为政治与宗教中心，树木丛生，产橄榄与葡萄。又

[1]19 世纪考古学者所发现的水道，证明其工作伟大，高一米半，宽七十厘米，藏于地下有十五米深。Blanchère 对此说：“一切有统一性，正确的概念，有类蚂蚁共同的作品。”

有火山遗口形成的湖，著名者有亚班纳（Albano）及奈米（Nemi），景色宜人。山地与平原形成强烈的对照。

从公元前10世纪起，拉丁人居于这个平原，积久与阿尔班人、萨宾人形成一种小同盟，虽然宗教、种族与语言不同，以自然环境故，合作互助，成立了七山同盟（Septimontium）。他们以土地为基础，重父权，形成贵族，所谓古里[①]，集古里组织议会，产生国王。

罗马初史，非常残缺，含有许多传说[②]。到公元前753年，拉丁平原民族与文化已至复杂阶段。罗马居于希腊及伊达拉里亚两集团之间，随两者势力消长，罗马逐渐成长。罗马城的起源，受伊达拉里亚的影响[③]，始建一木桥，达尔干是科林斯Démarate之子，夺取政权，前此已有许多传说。

奎利纳山（Quirinal）居萨宾人，拉丁人据巴拉丁，两者隔政议场，原是一池沼地带，即是在此，罗慕洛与达西雨斯（Tatius）争，拉丁人夺走萨宾的女儿。罗马商业发达，伊达拉里亚侵略，创立城市，其仪式首定方向[④]，取方形，划圆坑（Mundus），投以亚尔伯乡土，是“父母的家乡”（Terra patrum patria）。原始崇奉Cérès，今塑朱比特居中，两边为继维斯及雨农。

达尔干时，商业已发达，输出盐鱼，继为塞维斯（Servius Tullius）

---

①“古里”（Curia）是同信仰家族的结合，罗马初期Comitia Curiata包括三十古里。

②关于初期资料，甲，Cicéro：*De Republica*. Liv. Ⅱ；乙，Titus-Livius，Liv. Ⅰ；丙，Denys d'Halicarnasse：Liv. Ⅰ.

③按Denys d'Halicarnasse与Plutarque所言传说，经Fustel de Coulanges研究，罗马城市建立的仪式，是伊达拉里亚的。

④四方理论，出自巴比伦，而“圆坑”是生死两世界关联处，每年定日启口，使死者与生者相见，普通为井，如漏斗倒置，伽图语“形似穹窿”，献牲毕，血洒其上，居民绕舞，投以财物，在Khorsabad建Sargon宫时，“民众投之以符”。

夺取政权,1857年发现沃尔基(Vulci)壁画[①],是最好的证明。

约公元前6世纪末,贵族推翻王政,由十七族组合,推举两位执政官。罗马社会遂分为贵族与平民,而争执亦剧烈。平民并非无产阶级[②],感于政治不平等,借霸业与退居圣山,公元前494年设护民官,保障利益。公元前486年,卡西乌斯(Suprius Cassius)第一次提出土地法(*Lex Agris*),将侵略所得的土地,分与平民。反动者阻止,不能执行。平民不退让,促成十人委员会,制定《十二铜表法》(前450)。此乃罗马法之基础,贵族与平民在法律面前是平等的。贵族特权取消,而政治与军事基础,以资产为准则,此种演进与雅典相同,只迟二百年。地中海文化的基调是城市的,每个公民必需受法的保障,自由发展。公元前390年,高卢入寇,其影响罗马史者至重,一为高卢人占据保河流域,伊达拉里亚受限制,罗马免除威袭;一为李锡尼变法,为平民争取执政官,公元前366年达到目的[③]。此种成就,由于外族压迫,需要军队,贵族有国家思想,与平民让步,控制第伯河入海处,事虽细微,实罗马史上重要事实,与海相连渐次觉醒自然的使命。

①1857年,Alexandre François于沃尔基发现墓中壁画,题名为"Cneve Tarchu Rumach",是公元前4世纪作品,老达尔干与伊达拉里亚英雄的斗争,每个人物下有署名,自左而右,首绘:Caile Vipinas断Macstrna铁链,Macstrna是老达尔干俘虏。中间表现双方残杀。右边表现Marce Camitlnas谋杀达尔干。里昂石刻,Clandius赞高卢人说:"Servius Tullius是Caelius Vibenna最忠实伴友,亦为许多冒险者同伴,自伊脱里出,率领Caelius的军队,驻扎在山上,将他领袖的名赐为山名,而自己亦更名为Servius,其伊达拉里亚名为Mastarna,对罗马很好。史学家Tacitus论罗马城Caelius山时说:"此山原名Querquetulanus,以生许多橡树故;继更名为Cælius,是伊达拉里亚领袖名,他曾带兵至罗马……"根据克拉尼解释此传说:老达尔干俘获Mastarna,Vibenna兄弟为朋友复仇,杀死老达尔干,经许多波折,Mastarna率Vibenna队伍,居Caelius山,自己更名为Servius tullius为罗马王。Le Génie Romain P.39—41.

②平民(Protariat)需要注册,结婚有子女,资产约二千五百元。

③Licinius制法:一、平民任一执政官;二、所付子息,由母金扣除,余者分三年清还。按土地法,李氏主张,贵族不得超过五百Jugera。

罗马踏进地中海国际的圈内，公元前348年与迦太基签订友好条约，迦太基放弃拉丁平原，罗马任其边疆外自由的发展。罗马开始成为一国家，其演进与希腊不同。斯巴达有种观念，其公民只限于多利安人，形成贵族军人，目的在城邦。罗马即反是，公民权普遍，外人或解放的奴隶皆改为公民，百人会议，以资产为准，为数一九三举位[①]，政权操于人民，立法选举，悉由人民决定，这不是城邦，这是国家。公元前337年，平民组成“Concilia plebis”，拥有公民全权，公元前326年取消债务束缚，其民主思想已超过希腊任何城市。罗马成为一个国家，公民即军队，不分种族，肩负西方世界的使命。

第十二章　地中海文化的趋向

自荷马时代后，东地中海经济发展，形成一种新文化，亚洲边岸希腊的殖民地构成新文化的中心，诗歌领导着这种动向。由于蛮族入寇造成的灾祸，激动乡土的情绪，产生了一种政治性的诗歌，如Callinos(埃弗斯人)、Mimnerme(高洛峰人)。由于生活的舒适，经济繁荣，产生一种抒情诗，如Alcée(米地来人)、Sapho(来斯保斯人)。由于政权争夺，内战不已，产生一种讽刺诗，如Archiloque(巴洛斯人)。

此种诗歌质朴，美妙，却是肤浅的，而真正代表时代者，当推思想的发展。泰雷斯创立伊奥尼亚派，吸收埃及思潮、中亚的成就，建立心物合一的理论。Anaximandre倡导无穷的观念、永久的运动。Anaximène以气为宇宙的原则[②]。Pythagore倡导神秘，Xénophon推崇精神，到Héraclite，诚不愧为独特思想家，视有无相同，一切在变。

希腊吸收古代文化，而不为所拘，创立了逻辑，奠定哲学与科学

①在一九三人的百人团中，骑士占十八个，富者占八十个，中产者占九十个，工匠占四个，有子女的资产者共一个。

②Anaximène说：“notreâme, parce qu'elle est de l'air, est en chacun de nous un principe d'union; de même le souffle, du l'air, contient le monde dans son ensemble.”

方法的基础,希腊走向逻辑途路,倡导纯理性,逐渐与埃及神秘思想分庭抗礼,地中海文化即在此两者之融化、冲突以推进。

波希战争后,希腊文化主潮在个人主义的发展。此个人主义并非自私,乃是个体意识觉醒,脱离埃及神秘彩色的羁绊,自己处理自己的问题。从此后,社会中心不是城市,也不是家族,而是独立神圣的个体,由理智作为保障,在法律上推进自然法,在经济上趋向自由贸易,在思想上尊重批评,在艺术上为半身像。一切集聚在你要认识你自己。苏格拉底不愿放弃他的主张,以身殉道。

继 Héraclite 之后,Empédocle 亦倡导理想,然以人生苦闷,理想转为烦恼,形成一种悲观,此与埃及背道而驰,Parménide 主张变化为实有的表面,一切是停顿的。Anaxagore 视运动、秩序为宇宙大道,智慧为道之开创者[①]。Leucippe 与 Démocrite 逐渐放弃埃及理想,以原子为宇宙起源,归结至唯物论上。由唯物趋于怀疑,怀疑生诡辩,此 Protagoras 耸动一时,而苏格拉底不能与之并存也。

事已至此,希腊与埃及分离。埃及视真理实有,不容置疑;希腊要探讨,结果绝望,否认真理的存在。于是希腊思潮怒放之时,价值问题提出,苏格拉底倡思想自由,以人类整体为准则,结果不为偏狭者所容, Euripide 的悲剧,Thucydide 的历史, 都能超脱狭小范围,这是一种进步。

苏格拉底死后,柏拉图去埃及,他慎密考察后,综合两个极端,建立"思想的理论"。信仰与理智不能分,此柏拉图为乐观者,自人言为无穷,自社会言为正义,他综合古代,去粗存精,建立起希腊正统的文化。

①按照 Anaxagore,"A l'origine toutes choses étaient ensemble, infinies en nombre et en petitesse."

第二卷

第一章　马其顿兴起

阿卡亚人侵入希腊后，马其顿社会发生变化，脱离原始封建状态，进入地方的组合。公元前 8 世纪起，科孚商人入 Epire，此山岳地带与海洋接触，至公元前 7 世纪，科林斯于 Leucade 及 Apollonia 设立市场，更由 Épidamne（Durazzo）推进商务至伊利利。至 Chalcidique 地带，科林斯亦建立 Potidée，地形重要，马其顿不能孤立，受希腊的包围。公元前 5 世纪时，波斯西进，臣属马其顿，然波希之战之后，马其顿确定了方向，走上希腊的道路。

公元前 5 世纪，马其顿树立王政，Perdiccas II 于万山中建都城埃格（Aigai）。版图由斯脱里蒙山谷，达到海上。公元前 436 年，雅典登峰造极之时，开发 Pangée 矿产，缘此与希腊最高文化接触，王室变为世袭，移都至拜拉，其王 Archélaos 利用希腊人建立集权组织，筑路铸币，增设市墟，声誉日著，但如暴君，Zeuxis 与 Euripide 咸来依附。以故政治趋向反封建，走希腊道路，图谋控制代沙利及加西地克。

腓利普二世（前 359—前 336 年在位）继位，消灭封建残力，既非贵族的分割，亦非城市的独立，而是以帝王为核心，扶植中产阶级，稳定军事与政治，开发 Dysoron 山的银矿、Pangée 的金矿，装备军队，积极推动侵略，分化希腊的团结。雅典政见分歧，私重于公，腓利普取Amphipolis，继夺 Potidée，雅典在色雷斯资源，悉入马其顿手，自是马其顿成为强国，加强拜拉，延亚里士多德为太子师，控制希腊大陆，希腊统一的命运已注定了。

马其顿变为希腊有力的王国，希腊自身仍在分裂，为政治逐放的两万希腊人，分散在西亚，保守派倾向马其顿，民主派却对抗，德谟斯梯尼（Demosthènes）[①]为领袖。因为时代已变，无法跳出城邦以外，其失败已注定了。雅典集战船三百艘，却无力维持。

Thessalie、Béotie、Phocide、Thèbes 悉为大陆区，往昔封建特权，不能存在，因海洋激起的个人思想；城邦培植的文化，都促其转变，中产阶级变为撑持社会的重心，土地推动，趋于团结，马其顿便利用时机，对雅典发动战争。公元前 338 年，败雅典于 Chéronée，马其顿取绝对的优势[②]。

马其顿倡导泛希腊同盟，每个城市独立，可参加议会，但是决定权却操于腓利普。他要做各城邦争夺的仲裁，干预各城邦内政，不能以政治判死刑，要扶助中产阶级。斯巴达拒绝，可是光荣已逝，变为无实力的城邦。

马其顿演进中，大希腊以达朗脱为中心，给罗马一种威胁。罗马与大希腊的关系，不只是文化的，而且是经济的[③]。雅典既败，达朗脱知希腊不可恃，转求埃比尔（Alexandre d'Epire）之助，以其为腓利普臣属。达朗脱既强，与罗马裂痕越深，战争不可免。

公元前 337 年，腓利普召开泛希腊大会于科林斯，自任为盟主，反抗波斯，公元前 336 年却为保沙尼亚（Pausanias）暗杀，功业由其

①德谟斯梯尼于公元前 352 年说："雅典人何日始尽你们的责任？是否你们还在街上徘徊？相互问有什么消息？唉！最新的消息，无过看见马其顿人战败雅典，统治希腊……"

②德谟斯梯尼对阵亡将士说："不，雅典的青年，不，你们不要找寻死者，你们要找寻独立与自由……"

③Titus-Livius 记载：罗马人于公元前 486 年、公元前 436 年、公元前 411 年由西西里购麦，酒与油也是从西西里取得。

子亚历山大完成。

第二章　亚历山大帝国

亚历山大继位(前336)时,古代西方历史入转变阶段,希腊城邦制障碍统一,致其死亡。波斯 Achéménides 朝,争夺王位,自相残杀,大流士三世(Darius Ⅲ Codoman)虽安定内政,然帝国东西相矛盾,不能确定海路动向,失其统一,所幸财政稳固,赋税悉遵先人遗则,尚能维持一时。至埃及于公元前341年,复入波斯之手,时倾向独立,自身脆弱,难以实现。

雅典为德谟斯梯尼领导,囿于偏狭城邦观念,欲联波斯以抗马其顿,昔日伯罗奔尼撒战争似又重演。方亚历山大率军北上,临多瑙河,希腊流言突起,以亚历山大遇险,起而叛乱。亚历山大星夜撤兵返希腊,严惩底比斯,除 Cadmée 及 Pindare 故居外,悉皆焚毁。公元前335年,召开科林斯大会,决定征波斯,其目的很难确定,断非英雄的冒险[①],柴纳芬万人冒险的故事,与他一种强烈的刺激,正确的消息。

亚历山大率有限军旅自拜拉出发[②],渡海峡,祭特洛伊战争时的英雄亚奇尔,南进,接连取克拉尼(前334)与伊苏斯(前333年)的胜利,埃及国家主义者,信其必胜,遣使求盟。叙利亚不战而下,地尔拒抗,以其恨希腊,毁其城,奴其民,长驱直入埃及。他尊重埃及传统,顶礼阿匹斯(Apis)神,埃及与希腊合而为一,亚历山大自认埃及法老,建亚历山大城,这是地中海的新生命,希腊与埃及的文化,将由它担负。

---

①当希腊叛乱平定后,亚历山大决定征波斯。相传亚历山大将财物分散给诸友,朋友们问他:“那么你留下什么?”“希望!”他回答。

②亚氏出兵时,率步兵三万,骑兵四千五百,军饷仅够四十日,约七十达朗,此数目字见诸 Seignobos《古代文化史》,陈译143页。

亚历山大拒绝讲和，率军征波斯。公元前331年，败波斯大军于高加美拉，焚波斯城，至苏萨，大流士三世遁走，为臣属暗杀。亚历山大以五年时间，北至药杀水（Iaxarte），东至印度河，南渡恒河入印度，败Porus于Hydaspe。后因士卒不肯前进，分三路撤军，于公元前324年返苏萨，两年后，移跸至巴比伦，他得发热病逝世。①

帝国组织，悉以前辙为范，只溃海区，脱离波斯加入科林斯同盟，小亚细亚化为七省，叙利亚使之独立，埃及复为君主国家，塞浦路斯仍保其传统世系，印度与迦湿弥为附属的王国。此空前大帝国，是联邦制，各保其传统制度，而亚历山大为联邦主脑的象征。倘论其影响，海陆对峙的局面，从此破裂，苏珊不能控制地中海，今以亚历山大城代之，西方以海为中心，渐倾独立。

政治演变，必然以经济为基础，此希腊联邦帝国，开始发展国际经济轴心，南北为红海、爱琴海及黑海，东西为印度、波斯及叙利亚，此交点势必向西延长，罗马开拓高卢，即此种动向的结果。向东发展，游牧民族西进受阻，倒流塞北，此秦必采主动态度，修长城以示决心，不使南下，奠汉向西推进的政策，这是人类历史上最重大的史实。

建立新城市使经济发展，短短十年间创七十亚历山大城，埃及亚历山大，将为地中海希腊的中心。叙利亚北与幼发拉底河相接处，有小亚历山大城（Alexandrette）。波斯海湾近底格里斯河上，建亚历

①Arrieu与Plutarque叙述亚历山大之死甚详，6月3日，经过第二次宴会后，早晨回来，发热，洗澡，睡在床上，他休息，接见将领，确定22日大军起程，23日海军起程。晚上为凉快一点，把病床从船上移到皇家花园别墅。19日觉好一点，议论风生，与Mèdios掷骰，晚上又加重，后两日，温度增高，却仍希望确定时期起程，奈尔克与其他大将报告一切的准备。21日晚觉着很严重。病至第六日，仍有任命缺额，指示机宜。第七天，参加最后圣礼，睡着，知病状严重，命将领留在宫廷，守在门边。到第八天，知不可挽救，移至宫内，他认识各将领，却不能言语，仍经过四天才断气。第十天，士兵与水手，当已动身四五日，知危机，要看他们的大王，冲进宫内，沉默地要他检阅，病者的动作便是敬礼。次夜，五位将领、两位神职者讨论是否要移在庙堂内，神答不要移动。28日晚，亚历山大断气。

山大城。印度河三角洲上，有亚历山大口岸。在俾路支，由苏萨到印度的路上，有亚历山大城。印度河上于巨流交汇处，又有亚历山大城。帝国东部，控制兴都库什要险处，有亚历山大城。药杀水上，别建亚历山大城，为入中国的起点。在中亚内，尚有许多名城，如犍陀罗（Qandahar）、Hérat（Alexandrie d'Arie）、Khojend 等。此等城市并非独立，形成一种直属的特区。

为了繁荣经济，提高农产物产量，埃及、巴比伦、波斯皆倡导水利，使土地无法入于贵族者手，结果旧社会破裂，这是海洋的成功。

帝国不愿囿于种族、国家观念，倡导混合，亚历山大与波斯两公主结婚：一为大流士三世女 Statire 公主，一为阿尔塔薛西斯女 Parysatis 公主，如是波斯世系保存。希腊语逐渐扩张，通行帝国境内，帝王为"神"，同时每个城市执政者，由公民选出，海陆体系政治，亦起一种混合，而希腊城邦制为之破裂。

希腊毁灭了古代的束缚，铲其障碍，使智慧再生，哲学与科学趋向新方向，执炬火而导人前进者为亚里士多德。

亚里士多德断绝怀疑与理想，树立逻辑的原则，确立智慧的不朽，唯一的对象为永恒，智慧达到永恒，不由信仰，而由理智，由逻辑所确立的科学。他分为知与为用的知识，求真、求美与求善的类型，一切在和谐。这是时代的产物，人类思想开始了一个丰富的时代。

第三章　亚历山大帝国瓦解后的演变

亚历山大死，其帝国即行瓦解，以无统一基础故。将领组织一摄政的机构，由 Perdiccas 主持，扶助 Roxane 所生幼子，此乃唯一的希望，脆弱异常。

埃及由托勒密负责，葬大王于亚历山大城。埃及倾向海洋，往日中断的传统，现渐次恢复。公元前 321 年内战起，一切以埃及实利为准则，不肯卷入，加山德杀亚历山大后裔及亲属后（约前310—前308），托勒密以埃及帝王自任，公元前305年加冕为“法老”。而Lagides正统世系，将埃及独立恢复，这是当时唯一的实例。

马其顿与希腊局面更混乱，经五十年战争与纠纷，无法统一，雅典变为文化城，已失经济与政治作用，而乡间久经战乱，渐有国家情感，以同盟形式，构成埃陀利亚与阿卡亚两集团。埃陀利亚趋向民主，约公元前275年成立，政权操于公民。阿卡亚集六十余城市，趋向独立，以后抗拒罗马，英勇牺牲者以此。马其顿受希腊牵制，无法扩张，埃比尔于公元前289年脱离独立，马其顿成为次等国家。

埃及与希腊如是，波斯亦欲复国，塞琉古一世（Seleucus Ⅰ）遭遇困难与前相同，即向海向陆难以决定。初塞琉古以巴比伦为都，重视东方省份，以大陆为主，结果滨海区离散，彼地尼独立（前315），自举国王（前297），定都尼高麦地。公元前3世纪中，加巴多斯独立，般特（Pont）起而效之，建树自主权，环绕黑海，经济与文化，悉入希腊范围，旧日城邦制复活，Olbia、Cherson（Sebastopol）、Theodosie、Panticapée（Kertch）等城为长久的实例。

腓尼基与伊奥尼亚城市，入埃及范围，浩德岛为转运站，塞琉古帝国为海陆动向分解，而陆地发展，宗教、语言、种族分歧，不能构成共同基础，塞琉古又与旧世系无因缘，无法建树以帝王为中心，因而大陆亦趋分裂，亚美尼亚在波斯时已独立，麦地由Atropates领导，渐恢复旧日传统。希腊影响虽不能根绝，却渐次降低。印度亦趋离心，印度河与恒河流域为Tchandragoupta控制，俾路支的甬路亦由印度控制，塞琉古有自知之明，即刻与印王结盟，他知道放弃海上，只能加速陆上的分裂。

公元前305年塞琉古败于印度，决定转变策略，向西推进，公元前301年，得印度五百象之助，败Antigonus于Ipsus，叙利亚重入掌握，大流士政策复活，进取地中海，首先舍弃巴比伦，移都于安都。为使经济繁荣，移民于塞琉古（Seleucie），位于底格里斯河上，五十年内，拥有六十万居民。

往昔波斯以沙德、巴比伦、苏萨为大动脉，与印度为对象，今以塞琉古安都代之，东进已终止，西进为必然趋势，安都代替巴比伦，形成中心。但是爱琴海与希腊已为埃及支配，西进已受阻力，安都与亚历山大之争为必然的，战争为解决的必然路径。海陆对峙，两不相容，胜利将属于控制叙利亚握有海上霸权者。

公元前3世纪，塔兰托与叙拉古为中地中海经济中心，两者冲突，罗马利用时机扩大。叙拉古自Timoleon后，陷入混乱，造成Agathoclès专制，以革命方式，取消债务，平均地权，武力统一西西里，公元前306年为王，但是人亡政息，其统一随即瓦解。塔兰托为意南首城，罗马向南发展，自与其利益冲突，塔兰托与那不勒斯联合，罗马与迦太基修好，签订条约（公元前306年），意南与西西里为两国势力范围。罗马造船队，向海上发展。

罗马政治演进，含义至深，政权渐入政党之手，贵族政权开放，公元前296年，平民亦可为宗教领袖，平民在城市虽弱，仅四族，然在乡间势力大，如是在政府中构成一种平衡，与之对抗，中产者举足轻重。自平民有土地，渐次转为小资产者，殖民地建立，国税确立，罗马已不是农村的共和，而成了向外开拓的国家。

公元前304年，罗马取那不勒斯，康拔尼与亚普里又为罗马统治，塔兰托知战不可免，求助斯巴达，然斯巴达不可信，转求庇洛斯，公元前282年战争起，庇洛斯率军两万五千，象二十只，渡海进攻。罗马人不知象战之术，公元前280年败于Heraclée，次年又败于Asculum。庇洛斯幻想建立帝国，至西西里岛。此举异常错误，致使罗马与迦太基反抗。公元前275年，罗马败之于Beneventum。

自是而后，罗马侵入希腊，卷入国际间，迦太基戒惧罗马，与Locres相联，罗马攻陷Locres，继取塔兰托（前272），统一意大利的工作亦完成，即是说确立海上基础，与迦太基海上决战渐成必然的途径。

第四章　罗马海权的发轫

短短五十年间，西方历史起剧烈的变化，西方经济政治的重心，移至地中海中部，亚历山大、安都、迦太基、罗马，代替了孟斐斯、底比斯、巴比伦、尼尼微及苏萨的地位，由黑海与红海，汇入西方财富与思想，此巴比伦消逝而罗马所以登基的理由。此种转变，世界历史轴心形成一新局面，海陆对峙扩至两个极端，秦汉奠定中土，树立大陆国家完善的模型，西方开拓地中海，罗马有三百年的称霸，昔年文物昌明的中亚，成为一甬道，虽说重要，却已失主动的作用，东方以印度为基础与中国相通，西方以埃及为踏石，培植了罗马。此历史上之大事，吾人当特别注视的。

由红海取得印度与远东的财富，由黑海输入俄国产物，由直布罗陀与不列颠及斯堪的纳维亚接触[①]，由马赛向高卢发展，罗马成为新生命，它配合这种新环境，摧毁了海上的城邦，埃及与罗马控制地中海，公元前3世纪的大战争是无法避免的。

埃及采取传统政策：联合希腊以抗塞琉古王国，托勒密一世据西顿与地尔，进占塞浦路斯及代洛斯，马其顿与叙拉古为其盟友。塞琉古王国大陆政策失败，转向海上，与埃及争雄。安提奥古一世（前281—前261）与托勒密二世冲突产生八年战争（前279—前271），埃及取得胜利[②]，希腊入其掌握。是时，罗马败庇洛斯，取塔兰托，公元前272年遣使至埃及，埃及罗马的同盟已成一雏形。

塞琉古王国放弃海上，转向旧路，势衰力弱，公元前262年贝加曼（Pergame）独立，北部爱琴海脱离，使帝国更趋于分裂。公元前

①Pytheas de marseille 初次以斯堪的纳维亚边岸。

②埃及取得 Cilicie、Pamphylie、Lycie、Cnide、Halicarnasse、Millet、Samos、Cyclades、Itanos、Arvad、Samothrace 等区，雅典与科林斯受其影响。

250 年，里海南 Arsacès 建帕提亚世系，大夏与康居随即与之脱节。

安提奥古二世（前 261—前 246）知西进的重要，乘埃及兵乱，向西推进，埃及让步，公元前 253 年签订友好条约，安提奥古娶托勒密女柏伦尼斯（Bérénice），伊奥尼亚海为嫁妆，以维持现状。然政变起，安提奥古夫妇被暗杀。托勒密三世（前 246—前 221）与塞琉古二世（前 246—前 223）决战，埃及又胜利，取叙利亚，控制黑海，贝加曼成埃及的与国，埃及成为海上的帝国，而亚历山大城成为西方文化的中心。

罗马据塔兰托后，麦西纳海峡为必争之地，叙拉古由赫农二世（Hieron Ⅱ）统治，欲侵其地，而迦太基以地哈尼海区利益，侵麦西纳城。罗马向南扩张，第一次布匿战争（前 264—前 241）遂起。原初叙拉古与迦太基联合，现即中立，且有时供给罗马军需。罗马利用薄弱的海军，公元前 260 年获米利都胜利，增加海上信心。由是进迫迦太基，迦军由桑地扑指挥。公元前 255 年，罗马陆军败于杜尼斯，执政官雷古洛斯受极刑。罗马坚忍推进，对迦太基压迫，公元前 241 年，加杜洛斯（C. Lutatius Catulus）获埃加脱（Egates）胜利。

迦太基惧毁其商业，与罗马结合，割西西里岛，叙拉古为罗马与国，余则为罗马属地。迦太基由军事失利，引起内战，公元前 237 年以撒丁与科西嘉两岛易罗马中立。迦太基和平恢复，不放弃海上，开发西班牙。公元前 223 年，亚斯德洛巴立小迦太基（Carthagene）为海上基础。马赛深感威胁，求罗马援助，结约以埃布罗河为界，西班牙造成南北对峙的局面。

地中海为埃及、罗马、迦太基所统治，又以埃及、意大利、西班牙陆地辅助，对希腊罗马态度积极，渐次渗透实力，又因罗马与埃及友好，贝加曼亦在其列，东方海陆均势又建立，而马其顿无法南下，东西为海军排挤，自走向塞琉古的途路，为此马其顿与迦太基相联，自是必然的。此种复杂局面，罗马举足轻重，西方国际裂痕，以之更深。

第五章　地中海精神的转变

城市发展,农民解放,这是公元前3世纪社会特别的现象,只有埃及是例外①。私人资产增加,财富集聚,中产者消失,奴隶增多,许多人以债度日。如何平均土地,如何取消债务,这又是经济发展形成的重要问题。商业国际化、专业化②,交通工具与路线成为争夺的对象,战争以此产生,各地有特殊的背景,形成了特殊的问题。

塞琉古步亚历山大后尘,创立城市,扶助中产阶级,他给予城市独立。国王居于监视地位,市长由公民选出,宛如今日英国的自治领。沿着交通大路,新城市簇生,底格里斯河上塞琉古城代替了巴比伦,安都控制叙利亚及腓尼基,贝加曼乃小亚细亚的中心,兼有特洛伊及沙德的优点。

新城市有新气象,市政厅、剧院、民居,都拥有舒适的设备,往昔寺院的大资产,转入国家手中,乡村奴隶渐次解放,这不是武力推行计划改革,这是自然演进,法的权力提高,这也是因为塞琉古了解时代的动向,不与之做滥费的斗争。

马其顿趋向塞琉古,以故沙罗尼亚等城,亦有同样的发展,而古希腊城市,经济失其重要,文化却有新动向,米利都创立学校,确立女子教育,各种学会组织,构成一种个体的解放。哲学观念,如柴农所代表者,认为人与人是平等的,没有国家分别,奴隶不是"活的工具",其价值与自由人相等,每个人应有极低生活的费用,法必立,立

①由贷款利息比较,即知埃及特别:亚历山大时,利息为12%,公元前250年为10%,公元前200年落至6%,而埃及却保持24%。

②亚历山大城输出麦,犹太为麻,本都为核桃,巴比伦为枣,安都为无花果,叙利亚为鬃,贝鲁特为葡萄,多马斯为李子,亚述为棉花,Cos为丝织物,地尔与Arvad为红颜料。

必行，社会问题日趋严重。斯巴达七百家族专横，叛乱随起，阿基斯四世（Agis Ⅳ）须取消债务，分散一万九千五百田区，贵族反对，判处死刑。公元前237 年，克莱曼纳（Cleomène）又倡导改革，解放六千奴隶，分散四千田区，结果又遭反对，须逃走，这只促进革命的途路。

希腊海上城市，不愿卷入旋涡，日趋中立，公元前 245 年米利都取得“非战城市”，洛德变为国际市场，与拜占庭相连合，与亚历山大城对抗。其竞争方式，由经济实力决定，埃及利息在百分之二十四时，洛德资本家只取百分之八。它的文化——特别是法学，亦很发达，重自由，并与迦太基帝国的方式相冲突。

贝加曼成为都城（前 262）后，与埃及联合，发展工商业，它与洛德不同，洛德只是一大输送站，而贝加曼有其经济结构，一方面利用优越的地位，控制黑海及爱琴海贸易；另一方面实行商业保护政策，国营事业发达，如羊皮纸，抵抗埃及制纸草。它的文化很高，其图书馆仅次于亚历山大城。

埃及以三角洲为中心，自沙以斯王朝后，与希腊关系密切，而希腊文成为通用的语言。埃及有其特点，不以奴隶生产为中心，虽然自由，却采取保护政策①，求生产与消费的平衡；利息特别高，便是不重视金融特殊的发展的表现。

至于罗马，已形成一庞大的国家，大希腊商业城市，意大利中部陆地城市悉在其掌握。罗马公民有三十五族，凝为核心。其他半岛地区，是“拉丁殖民”，组织与罗马相仿佛。西西里及撒丁、科西嘉成为两省，由罗马任命官吏统治，任期一年。此种情形，民主与君主混合，以地置宜，不囿于偏狭的理论。罗马公民权甚易取得，竭力推行自由政策。

自西西里兼并后，希腊人大批流入罗马，经济与文化趋向海上

①公元前 3 世纪，入口货的关税，按值抽税，酒为 33.3%至 60%，蜜为 25%，盐、肉为 25%，油为 50%。

发展，中产阶级迅速形成，以故罗马人与外人关系，必有法的保障。法的运动迅速，亦趋于个体的解放。2世纪离婚已为法律所许可，结婚成为民法事件，父权受限制。罗马保守精神已为希腊击破。东方宗教伦理，渐次侵入罗马。

希腊思想的传播，加强对个人的自信，将人戏剧化，大胆的姿态、野心成为光荣，小西庇阿(P. Cornelius Scipio)便是好的代表。与之相反者为伽图(Cato)，出自农家，家乡观念很深，爱纪律，有健壮的身体，他反对希腊奢侈的风习。而西皮云破坏罗马优良的传统，这是一个行为主义者，重现实以求伦理价值①。他著《探源》七卷，不肯提及希腊任何名字，除过庇洛斯的象。

伽图保守，却不能与时代对抗，他明白希腊的重要，科学的价值，在最后辩论中，他说："要使别个时代的人了解现在生活的意义是最困难的。"他与时代决斗，他失败了。希腊风吹满罗马。他心虽焦急，却无法补救，到晚年开始学希腊文，这也够凄惨了。

3世纪，希腊文化传播最快的时代，亚历山大图书馆，拥有七十万卷，安都、贝加曼、洛德等地，皆有图书馆的设备，雅典成为哲学的中心，柏拉图、亚里士多德派之外，又有禁欲派与享乐派，达尔斯(Tarse)为大城，各地竞尚知识。欧几里德讲述几何；西巴尔(Kidinnu de Sippar)计算一年有365日5时41分16秒，其差仅7分16秒；亚里斯塔克(Aristarque de Samos)发现地球与星绕日而行，曲高和寡，至哥白尼时始成定论。爱哈斯登(Eratosthene de Cyrène)计算地球面积为39.688万平方公里，主张自西班牙之西可至印度；亚西麦德创机械学；阿波罗(Apollonius de Perga)创三角学。

希腊文学成为国际的，喜剧变为时尚，罗马初有作，模仿希腊，

①伽图写给其子马尔古说："……我相信，有一天如果希腊人传入他们的文学，我们一切都完了，这是绝对的。"

却有独特作风，如 Livius Andronicus、Ennius 及 Plautus，研究个人性格，分析个人心绪，此 Theophraste 的"性格"成功。

第六章　罗马海权的成功

罗马既取中地中海，势不能止，以故为海权斗争。

当安提奥古三世乘埃及内乱，取叙利亚，率兵南下，被阻于拉斐亚（前 217），放弃海上计划，转向大陆。自公元前 212 至公元前 204 年，组织步兵十万，骑兵两万，复取亚美尼亚、帕提亚及大夏。公元前 206 年与印度结约，取其经济与象，动海上雄心，此与马其顿相结，企图控制爱琴海，使妫水输入货物，得以畅销西欧也。

腓利普五世，西方受罗马压迫，南方为埃及与贝加曼排挤，为自图生存，须赖塞琉古于东，赖迦太基于西，借此与罗马、埃及对抗。马其顿不惜任何牺牲，建设海军，而拜占庭与洛德有决定性的重要。

迦太基以军饷故，雇兵叛乱，哈米尔卡三年努力始戡定，建立国家军队，抗拒罗马。贵族忌其政策，逐放哈米尔卡，使之开拓西班牙，不幸死于公元前 228 年，遗志由其子汉尼拔承继[①]，布匿战争又起。

公元前 225 年，高卢叛于北，罗马安定保河流域，借阿尔卑斯山固其边防。继羡西班牙矿产，扩大海权，而又与汉尼拔雄心相违，借沙共特争端，公元前 219 年，汉尼拔率军五万，象三十七头，越阿尔卑斯山，于公元前 218 年，执政官西庇阿（Scipio Sempronius）先后败于代桑河及特列比亚河。次年春，遭弗拉米尼（Flaminius）截击，又败于特拉西梅诺湖畔。公元前 216 年，执政官瓦宏（Varro）不改战术，又

①Titus Livius 说："汉尼拔是士兵最信任的领袖，攻击时非常勇敢，危机时很谨慎，不怕劳苦，不计寒热，饮食起居只取所需，不顾享受，日夜一样工作，完结后始休息，常见他穿着士兵衣服，同哨兵工作，他是很好的骑士，又是很强的步兵，战时居先，退时居后。"

败于坎尼。罗马失利,叙拉古倾向迦太基,汉尼拔与腓利普五世相结,罗马处于危难之中。

罗马放弃党争,向人民征集财物,采用游击战术,授大权于法比乌斯(Fabius Maximus),埃陀利亚同盟,实力虽小,却能牵制腓利普五世。罗马不与汉尼拔决战,向外出击,公元前211年取叙拉古,公元前209年陷小迦太基,公元前206年取加代斯。汉尼拔急,向政府求助,忌功不与;攻罗马,罗马闭门不战。

腓利普五世谋目前利益,与罗马结和(前205),借此统治亚得里亚海,但是此种行动,使汉尼拔失败,罗马信任小西庇阿(P. Cornelius Scipio)渡海攻迦太基,迦政府急招汉尼拔,公元前202年败于札玛,迦太基接受屈辱的条约[①]。

公元前203年,托勒密五世即位,年幼,启马其顿与塞琉古野心,马其顿夺取海峡北部地带,拜占庭与贝加曼受威胁,洛德惧海峡封锁断其商业,转求罗马,罗马海军直趋海峡,使腓利普五世屈服,此时阿卡亚同盟与罗马合作,公元前197年取Cynocephales胜利。罗马政策修明,未取希腊,马其顿海军毁,塞琉古亦以之挫败。

安提奥古三世建立大陆帝国,拥有西亚边岸,罗马与马其顿战争,未能即时攻罗马,坐失良机,然国策所趋,必与罗马作对,公元前197年取埃弗斯,次年占领海峡,汉尼拔知战争必起,逃至塞琉古宫廷,协助安提奥古作战,希腊为战场,以其不能团结,亚凯同盟倾向罗马,而埃陀利亚依附安提奥古。此次战争,实波希战争的重演,而又杂以内战,结果罗马胜利,公元前188年,结《阿帕梅(Apamée)和约》[②]。罗马成为海上的主人,埃及与希腊受其支配。

①条约内容:迦太基交出战船与兵器,不得罗马同意不能与他国作战,割西班牙,纽米地亚为独立国,五十年内赔一万达朗(每达朗合关银一千五百两)。

②《阿帕梅和约》内容:安提奥古交海军;贝加曼获小亚细亚海岸地;洛德取利西(Lycie),赔偿一万五千达朗,十二年本息付清。

第七章　罗马侵略与社会危机

地中海海权渐趋于统一，倾向罗马，往昔城邦形式已破裂，建立帝国，领土扩大，迦太基、马其顿与塞琉古的赔款，迅速地完成了金融统制。约在公元前 180 年，罗马第一次有交易所，投机者蜂拥而来；改良海港，以亚历山大港为模型（前 179）；西班牙银矿，国家侵占的产业，悉变为公卖；自由与统制两种政策，交相运用，金融家成为政治的动力，而战争变成金融发展的方法。

腓利普五世欲统治爱琴海，转向希腊，希腊社会危机四伏，亚凯同盟保守，禁欲派趋向民众，阶级斗争起，腓利普倾向民众，而罗马却偏向资产阶级。当安提奥古三世失败时，马其顿侵占色雷斯，保卫海峡，贝加曼不肯放弃，求罗马协助。公元前 188 年，腓利普须退出。当珀尔修斯（Persée，前 178—前 168 年在位）立，仇视罗马，战争遂起，公元前168 年马其顿军队毁于皮德纳（Pydna），马其顿从是消灭，希腊东方地带变为罗马保护地。

罗马并吞马其顿是领导国际决定的胜利，亦奴隶主主持国政的开始。罗马太富有，战争变为掠获财富的方法。但是罗马向外开拓，掠取财富，必须借重金融家，加重被征服民族的税务，对内放松，结果失掉统治内部的工具。由于野心家和资产者对政权的觊觎，罗马银行到处设立，银行至处，危机随起，希腊便是一例。

罗马经济侵略，希腊国家思想（政治的）与失业的平民（社会的），相率抵抗，科林斯工商业地带，革命起，要求财富平均，取消债务，亚凯同盟实力消逝，无法拒抗革命，罗马遣姆米雨斯（Mummius），公元前146 年毁科林斯城，其横蛮行动，激起全希腊的反感。

另一件类似事件为迦太基毁灭。努米底亚为罗马盟邦，其王马西尼沙（Massinisa）劫掠迦太基货物，困于条约，不敢抵抗，监察官伽图，即以“毁灭迦太基”为口头禅，注意迦太基行动，托辞侵入。

公元前149年，迦太基与努米底亚冲突，罗马借《札玛条约》兴兵。迦太基求和，罗马迫其城向内地移十五公里，居民知罗马意向，剪发为弦，拆屋为舟，抗拒两年，西庇阿（Scipio Emilienus）用封锁政策，断绝食源，大战六昼夜。公元前146年，彼尔沙陷，罗马铲其城，咒为不祥之地。

罗马毁灭迦太基与希腊，招致怨憎，政府虽改革，确定各省的赋税，但是社会危机已伏，有钱者与骑士，变为支配政治的实力阶级，与贵族及平民相竞争。中产阶级渐次消逝，平民生存已成问题，土地与粮食须有合理的解决。

公元前146年时，政权操于贵族及骑士之手，互相合作，拒绝平民的要求。贵族不肯牺牲，贿置选票，收容食客，骑士转向平民，与贵族分裂，以致哥拉古兄弟的改革。

罗马接受希腊思想，已有成就，迨至社会危机扩大，禁欲派在罗马发展更速，环境使然，池农的伦理思想，由理智以到正义，破除了罗马狭小的见解，提比略·格拉古便是此种思想的实行者。这是一位优秀的贵族①，爱好希腊文化，与禁欲派哲人伯劳修斯（Blossius）友善，公元前134年被举为护民官，提出土地法。公田已成问题，贵族利用奴隶耕种，据为己有，提比略亦知困难，要以温和方法，要贵族让一步，国家付价，使贫民每家有田七亩②，既可免除社会的危机，又可培植国家的元气，伽图说：“农家子弟身体健壮，战争时亦最勇敢……”适公元前133年，贝加曼王阿塔洛斯三世（Attale Ⅲ）死，国土遗给罗马，提比略主张交付人民，贵族反抗，贿护民官屋大维（Octavius），播散流言。提至公民大会，提比略宣说时，纳西加（Scipio Nasica）率浪人将之击毙。

①提比略·格拉古之父 Sempronius 是伽图之友，母 Cornellia 为西皮云女儿。

②公元前376年，Licinius 法令规定不得超过 500jugera。

公元前123年，罗马宣布贝加曼为行省，提比略之弟盖约(Caius)承其遗志，倡导改革：已毁城市，如迦太基、科林斯、加普亚及塔兰托等地，划为垦殖区，任人民开拓。其次，国家以平价售食物，推行配给制，并扩大公民权，使成一均势。最后，取消元老院审判权，授与骑士阶级。这些改革，确合实际，然豪门自私，贿护民官杜里舒(Drusus)与之对抗①，盖约知难而退，居亚望丁山，执政官奥庇米乌斯(Opimius)忌之，使人刺死于树林，流血不能避免矣。

内政如是混乱，对外又卷入战争，公元前125年，马赛受高卢压迫，求罗马扶助，经四年战争(前125—前121)，始平定，推行移民政策，阿克斯(Aix)及纳尔本(Narbonne)为对象，与西班牙相连，迅速地创成一行省。

公元前112年，非洲发生朱古达(Jugurtha)叛乱，朱古达是努米底亚王米西伯沙(Micipsa)的侄儿，劫掠罗马财物，深知罗马贪污，如贿执政官加尔布尼(Calpurnius)，肆行无忌，罗马信威已失。公元前108年，马略负剿匪实责，得金融界与平民之助，被举为执政官，改编军队，容纳无产阶级，质低量增，从此军队非国家所有，成为野心家的工具。朱古达被困于加彼利(Kabylie)山中，被俘，公元前106年解赴罗马，两年后死于狱中。

方胜利之后，辛布赖人(Cimbres)与条顿人(Tentos)自丹麦南移，定居多瑙河，公元前109年越莱茵，渐次侵入虹河流域，公元前105年败罗马军，北部意大利震动，元老院急遣马略，公元前102年败条顿于亚克斯，次年败辛布赖人于维塞伊(Verceil)。马略功高，连任第六次执政官，被推为民党领袖②。骑士与贵族震惊。

①杜里舒关于配给法(lex Alumentaria)主张政府不取分文，至扩大公民权，他挑剔说："如果扩大公民权，你们(指罗马人)在议会与剧场内还有同样多的位置吗？"

②马略提法令"*De majestate*"：凡违犯罗马人民尊严者，悉处以死刑。按此律，马略握有生杀予夺全权。

贝加曼亡后，本都王米特里达德六世（Mithridate Ⅵ）控制黑海，夺取希腊城市，高加索矿产入其掌握，与亚美尼亚相连，深入两河流域，由塞琉古城与印度及东方相连，但是，国力虽强大，不愿与罗马起纠纷，罗马实力派，忌其势，迫彼地尼封锁海峡，使本都战争。

希腊痛恨罗马掠索，悉趋赴本都，到处残杀罗马人，为数约八万，米特里达德入雅典，解放奴隶，取消债务，由战争演为社会革命，罗马深受其影响。公元前92年，本都与罗马对峙之时，罗马社会亦发生改革，意大利叛乱，马略扑灭叛乱，苏拉率兵征本都。意人失败，却取得公民权，从政治上论，意大利却形成一民主国家。

第八章　恺撒与独裁

公元前87年，意大利战争结束，马略为民党领袖，获取政权，虽残杀敌党，却做了不少事业，如分配土地，提倡教育，稳定币值。是时，贵族苏拉，远征米特里达德，掠获巨款两万达朗，洗劫希腊，满载而归，公元前82年入罗马，元老院尊之为总独裁，半年中日日在清除异党，政权又入贵族掌握。

苏拉为彻底贵族化，取消护民官及否决权，执政官不得有军权。人民会议虽存，但只是一种形式，一切无异议通过。公元前79年苏拉自请退位，次年逝世，以为内乱永远消逝。但是事实却不如此！

苏拉死后，斯巴达克（Spartacus）领导奴隶暴动，罗马动员十个军团，克拉苏领兵去剿灭，克为罗马首富，又为民党首领，公元前71年始完结。东方米特里达德战事又起，卢库卢斯（Lucullus）欲政治与军事并进，摧毁敌人，首在清除罗马腐化公务人员，引起公务员的怨恨，内部叛乱，不使成功。罗马金融界与民党合作，克拉苏握时机为自身着想，元老院惧，公元前70年举庞培为执政官，谁知庞培已脱离贵族，与克拉苏合作。

庞培为贵族，勇敢，有政治野心，却没有定见；不长于军略，却能取得胜利。公元前 67 年，骑士阶级努力与庞培绥靖地中海重任，扑灭本都煽动的海盗。继而发兵征米特里达德，毁其同盟塞琉古，宣布为叙利亚行省（前 64），亚美尼亚变为罗马与国。庞培此次收入，约一万达朗。

当庞培在亚洲时，贵族与政客相结，公元前 63 年，有加地里纳(L. Sergius Catilina)叛乱，西塞罗(M. Tullius Cicero)揭其阴谋[1]，义正词严意正，将之平息，然内政不安，正说明时代的危机，而在剧变之中。公元前 62 年，庞培返希腊，解散军队，元老院欺其力弱，恨其无定，不承认亚洲功绩，恺撒知时机成熟，居间合作，形成三头政治。恺撒为民党[2]，克拉苏为骑士领袖，庞培为实力派，三者同不满意现状的。他们从埃及掠取钱财，维持托勒密十三政权，而三人平分军权：恺撒得高卢，克拉苏得叙利亚，庞培得西班牙，每个人都为自己着想，共和组织寿终正寝了。

恺撒为民党领袖，其政策如何社会化，同时又建立帝国组织，他毕生事业即向此演进。

高卢经长期演进，已创立一种大陆典型，取莱茵河为界，与地中海经济活动为轴心，至日耳曼几次压迫，却仍处于原始状态。公元前 58 年，恺撒利用高卢与日耳曼冲突，乘机出兵，与赫尔维特(Helvetes)及阿利维托（Arioviste)战争。继向东北部，与比利斯人战(前 57)，转向西部，臣服维奈特(Vénètes)与亚奎登。恺撒声誉日著，又延长五十年任期。为解除外压力，自公元前 55 年至公元前 53 年，深入日耳曼地带，渡海至不列颠。时高卢民族意识觉醒，维桑多利克(Vercingétorix)倡导抵抗，恺撒遇强敌，用围困方式，始将之平定。

---

①Cicero：De Catilina 内，“元老院明白一切阴谋，执政官看得清楚，加地里纳活着吗？他活着，还来至议会……他以凶残的眼睛，选择应当死的人们。”

②恺撒为贵族，却与民党接近，其姑母嫁与马略，自己娶民党领袖西纳(Cinna)女儿。

公元前 50 年,戡定高卢,为罗马史上重大事实,其权力遍及西欧,开拓欧洲大陆。克拉苏在东方,异常不幸,帕提亚王奥洛德(Onode)与之对抗,公元前 53 年,克拉苏战死。帕提亚建泰西封(Ctesiphon),两河流域定于其位,不图向西发展。时中国东汉中兴,袭两汉遗策,控制西域道路,中亚受其吸引,割断西向的趋势。

克拉苏的失败与恺撒的成功有同等的重要,西方大陆由恺撒开放,而东方大陆却由克拉苏封闭了。叙利亚及小亚细亚与两河流域脱离,罗马帝国此后无法控制甬路,仅保持地中海边缘,其对亚洲只是海的,而在西方,却需要大陆的发展,经济、政治与文化的中心,移至第伯河畔,罗马成为西方首都(以地中海为中心),自是当然的。

罗马社会不靖,元老院任命庞培为唯一执政官,以期秩序恢复,然议员们疑其利用军权树立君主政体。事实上,元老院惧恺撒,以故设法限制其权力,公元前 49 年 1 月 7 日,恺撒渡卢比贡河,率军南下,入罗马,内战又起。庞培大军屯西班牙,不及调回,偕议员逃往希腊,恺撒尾追,公元前 48 年,败庞培于法尔沙洛(Pharsale),庞培逃向埃及,至拜鲁斯登岸时,埃及王托勒密十四,遣人刺死。

恺撒定居亚历山大城,是年娶克娄巴特拉,袭阿门神子衔,如亚历山大所为,由此结合,生子恺撒里庸(Caesarion),象征地中海两大国家的团结,埃及帝国将与罗马共和混而为一。

恺撒迁就埃及传统,元老院中以西方人为限,似说明欲建立王政,而为其子着想,他首先解决社会问题,三十二万失业者,取贵族土地,使两万人有地可耕,构成中产阶级,余八万使之他去,配以土地,贫者所负债务,停止付息,政府严格管理银行,税务直接受国家管理。为了对付贵族,使西班牙与高卢参加元老院,扩充数至九百,护民官虽存,无实权,财政管理形成一种特殊机构,统一各省征税,罗马从此不是一个剥削者,而是一个统治者。

意大利各地仍保持独立,任命行政与司法官,但是推行法令与制度与罗马相同,西西里与纳尔本入罗马版图,各地自由发展,造币却属于罗马。改革日历，奇月 31 日，偶月 30 日，唯 2 月 29 日，四年闰一次，每年为 365 日，以 July 月纪念自己。恺撒有无上的威权，一切倾向帝国。

此时埃及王室，形虽柔弱，却有久远深厚背景。恺撒与克娄巴特拉结婚，随即变为法老及亚历山大合法继承者。由于政治思想的不同，埃及与希腊无条件接受，视恺撒为和平的救星，但是，恺撒所作所为，与罗马精神相违，共和思想、法的概念深入到实利者心中，恺撒欲尊克娄巴特拉为后，自视为神，六十多议员，形成反恺撒集团，布鲁图斯（M. J. Brutus）及卡西乌斯（Cassius）所领导[①]，公元前 44 年 3 月 15 日，恺撒被刺死，索留达克有不朽的叙述。

①布鲁图斯代表实力派，方出席议会，别人以纸条掷之："布鲁图斯，你睡着，罗马却在铁链中。"

第三卷

第一章　奥古斯都

恺撒为帝国思想牺牲，西塞罗所倡导的共和亦无所存在。时变境迁，罗马已非往昔的城邦，而是帝国的首都，集有各地居民，金融汇集。如罗马推行共和，帝国各省必为一城将牺牲自由。恺撒去世，并非暴君消失，实人民感到恐惧，贵族与资产者剥削政策，又将开始，内战必起，克娄巴特拉携子逃往埃及。安敦尼虽粗野，却理解局势，一方面为恺撒善后，一方面建树实力，孰知恺撒养子屋大维，自希腊归来，要求继位。

屋大维身体多病，怕雷声与树影，年仅十九，却沉静有决心。深知西塞罗憎恶安敦尼，屋大维尊之为"义父"，献媚元老院[①]，而得军权，以抗安敦尼，以讨布鲁图斯。借此进一步求执政官职，元老院不与，复与安敦尼和好，更约恺撒骑兵指挥雷比达，形成第二次三头政治。清理政敌，议员死难者三百余，骑士两千多，西塞罗亦不得幸免。次之，屋大维与安敦尼出军，围剿布鲁图斯，败于腓利普斯(Philippes)，布氏知大势已去，公元前42年自杀[②]。

公元前40年，新三头结孛朗德(Brindes)和平，将帝国分裂：安敦尼取东方与高卢，雷比达取北非，屋大维据意大利与西班牙。此种

①西塞罗刊其：*In M. Antonium Orationum philippinarum libri*。

②布鲁图斯最后留名言："神啊，你只是一个空名而已！"

鼎立局势与时代趋势相违，安敦尼定居埃弗斯，顷刻被克娄巴特拉所迷，埃及与罗马的决斗，从此开始了。

克娄巴特拉拥有希腊精神，首先开放经济，与西方国际配合；武力感不足，求之安敦尼，以高贵的姿态，她会安敦尼于达尔斯（Tarse）。公元前 41 年，两人同居于亚历山大城。此时安敦尼心志甚明，他要接受希腊的遗产建立王室。屋大维不惜东方沃土，诱帕提亚王奥洛德攻击安敦尼，取安都、耶路撒冷及叙利亚。安敦尼急，集海上实力，驱逐帕提亚，自黑海至巴勒斯坦，建立一串小王国，有若卫星，克娄巴特拉胜利，埃及又统治东方。

是时，雷比达反抗屋大维，失其政治地位。安敦尼步亚历山大后尘，欲建海陆帝国，征帕提亚，结果大败，转向海上扩张，恢复托勒密帝国。公元前 34 年，叙利亚、腓尼基、塞浦路斯悉入其掌握。

屋大维统一西方，却不能建立王政。安敦尼所为，罗马人不能容忍，于是罗马向埃及宣战。公元前 31 年两军相遇于阿克兴（Actium），安敦尼败，与克娄巴特拉相继自杀。埃及变为罗马的行省。

公元前 29 年，屋大维庆贺武功，元老院颁以终身"胜利大将"衔。年始三十三岁，已作"万物之主"（他自己语），他便是奥古斯都。

恺撒欲以希腊为基础，创造"世界帝国"，罗马成为帝国的一部分。奥古斯都与之相反，要以罗马为主体，与元老院合作，化武力的独裁为合法的统治，现在掌握政权，整理户籍，取消债务，保存古有的共和制。元老院授予十年政权，继及终身。自法理言，共和保存，奥古斯都仅人民代表的执行者；自事实言，帝国已创立，人民与议会仅只一形式。议员乃皇帝所任命的特权者，只保护他们自己的利益而已。

罗马扩张与内乱，毁灭了共和。社会阶层渐次确立，加以法律化。首先为议员，拥有百万塞斯得斯（sesterces）[1]，高级行政官吏，悉

①约合 275000 金佛朗。

由充任(只有禁卫军军长,须由帝王直接任命);次为骑士,资产为四十万塞斯得斯,可充上级军官。公民分两类:意大利人可任中下级军官,非意大利人,仅服兵役而已。较之外人,仍属上乘。外人亦有阶级地位,西方人协助获取政权,享受优越,东方人即受到歧视。希腊与叙利亚仅享有居住城市权。埃及成为皇家属地,任意开拓,而奴隶生活,愈为凄惨,人道观念泯灭,此乃希腊思想之反动。

奥古斯都不信人为平等,罗马人系统治者。奖励生育,女子没有三个孩子就没有社会地位。独身无承继权。这样措施,无非承袭罗马古思想,然此并未激起任何反动。究其原因,内战经百余年,人民渴望秩序与和平。奥古斯都安定社会①,罗马成文化与政治的领导者。

在内战进行中,戏剧、角斗已成人民生活的必需品,罗马居民有种变态心理,需要刺激。便是普劳图斯的喜剧,亦难引人入胜。人民爱低级的哑剧,将恺撒风流韵事,亦放在舞台上。此所以讽刺诗成为流行的作品。那些趣味较高者,倾向希腊文化,法理、唯美、理性等概念,逐渐成为探讨的对象。保守的瓦宏②亦须重视希腊,恺撒《征高卢纪》表现侵略者民主的思想。近代史成为一种科学,沙流斯脱研究民主革命的原因。西塞罗代表时代精神,他爱罗马,更爱世界,《共和论》与《法律论》述明法学哲学的基础。罗马政治结构,需要君主、贵族与民主混合。事实与他的理论相违。奥古斯都以利益为先,结果西塞罗牺牲了。吕克来斯为反宗教的思想家,加杜尔有唯美的完善诗歌。罗马文化踏上文明的途程。

奥古斯都时代重视文人,如文艺大臣迈塞纳(Mécène),保护作家。奥哈斯系解放者之子,维吉尔出自农家,悉以平等待遇。国家思想与忠君情绪,相混为一,李维的史学,维吉尔的诗歌,反映这种时代的趋向。奥哈斯取法希腊,着重普遍;奥维德、地布尔却仿照埃及,

①奥哈斯诗:“因你,牛可安心在草地,田野万物丛生,船可在海上平安游行,信任吹散了疑云。”

②Varron 主要作品为:*De lingua Latina*,*Rerum Rusticarum Libri* Ⅲ。

享受、轻盈、充满了肉欲的刺激。狄奥多洛(Diodore de Sicile)及东尼斯(Denys d'Halicarnasse)定居罗马,刊行他们的历史。凯西里乌斯(Caecilius)变为希腊文学的批评者,斯托拉本(Strabon)发表地理的名著。罗马文化实希腊文化的扩大。

自恺撒后,罗马执行一种经济政策,限制资本家的发展,并统制银行,免除对国家的限制,但是,资本家投资于矿产,如西班牙与马其顿等处,实力仍大。奥古斯都返埃及旧路,收矿产为国有,解除资本家的武器,然以地中海统一,鼓励向外发展,供各地恢复正常的状态。于是,奥古斯都时代经济生活,形成两种类型:西方虽有城市开拓,商业繁荣,但是以土地为主,高卢、西班牙以及意大利北部形成大资产者。而东方却仍注重流动的财富,注重国际贸易,亦如希腊埃及时代。由是,语言、社会与经济的不同,其历史发展亦受影响:西方贵族,多趋保守,拒绝希腊自然法的观念,以罗马为中心,拉丁文为工具。另一种,即以希腊为基础,向海上发展。地中海团集两者,凝结于奥古斯都自身,由是构成奥古斯都时代的伟大。

奥古斯都在位四十三年,盛极一时,亘古未有,此就外而言。若就内心而言,家庭所造成的不幸,则形成剧烈的苦痛。幼年与斯克利保尼亚 (Scribonia)结婚,并不幸福,生尤利亚,活泼而美丽[①],因母亲不得幸宠,与姑母住在一起,生活如监狱。奥古斯都宠爱的李维亚仇视前女,让她草率地与表兄马赛洛结婚,不幸一年后丈夫便逝世了。

李维亚未生一子,亚克利巴(Agrippa)助奥古斯都完成大业,因而欲以继承大业,以女妻之,此时亚氏年已四十,离婚,俯受此幸宠。但是亚氏为一战将,冷酷枯涩,尤利亚随夫至各地,生五子[②],可是亚克利巴五十二岁便去世。尤利亚受政治限制,须再嫁提比略(Tiberius)——系李维亚与前夫克洛地所生,性情沉闷——提比略亦须与维普沙尼亚离婚。两人性格不和,同为政治牺牲者,夫妇日趋分

①Macrobe 说:"柔和的人,反抗严厉,她接受了许多不幸。"

②五子为 Caius, Lucius Caesar, Julia, Agrippine, Agripopa posthume。

裂，李维亚恨之，日向奥古斯都进言，诽谤尤利亚。奥古斯都家庭不宁，囚其女[1]，隐痛不能与人言[2]，七十六岁去世，帝国尊之为天神，李维亚胜利，提比略为正式继承人。

第二章　罗马帝国的裂痕

奥古斯都死，以其余影庞大，如李维亚所期，提比略即位，年已五十六岁，身为贵族，却领导民主实力，握有军权，趋向集权制，组织皇家议会，排绝大资产家，以保护中产阶级，于是与金融家冲突，退居加普利，死于 37 年。

卡里古拉继位，以其受埃及影响，帝王神意说深入其心，逐渐复活恺撒的政治思想。元老院与之对抗，提出代表贵族的罗马为统治帝国的中心。卡里古拉却以中心在皇帝，帝国各地皆平等，于是各省繁荣与和平，独罗马城在波动，皇帝与议会决斗。卡里古拉欲遣居埃及，精神已不正常[3]，结果为禁卫军长席莱亚(Chéréas)暗杀(41 年)。

元老院与席莱亚相结，欲恢复共和，但是罗马人民与士兵，相率反抗。克劳狄贿赂禁卫军[4]，开此恶例，获取王位，一万禁卫军便可决定皇帝去留，法纪已丧。但是在位十三年，帝国组织确立，开君主政治，财政与交通，悉有进步。克劳狄憎罗马贵族，启用释放者，如波利比乌斯(Polybe)、纳尔西(Narcisse)、加里斯脱(Calliste)。然最重要者为巴拉斯(Pallas)，他从中鼓动，建立世袭世系，为此与其侄女亚克

---

①尤利亚有许多情人，囚居后，Sempronius Gracchus 逃往非洲，安敦尼子 Jules 须自杀，尤利亚女友 Phoebé“亦自缢。Suétone 说：“奥古斯都宁愿绝嗣，亦不愿他女儿侮辱家庭。”

②奥古斯都不愿释放尤利亚母女，他说：“我希望你们有如此的女儿与夫人，为着明白我的情感与行为。”

③Sueton 记述：“……卡里古拉爱所骑之马，特为它建一所大理石居处，置象牙槽，用许多人侍奉，并以马的名义请客，继任命马为执政官。”

④给每个禁卫兵一万五千塞斯得斯。

利比纳(Agrippina)结婚,因为她是奥古斯都的后裔。自 48 年后,各省平等,有法的保障,他曾说:"罗马伟大的原因,乃在它的自由主义。"他尊重自然法,保障奴隶,大赦天下。他这种动向,却为其妻终止了。

亚克利比纳为阴谋者,54 年毒死其夫,由禁卫军长巴路斯(Barrus)支持,尼禄即位。尼禄年十七,性强倔残酷,前此树立君主政治,已走向专横与独裁。母子初尚相安,后受奴隶摆布,猜疑互起。亚克利比纳欲举其次子对抗,尼禄佯欲友好,将其弟毒死,母子冲突愈深,绞其母,其师塞奈加称赞其罪行。

尼禄如卡里古拉,欲神化帝王,67 年幸希腊,宣布希腊自由。但是帝王与元老院脱节,使政治不安。68 年禁卫军长沙比纳斯(Nymphidius Sabinus)助加尔巴,尼禄逃至罗马城外自杀。

加尔巴为西班牙军团长,他与议员相结,取得王位,既不能入奥古斯都世系,以正其名,又不能有法权的根据,以强其位,只树军人干政的恶风,他为少数贵族利用。罗马平民起而拒抗,与尼禄至友奥东(Othon)对抗,加尔巴败,69 年即位。军事政变已成普遍方式,高卢军团举魏德里(Vitellius),伊利利举维斯巴西(Vespasien),内战又起,结果维斯巴西胜利,有一时的安宁。

维斯巴西反尼禄政策,举贤任能,充实元老院,以拉丁语为帝国基础,偏重西方。他对罗马贵族,不敌视,设法转化为帝国,将公民权普及到西班牙,使之忠于皇室。他重视神权思想与建立世系,任其子为恺撒,整理财政。年老,其子提图斯(Titus)协助,70 年毁劫耶路撒冷,继返罗马,帝国升平。79 年即位,维苏威火山爆发,毁庞贝城。两年后,提图斯逝世,其弟图密善继位,自尊为天神①。

罗马变为帝国,模拟埃及与希腊,尊伊锐斯神,建音乐院,中产阶级渗入高级行政人员,此与罗马传统思想相违。通缉议员,残杀基

①自称 Dominus et Deus(主与神)。

督教徒,94 年驱逐哲人们出境。禁欲派哲人埃比克脱,出身为奴隶,生活穷苦,倡导伦理价值,其思想影响甚大。96 年,图密善为人暗杀,史称弗拉维王朝,由此终结,但是议会仍为合法的代表,而罗马往昔共和体制不存在了。罗马成为帝国首都,各省贵族群起,拉丁成为统一中心。此与东方希腊的实力,形成两种对峙,如何保持团结,如何维持平衡,成了支配西方历史主要的问题。

此时罗马社会与经济达到繁荣地步。东方诸省,如埃及与叙利亚,握交通要道。26 年,Pandya 派遣使臣至罗马,锡兰随之,自 7 月至 11月,乘信风,一百二十艘船出红海,驶至印度河出口处,贩卖酒、铜、铅、锡以及奴隶,换取宝石、香料、珍珠以及中国丝绸,莫地里斯(Mauziris)有罗马商人集团。但是,罗马资本家,不肯经营商业,投资于土地,退出地中海经济集团,而西方小地主,逐渐消逝,构成社会危机。证诸尼禄时代,六个罗马资本家,拥有西非利加省之一半,自耕农降为奴隶,地主转为地方行政长官,几如独立区域,社会趋于不安,生产减低,罗马濒临饥荒,此克劳狄统治海运的理由。尼禄感于财政危机,须置罗马六大资本家死刑,政府有人民拥护,却招致资产贵族的劲敌,尼禄趋向专制,斗争愈烈,结局火烧罗马 (64),其过程至今仍暧昧,基督教冤负其责,彼得与保罗即以此牺牲。

便是宗教,亦起变化,往昔罗马的神,"须为国家服务"①,以保护权力,国家安危与之关系至劲。希腊思想传入,破坏旧日传统。孛洛脱的*Rudeus* 中说,"每天尽责任的人, 一定可以得到代价"。当时所崇奉的东方神,如 Serapis 与 Isis,都已趋向伦理。公元前 58 年至前 48 年间,政府四次禁止 Isis 神,瓦宏宣说理由:怕罗马神失落,人民将他遗忘了。

事实上,政府利用宗教统治人民。奥古斯都是一个宗教家,非常

①Cassius 与 Brutus 对话:"我希望有神的存在, 不只可以保护我们的军队,而且可以证明我们的行动是合乎正义的。"

敏感,竟至有点迷信,一切自然现象,代表天意,宗教与政治仍是不可分割的。将罗马变为大理石城,神庙便有八十二所,其数可观。公元前 7 年,分罗马为十四区,每区有他的 Lares(家庭之神),国家是一大家庭,帝王便是神,人民须敬仰他,维斯巴西说:“我自己感觉着变成神了。”帝王行为受人民爱敬,死后,元老院可尊之为神,建专祠,派僧侣守护之。罗马帝国境内,遍地有奥古斯都祠,帝王即神,此与基督教思想相违,以故摧残基督教徒,精神上已起了裂痕。

第三章　罗马开拓西方

罗马向欧洲大陆开拓,播散地中海文化,成为不朽的工作。公元前6 世纪,马赛为希腊重要城市,恺撒拓殖高卢南部,马赛为经济与文化重心,埃及的希腊人,经营 Nimes,倡导内河航行,城市兴起,如 Arles、Narrbonne、Orange、Aix、Vienne、Toulouse,在里昂,希腊与叙利亚等地人云集,而日内瓦成为阿尔卑斯山山路的终点。

当克劳狄占据不列颠后,波尔岛为重镇,开大西洋门户,自北海至虹河,簇生次要城市,如 Bourges、Clermont、Autun、Sens、Reims、Boulogne、Lutèce,据塞纳河上,即将来的巴黎。在高卢北部,Bavai、Arras、Tournai、Tongres 为军事据点,特别是科隆与马因斯。自 4 世纪起,Trènes 成为高卢的首都。这些城市中,罗马人与凯尔特人混合,拉丁文成通用语。剧院、神庙、澡堂、水道,按照罗马建造,工商业随之发达。地方分裂局势,渐次减轻,地方贵族变为统治阶级。每年 4 月,各地代表集里昂,解决高卢问题,倾向体制化,这是很重要的进步。

西班牙接受东方文化较早,腓尼基开发,希腊继之,居民并不统一。南部为伊拜尔人,北部为凯尔特人。第二次布匿战争时,罗马侵其地,形成两省:Tarraconaise 及 Bétique。地多矿产,被罗马无情的榨取。Cordoue、Carthagène、Valence、Tarragone、Bacelone、Emporia、Saragosse、

Ségovie，罗马影响至巨，图拉真及亚德里安是西班牙人。1 世纪后，拉丁文化很高，诗人吕坎（Lucain），教育家昆体良（Quintilien），地理家麦拉（Pomponius Mela），都是西班牙人，为此维斯巴西给于公民权。

自 43 年，大不列颠的锡为罗马重要的资源，自伦敦辟路，与海上相通，如多勿尔。北边为军事地带，以防伏利森及萨克森的侵略，因而创立新城市，如 Gloucester、York、Lincoln。罗马文化深入到爱尔兰及爱哥斯。

罗马在中欧的影响较浅，奥斯堡为中心，各地由贵族统治，沿多瑙河有罗马的驻军。由匈牙利与西德里海及波罗的海相连，维也纳应运而生，深入巴尔干，便与希腊相接，成了东西分裂的界限。

地中海南岸，迦太基深受罗马影响，恺撒时代变为经济中心，罗马与地主合作，利用佃农，迅速开展，成为帝国仓库。帝国与北非关系，浑然为一，特别是保障地中海上的统治权。

罗马开拓西方采用明智方式，重自由政策，供地方繁荣，以故到处建设城市，由各人民自行处理。他向西方民众传播两种重要的成就：解放个体，保存普遍一统的观念。

第四章　安敦尼王朝

弗拉维王朝终结，并非君主思想的消逝，涅尔瓦继位，身为罗马贵族，却仍承袭恺撒的传统，给平民一种保障。除禁卫军外，意大利人已不服兵役，军队皆外省人民，忠于帝王或将领，如是权力转移，与罗马贵族背道，此为危机。

涅尔瓦取传贤原则，举图拉真为帝，罗马停止地方彩色，元老院仅为咨询机构，罗马变为西方帝国，开拓多瑙河流域，征达西亚（Dacie），划为行省。107 年，征阿拉伯、亚美尼亚，军至两河流域，最后征帕提亚，费时约两年，不幸于 117 年，涅尔瓦死于西里西亚。

哈德良继位，统治二十一年，帝国繁荣与和平，改革行政，启用自由人，时禁欲派思想发达，以其富有责任心的养子安敦尼继位。迨至哲人马可·奥勒留（Marcus Aurelius）继位，视帝王为神意，人民平等，毁奥古斯都所建社会阶级，如是帝王既居于人神之间，必然变为世袭，180年，帝位传于其子康茂德（Commodus）[①]，有如埃及所行者。

康氏实行世袭政策，遭元老院反击，禁卫军长 Cléandre 实行恐怖，帝国混乱，康氏为人暗杀。但是安敦尼王朝政治演进，官阶形成，代替社会阶级，个人以能力为主，帝国既为能者所主持，公法私法皆有进步，以故文化有种特殊的进步。

达瑞脱说："可以自由思想，想到便可说出。"[②]安敦尼王朝，倾向自由，史学与科学非常发达。阿庇安著《罗马史》；稣埃东著《恺撒史》；保萨尼亚著《希腊志》；阿里安（Arrien）刊行马古奥里的《对话集》，并著《亚历山大史》；吕西安著《死人的对话》，充满神秘思想。达瑞脱的史学作品，普利纳的政论，托勒密的地理观念，至哥白尼时始推翻。加利安综合医学知识，集古代大全。罗马成为西方文化发祥地。

不能保障中产阶级，国家征税，使农村负担过重，到 2 世纪，中产阶级消逝，土地与财富集中到少数人之手。如是，普遍购买力降低，特别是意大利，工商趋向凋零。92 年，图密善实行统治经济，罗马成了难民收容所，放债者寄生，结果罗马失掉领导的地位。

罗马经济中心，仍在东方。约 1 世纪末，Marinus de Tyr 叙述新路：自安都，经埃克巴东、木鹿、巴克特（Bactres）到巴米尔，此《汉书》中有"恒帝延熹九年，大秦王安敦尼遣使来朝"的记载。罗马产金很少，多入超，图拉真与哈德良开拓达西及葡萄牙，意即挽救危机。不只如此，通商水陆大路，须由政府控制。此图拉真进攻两河流域及亚

①帝王神性化，康茂德说："我生来是皇帝，我的父亲已升天了。"

②小普利纳说："你（指图拉真）要我们自由，因而我们是人和公民。"

美尼亚，使亚洲西方大陆，与地中海经济混而为一。只是此种东进政策，须有强大军力，萨珊王朝往昔斗争又起，历史受地理支配成为必然的。

哈德良采取和平方式，军队总数约三十五万，而服役者，又多系蛮人，以故军队地方化与静止性超过流动性。图拉真向东方发展，控制道路政策，逐渐放弃，这是明智政策，但是财政困难，自由经济亦濒于危境。

国家统治经济，使货币贬值百分之三十，康茂德经济与政治趋于混乱，为使士兵安心，只有提高待遇，但是现金奇缺，于是崩溃。一世纪久之繁荣，突然消逝。192 年，康氏疯狂，为人暗杀，内战随之而起。

第五章　后期罗马帝国

每次政变，元老院都欲夺取政权，193 年，举佩提尼纳克斯（Pertinax）为帝，以其可为罗马贵族工具，然吝惜异常，仅八十七日便为人暗杀。王位虚悬，出重金者可得，不列颠、叙利亚及伊利利军团，相继叛乱，各举将领为帝，伊利利支持西维勒斯，罗马疲于内乱，迎之为帝。

西氏为战将，推行专制，元老院对抗，社会动乱又起，塞氏坚执，其子加拉加拉，亦能继承其遗志，罗马贵族与豪门悉被摧毁。两帝大肆屠杀，将产业没收，帝王权力加强，213 年制法[①]，国家以其利益，推行平等，前此安敦尼王朝之自由主义已抛弃了。

地方组织统一，民主思想受限制，法令划一，如税制中继承者，国家不分区域阶级，悉征百分之五。便是宗教方面，加哈加拉取埃及为法，欲崇奉埃及 Sarapis 神，罗马伦理思想不统一，自然难以推行，

① “凡居留在罗马帝国境内者便为罗马公民。”（Omues qui orbe romane sunt civis romani efficiantur.）

宗教与政治不分，以故社会趋于紊乱。217年，征帕提亚，加哈加拉遇刺，禁卫军长马克兰(Macrin)被举为帝，随亦被刺。按血统关系，叙利亚司祭埃拉加巴(Elagabal)继位，年仅十四岁，喜着女子衣服，四年后为人所暗杀，传其位西维勒斯(Sévère Alexandre)，无足重要，仍为一少年。唯禁卫军长乌尔比安(ulpien)思改革，皇帝掌行政权，七十议员中二十为法学者，余为元老院议员，掌立法权，如是皇帝与少数议员共治，对宗教采取泛任态度，政府外形改变，社会问题仍然无解决，暂时安定，却演进为形式化。

此时帝国文化已失创造能力，罗马文化国际化的结果，西方用拉丁文，东方为希腊文，雅典、贝加曼、斯米尔纳、埃弗斯仍为文化中心，却没新动向。只有禁欲派思想，虔诚、清贞、自尊，配合着基督教的发展，蔚成大观。但是个体消逝，形成一种普遍的平庸。

226年萨珊王朝代替帕提亚，战争又起，须调用莱茵与多瑙两河守军，如是北方边疆空虚，启弗朗与阿拉曼侵入的机会。西维勒斯欲采取怀柔政策，与蛮人结和，遭士兵反对，235年为士兵暗杀。帝国沉沦在混乱中，有五十年之久，社会陷入无政府状态。

混乱与分裂系罗马帝国此后的整个动向。

自235至268年间，罗马皇帝失掉权力，元老院只为贵族利益着想，地方失掉作用，继承问题，只借武力取决，此三十三年中，经历二十三帝王，混乱的程度，可谓到极点了。

内乱如是，外患亦逐渐加重，中国两汉戡定西北，产生民族的移动，自阿尔泰山西，如波推浪，西方日在劫荡中；日耳曼人自北欧南下；哥特人渡多瑙河，入希腊，渡海劫埃弗斯；汪达尔人入色雷斯；非洲柏柏人 (Berbères)攻击罗马人；波斯人西进夺取安都。

将领们如达斯(Dèce)与瓦拉利安(Valérien)，先后欲树立国家基础，反国际，残杀基督教徒。加利安(Gallien)继位，又须与基督教缓和，采取信仰自由。便在加利安即位时(260)，波司杜姆(Postumus)使高卢,西班牙及不列颠独立;而东方奥德那(Odenath)、巴尔米尔(Palmyre)王公,拒抗波斯,据有埃及、叙利亚及小亚细亚。此时,罗马军队失其战斗力,大地主为自己设想,建城墙,筑碉堡,奴隶自行解放,社会在混乱中。

经济情形更难设想。256年后之银币,百分之九十五为夹金,用政治力量推行,生活提高到十倍以上。只有伊利利军团,拥有实力。270年举奥勒良(Aurelien)为帝。三年内,安定多瑙与莱茵两河,收复高卢,夺巴尔米尔现金,他用武力[①]救出帝国,可是表面的。武力只是方法,非正常手段,他是专制者,将帝王神化,有违时代潮流。

奥勒良终为人暗杀,以无确定法律继承,帝国又沉在混乱中。

戴克里先继位(284),着手改革,分帝国为东西两部。以语言为基础,西方包括亚非利加,东方包括埃及。各方有领袖,戴克里先治东方,马克西米安治西方,两帝尊严相等,长者为首席,有立法权。两者各择继承者,协助处理政务。传贤原则又起,马克西米安拒其子而择君士坦丁克洛。

每部又分两区,东方分:东区包括色雷斯、小亚细亚、叙利亚与埃及,尼告麦地为首都;次为伊利利区,包括希腊、塞尔比亚,以西尔米姆为都。西方分意大利区,包括多瑙河及非洲拉丁区,米兰为都;次为高卢区,包括西班牙及不列颠,以脱来夫为都。每区又分六省,每省又分若干道[②]。总数为九十六,各有首长负责。帝国统一仍在,立法权操于帝王之手,然军事政治划分,不得侵犯。罗马被人放弃,元老院丧失实力,往昔建立共和地方实力,今已荡然无存。戴克里先的改革,使帝国趋于灭亡。

帝国统一集于帝王自身,东方经济繁荣,西方受蛮人压迫,今以语言文化分裂,复加政治基本不同的本质,专制与共和,帝国与城

①奥勒良说:“以金与友,以铁与敌。”

②埃及分为三道,意大利分为十二道。

邦,罗马帝国已无法统一了。戴氏于 305 年退位,马克西米安随之,加来(Galère)与君士坦丁克洛承袭,四人制之幻梦又逝,战争又起。

第六章 基督教的创立

自摩西受十诫后,希伯来民族组织起来,定居巴勒斯坦,希伯来开始长而无尽的痛史:环绕巴勒斯坦各帝王,以其地为甬道,各欲兼并;而希伯来宗教家,拒绝外来影响,使其人民孤立,虔信耶和华。耶和华为万能之主,初并无永生的观念,迨至所罗门时,受埃及影响,始有超性之说。公元前 722 年,萨尔贡毁撒马利;公元前 586 年,尼布甲尼撒劫耶路撒冷,政治上的失败反映到宗教上:以精神争取胜利。以塞亚(Isaïe)破毁民族的界限,使之具有普遍性。亚摩斯(Amos)、杰瑞米(Jérémie)谴责信者不德,提高道德标准。

希伯来人移至巴比伦,火袄教善恶对峙的思想与以影响。公元前 538 年,大流士复原逐放者,耶路撒冷成为宗教中心,有两世纪之久,完全为神职者统治。公元前 331 年,亚历山大毁其孤立,公元前 320 年变为埃及属土,又一次埃及予以不可抵抗的影响。迨至公元前 200 年,为安提奥古三世取得,希腊思想侵入,希伯来人散居四方,而亚历山大变为希伯来人思想的中心。公元前 3 世纪时,《旧约》被译为希腊文。希伯来自身分裂为两派:一方面是保守的,以民族为前提;另一方面是希腊的,采取开放的态度。内战起,公元前 142 年,耶路撒冷王国恢复。此时情绪激烈,但以理即产生于此,而“救主”的思想亦产生于此。

埃及、波斯与希腊思想汇于巴勒斯坦,灵魂不灭,福善祸谣,救主降临,东方宗教神秘思想迅速发展,守旧与开放的内战亦愈剧烈。公元前 64 年,庞培受保守党之请,率军入耶城,变为叙利亚省之一部分。公元前 37 年,埃好德与罗马谈判,大兴土木,开拓海港,如:恺撒来(Cesarée)与外通商,形成宗教、文化、经济的复兴,与克娄巴特拉竞争,不能见容于旧派。埃好德死后(公元前4年),希伯来王国又分裂,思想混乱到极点,期待着救主的降临。

耶稣出身寒微,自幼即飘泊异乡,约旦河受洗后,要人"忏悔,天国将降临"。他的伦理异常简单,幸福者是受饥寒、哭泣望正义者;达到天国的直路,不是教条与仪式,而是牺牲自我的博爱;他不分种族、阶层,以慈爱克服暴力。由自己良心决定了一切的行为,恨不是他所有的。①

耶稣死后十二年,罗马已有基督教徒踪迹,自圣保罗皈依后,去掉希伯来人彩色,他往返的旅行,使宗教普遍化。安都②科林斯、埃弗斯、亚历山大城,罗马渐有团体形成。只是基督教平等的观念,不能视帝王为神,与罗马政治思想相违,结果遭受大屠杀,64年尼禄统治时,彼得与保罗致命。

希腊与希伯来人之冲突,形成内战,罗马遣提图斯远征,70年毁耶路撒冷。即在此时,马太与马可以希腊文著《新约》,路迦又著《福音》及《使徒行传》。又三十年后,若望刊其《福音》,而三位一体思想,由是创立。此时教会已有定形,非复往昔之散漫矣。

同时,禁欲派思想发展,伦理价值很高,政治上民主思想推进,又与基督教平等观念相符,所以普鲁塔克说:"我们不信神会因国家不同。"实质遭遇摧残,而基督教发展上却有和谐的气氛,以柔和方式,与人以安慰。安敦尼王朝时代,一切趋于放任。108年,基督教在亚历山大城设立学校,知识阶级深受影响,教会规章、受洗礼、圣体、守斋及祈祷渐成定则。此时学者辈出, 如 Justin、Tatien、Aristide、Athénagore、Irénée de Smyrne、Théophile d'Antioche 等。此时,思想上染有悲观色彩,精神与物质的对峙,似受印度佛教的影响。印度经红海入亚历山大城,基督教成为古代宗教集大成者。

①"告你说,你要爱你的敌人,恨你者要善待他,害你者,你当为他祈祷……"

②是在安都第一次有基督教徒的名称。

西维勒斯时代，一切要集中，以故残杀基督教徒。自 217 年，政治趋于宽容，教会自行组织，解决信友所生的问题，主教变为精神的导师。时代趋于混乱，教会愈显重要，选举主教成为每个城市主要事件。主教要重视个人的良心，以慈爱保护人民的生命。它不是情感的，而是理智的；不是个人的，而是社会的。

当蛮人侵入，社会渐趋混乱，武力为唯一的凭借，教会负起双重任务：它是罗马帝国居民的保护，又是蛮人的教育者。

第七章 帝国衰落

戴克里先的四人制，公私无法兼顾，与帝国政治思想相违，结果失败而退位，君士坦丁知西方基督教的潜力，利用他父亲军事的地位、母亲宗教的同情，击败马克散斯（Maxence），313 年发表米兰敕令，尊重基督教徒信仰的自由。[①]当军事向东推进，帝国趋于统一。325 年召开尼西亚宗教会议，基督教亦随之胜利了。

君士坦丁将帝国变为世袭，对基督教有好感，亦不排斥外教，随时代思潮而趋，380 年基督教变为国教。由是政权观念亦变，帝王不是神，而是神权的代表者。基督教政教分离的观念[②]，以埃及神权观念故，新宗教踏入一新阶段。

基督教只有一教会，虽为国教，却不与之混合。帝王成为神权与世权的联合者。各郊区由人民选举主教，而官吏却由帝王任命。倘利害冲突，主教成为人民的代表，Ecclésia 便是人民集会，此帝国宗教会议，变为有力的工具。教会由民主产生主教，集主教而为贵族，由贵族以生君主。此帝国中之帝国，其权力系独立的。381 年，君士坦丁堡宗教会议，罗马主教有优越地位。教会演进成为定型，集民主、

---

①米兰敕令中说：“我们决定还给基督教徒们自由，为着使上帝保护他们同我们一样。”

②耶稣说：“是恺撒的还给恺撒，是上帝的还给上帝。”

贵族与君主于一体，又以独身故，断绝世袭观念。此种政治原则，支配西方国家。罗马为政治放弃，却为宗教接收。有自己的立法权——始于 318 年 Ancyze 宗教会议，神职者为特殊人物，教会法成为有效的工具。

337 年君士坦丁死，帝国仍分裂为二：君士坦提乌斯治西方，君士坦斯治东方。亚里安思想仍破坏基督教的统一。君士坦提乌斯死，353年恢复统一，为了避免战争，355 年举尤利安为继承者，他善战，虔诚，但是自 360 年后，受希腊影响，采取宽容态度，继后对基督教敌视，禁止传播教义，363 年，死于波斯战争中。

尤利安死，君士坦丁世系断绝。军队举瓦伦提尼安（Valentinien，364—375 年在位）为帝，分裂统治复现，瓦伦提尼安治西方，其弟瓦伦斯治东方。西方续为其子克拉西（375—383 年在位）及瓦伦提尼安二世（383—392 年在位）统治。东方以无子嗣，容拉西安举狄奥多西（Theodose）（379—395 年在位）为帝。392 年，瓦伦提尼安二世死，亦无子嗣，狄奥多西兼治，帝国统一似恢复，但是 395 年狄氏死，复分为二：阿伽底（Arcadius，395—408 年在位）据东方，霍诺里厄斯（Honorius，395—423年在位）据西方，世袭成为定则，帝国永远分裂矣。

自 3 世纪后，人口减少①，军队无征集，利用蛮人成为普遍习惯，而地主供给壮丁，多系市井无赖，士兵素质渐不可问，纪律亦崩溃矣。为了防守，须缩短多瑙与莱茵两河防线。蛮人如波推浪，逐渐流入帝国。376 年，西哥特人冲破多瑙河，占据北巴尔干，受南方财富诱惑，侵入色雷斯。378 年，兵临君士坦丁堡城下，狄奥多西与之和谈，成为帝国的同盟，他们是特殊的集团，不受罗马法裁制，瓦伦斯又禁止与罗马人通婚，结果变为国家内的国家。帝国为安全起见，迫

①估计罗马帝国居民，1 世纪时约七千万，3 世纪降至五千万。

使地主出让三分之一土地，各省有佛朗、阿拉曼、亚兰及哥特人踪迹，罗马军队失其统一，而对帝国的威胁更大。

戴克里先改革，行政阶级化，庞大组织，宛若一部机器。但是，此种阶级制度与人民脱节，人民只是纳税，官吏亦只征税，而帝王需透过此种阶层，使能与人民接近，一种形式养成，社会上又多添了一种官僚阶级，特别是税收人员。于是，高官多落于贵族，中级行政人员，渐成专职，帝国由三十多家庭统治，官衔、职位成了确定身份的条件。迨至帝国无法支持时，必然分裂成一种割据，又况军队已落入蛮人之手。

官僚制度使帝王权力无法执行，而教会权力反日渐扩大，具有一种动力，构成时代的主潮。尔若蒲以希腊文著《教会史》，拉克坦斯以拉丁文著《历史哲学》。两者学识渊博，重视天意。同时，教会中颖出者，倡导苦修，排绝豪华与名利，凝神集志，退隐于荒野山泽之中。如 Jean chrysostome 推赞 Thébaïde 的苦修；巴西尔建修院于本都；若洛姆校刊《圣经》，倡导严肃律己的生活，走向神秘的道路。《圣经》亦为绝对的真理，信仰支配了思想，宗教动力愈强化，分歧愈多，[1]教会亦趋于专制。圣希来(St Hilaire)主张容忍："上帝是大众的，不需要强力来服从，亦不需要勉强崇拜。"圣奥古斯丁受安碧洛的影响，皈依基督教，著《天国》，倡导精神价值："天地要逝去，真理却永留下的。"一切要和谐，有序，不能混淆，不能颠倒；天爱与人爱配合，始能走向光明；德是个人的，法是公共的，德法并彰，始能自由。这些真理永存着。

---

①Manès(215—296)受波斯影响，倡二元论，善恶并存。296 年其说风行。Donat 为迦太基主教，于 311 年倡宗徒为唯一继承者，使教会分裂。亚历山大城主教 Arius(280—336)反对超性说。

第八章　西罗马灭亡

罗马帝国的危机，不仅是边防，而且是由于政权的不定与经济的困难。戴克里先于君士坦丁的改革，便知问题的严重。戴克里先视经济危机仅只是财政问题，国家吸收黄金，为了减少筹码，文武官员付以实物，于是政府采用自然经济，商业却用货币。政府为保留黄金，到处设立公营事业，供给需用，奥斯蒂亚为重要据点。如是农产物的销售，趋于停顿，而农人的购买力降低，生产衰落，经济陷入封锁状态，特别是交通不近农产地带。大地主挟其雄厚资本，扩张土地，城市的商业沦为衰落地步。

为挽救此种困难，国家采用合作政策，于是各种合作团体成立，变为官僚的，亦即国家的。此封锁动向，使个人自主活动毁灭，国家保护合作，禁止转让，取得法人地位，有继承权。在乡间的演进，以乡村为中心，走向同样道路。要赋税，需要保证生产，农人与土地结合，世世相袭，不能与土地分离，而职业工匠等依然。自 332 年后，虽无法令规定，却已成为定型，垦民不能脱离土地，不能与外人结婚，须有主人同意始能有个体活动。法的平等渐为阶级代替，而贵族制度，渐趋形成，土地过去为财产，现在变为支配人的工具，主客易位，丧失自由。

社会深刻的改变影响到政治上更大。国家与人民之间，有特殊阶级的存在，中产阶级，无法支持，求大地主保护，以抗官僚的压迫，中产者降为垦民，宛如奴隶。338 年，君斯坦将大地主直属国家，不受普通法令制裁，结果特殊化，因为他们是“官的”，享有特权，逐渐以力兼并，凡是有利可图者，变为己有。中产阶级自戴克里先后完全消逝。国家基础动摇，此种滥用国家权力，结果只产生了少数土地贵族。

西方经济的本质是农业的，东方是商业的。希腊人、叙利亚人、埃及人、伊利利人、犹太人握有商业与航业，亚历山大城、安都、君士坦丁堡、埃弗斯仍能保持繁荣。而西方舍地中海边外，城市已趋没落，罗马便是一证例。东方仍重自然经济，不受贵族牵制，生产未封锁，小资产者仍能存在，经济的繁荣减轻了国家的统治，个人自由赖以保存。

因为东方商业的繁荣，4 世纪时，西方经济危机，证据是关税提到 12.5%，360 年后，可以支付薪俸，不以实物，而以现金。但是此种现象不能久持，随即帝国分裂。社会实力强大，个体消逝。国家合作化，领地实力加强，门户派系取而代之。基督教定为国教，信友与公民两观念混乱，犹太人划为法外，对非基督徒亦失掉容忍的态度。个体与普遍的观念改变，所存者只有阶层、宗派与门户，这是一种倒退。

西方到没落的地步。395 年后，蛮人以压倒的势力涌来，哥特人，匈奴人，汪达尔人，相继侵入，西罗马陆上勉强应付，渐趋蛮化；海上由汪达尔人控制，罗马被孤立起来。瓦伦提尼安三世（Valentinien Ⅲ，425—455 年在位）时，财政收入约二百万金稣[①]，要维持三万军队，便需耗费财政的一半，到 470 年，意大利只留下一万二千人的军队了。西方失其主动，内战又起，帝王实权已不存在。475 年西方总督奥来斯托（Oreste）举其子为帝，是为罗慕洛·奥古斯都（Romulus Augustule），蛮族势力扩大，日耳曼军事领袖奥多亚克（Odoacre）系Hérules 王，南下入罗马，废幼帝，取其衣冠，复征元老院同意，寄予东罗马帝柴农（Zénon）："西方不需要一个特殊的帝王，你一人统治就可以了。"东帝承认统治意大利的特权。但是这不是帝国统一的恢复，而是西罗马的灭亡。

①一金稣（Son）重 4.48 格拉姆，值 15.48 金法郎，十二稣置一匹马。

结　论

希腊罗马历史是地中海发展的历史。最初，海是一种障碍，它的活动不能与大陆及河流并论的。因为东地中海天然优越的环境，复有克里特、埃及与腓尼基的伴侣——有时又为敌人，希腊人竭其智能，适应环境，每次磨练，每次扩大，每次澄清，发现了生命的可爱，此生命的渊源为“意识”。希腊哲人教人了解“自己”，人不仅要完善的体格，而要有晶明的心灵。如几何，从复杂的图案中表现一种单纯，由奇离的结构中，反映出一种和谐，他们每个人容纳相反的力量，使意识增高，由类比相推疑，发现了人类的意识及宇宙的意识。

这种成就不是突然的，他需要长久的时间，渐次的演进，个人意识的发展，限制本能，使那些人为的障碍渐次消除。但是每次消除后，新的障碍又生。这不是规律的循环，而是空间扩大后，提出新问题与发生的新现象。如池沼扩大为海洋，面积愈大，波涛起伏的状态愈雄壮。

希腊罗马的共同点，便是环境相同，都是海洋孕育成的。他们集合了许多不同的民族、语言与习惯，以个人为基点，以求与自然与人类配合，如何和谐，如何不损其基本的特质。为此，我们习惯上，称“希腊世界”，它不是一个国家；称“罗马帝国”，它不是一个城邦。自希腊城邦演进到罗马帝国，其间有千年之久，这并非偶然的。

最初，希腊罗马的政治是城邦的，无论是君主或民众，每个公民都不受干涉，有自由的决定，创立议会，制定法典，如何使集体中不毁灭个体，宇宙意识、人类意识与个人意识相调和。他们同受国际的影响，埃及、亚述、波斯、腓尼基等所发生的事实，无论巨细，都发生密切关系，但是到个体意识受到摧残毁灭时，必与之争，最后仍是胜利的。由特洛伊战争起，希腊即向此发展，波希战争给予一种信念。亚历山大有天人合一的思想，他是一个侵略者，他代表的实力却别具一种伟大，其分裂为必然的。战争时起，只好放弃了统一世界的幻梦。

罗马兴起，地中海为它实力的储蓄所，它的命运，便看握地中海霸权的久暂。它之毁灭迦太基，自文化言是一种罪恶，自国家言却是必然的。帝国扩张，向西取得高卢与西班牙，足踏欧洲大陆，城邦亦随而消逝，西塞罗与恺撒为不同的理想牺牲，而牺牲的意义却是一样的。奥古斯都较为聪明，给安敦尼王朝开一坦路，自由与繁荣，代表城邦的议会与代表帝国的皇帝，日日决斗，罗马帝国渐次脱离了海上，转为大陆。便是在此时，资本主义（海洋发展必然的结果）达到饱和点。那些代表者也便趋向唯物了，琉善与伊壁鸠鲁的产生又是必然的。

不幸得很，城邦转为帝国，一切趋于形式，个体受限制，因为社会不同了。个体是一切进步的因素，但是资本主义发展的结果是穷困，个体有饿死的危险；物质享受的思想、寻找刺激的结果是怀疑和个体伦理衰落。此种演进，使罗马社会混乱，禁欲派的帝王，如安敦尼、马可·奥勒略，他们倡忠恕之道，使个人与社会协调，注意到土地与资源，随即有监察银行、矿产国有等制度发生。杜绝自由主义，后期罗马帝国所求者，不是个体的自由，而是社会的平等。

罗马为政者用意至善，欲使个人利益与社会利益平等。为此国家须采取集权制度，自西维勒斯与戴克里先后，政治趋向集权。个人毁灭，得利者不是社会（社会是个体的结合），而是政府。绝对专制形成，少数官僚变为贵族，此 3 世纪后，西方城市产业衰落，伦理与经济破毁，暴力成为生存的唯一方式。群雄割据，集权必毁，西罗马灭亡是必然的。

西方受蛮族侵入,政治经济发展又复如是,人民心理必然的忧暗,人受任何苦痛,仍然忍受求生,形成一种缥缈的希望。此时基督兴起,它以爱着手,宣示一种自然的正义,此正义存于每个人心里,它挽救了个人的意识,不是逻辑的,而是伦理的。伦理观念并非阶级、种族、宗派所私有,它是普遍的。以故基督教结束了古代的文化,同时保存了古文化最后的部分:集体中不毁个体,实利中不忘正义。由此,我得到一个结论,希腊罗马史给予我们的教训:个体与集体不能相违,经济与文化不能脱节。

附录:关于希腊罗马史主要资料

关于希腊古代史,除 Schliemann 及 A. J. Evans 考古学上成就外,当于 Thucydide 及 Herodote 著作中求之,只须善于理解,便可得许多启示。迨至荷马时代,当取 *Iliade* 及 *Odyssée*,最好的版本为 A. Ludwich,4 Vol. Leipzig,Teubner 1887—1907。那里面有许多史事,特别是关于社会方面的。

自公元前 8 世纪至波希战争时, 抒情诗、Tyrtée 关于斯巴达、Plutarque 关于 Solon 及 Thucydide 与 Herodote 短简的提示、石刻与货币,亦为重要的史料。到波希战争时(前 492—前 449),我们知之较多,Herodote 有全盘的叙述,Eschyle 的《波斯人》关于 Salamine 战争,Plutarque 关于 Thémistocle,Cornélius Népos 关于 Thémistocle、Aristide、Miltiade。

雅典全盛时期,Thucydide 有简略的叙述, 后人追记者,有 Diodore de Sicile、Cornelius、Plutarque, 他们论到 Aristide、Pansanius、Pericles、Cimon……希腊内战起,叙述 Peloponesse 战争者,有 Thucydide,一直到 411 年。次为 Xénophon 的 *Helléniques* 述 411 年后之演变。Aristophane喜剧中所影射事件,Plutarque 关于 Périclès、Nicias、Alcibiade。

迨至斯巴达称霸时,主要资料为 Xénophon 的 *Helléniques*、*Agésilas*,关于雅典,即以 Lysias 的演说。后人记者,有 Diodore de Sicile、Cornelius Nepos、Plutarque 关于 Canon、Lysandre、Agesilas…… 马其顿兴起,雅典雄辩者之言论,当为主要资料,如 Isocrate、Eschine,特别是

Démosthène。次要之资料，如 Diodore de silile，Plutrnque 关于 Phocion、Demosthine……亚历山大时代，除石刻等外，即有 Diodore de Sicile、Trogue-Pompée、Quintecurce、Plutarque、Arrien 的叙述最好。以后至灭亡(146)，即只有 Diodore、Plutarque、Cornelius Nepos，特别是 Polybe。

关于罗马古代史之资料，大率为传说，亦如其他民族一样，须加郑重。王政时代(前 753—前 509)，即有 Cicéron：*De Re publica*，liv. II；*Tite live*，liv. I，Denys d'Halicarnasse 不精确。次要资料为 Plutarque 的 *Romulus* 及 *Numa*。Polybe 亦有短简记述，其他如 Diodore，Appien，Dion Cassius。

自公元前 509 至公元前 264 年，主要者有 *Tite Line*，*Denys d' Halicarnasse*（第五卷以后）、Diodore，Plutarque 关于 Camille。只知大事，无法精确。如 Pyrrlms 战争。自公元前 264 年后，资料即完全，Polybe 最好，Tite-live 对于第二次布匿战争，Plutarque 印记：*Faleius Maximus*，Marcellus，Caton l'Ancien，Paul emile，Flaminius，Les Gracques，Marius，Sylla。Saluste 关于 Jugurtha，Appien，Cornélius Népos(关于 Hannibal 及 Caton)，Trogue Pompée，Diodore，Dion Cassius，Ciceron 文集中亦散见许多资料，题名是 *Corpus InscriptionumI*。

自公元前 78 年至前 29 年，Cicero 作品，特别是通讯。Caesar 的《高卢战记》，一卷至七卷。《内战记》，Hirtius：《征高卢》第八卷，Saluste：*Catilina.* Tite-Line 的 *Periochae*。Velleius Paterculus；Appien，Dion Cassius，特别 Plutarque 中，Lucullus， Crassus，Sertorius，Pompée，Caton le Jeune，Cicéron，Caesar，Antoine，Brutus。Suétone 而论 Caesar，Augustus，以及题铭同上。

自奥古斯都以后，到 Dioclétien 时代(284)，资料较少。1 世纪主要资料，即 Tacite，Suétone，Dion Cassius。小 Pline 关于 Trajan，Joséphe 与 Sénèque。2、3 两世纪，即有 Scriptores Historiae Augustae，约自 117 年至 284 年帝王拉丁传世时代的题铭及货币较多。入 4 世纪，即有拉丁史学家 Ammien marcellin 的历史。自 96 年到 378 年，我们现存

者，即仅353至378，Aurelius Victor著《帝王本记》，至Constantin大帝，Eutrope著有罗马史（至Jovien之死，364年）。Brose著历史（417）。Jardanes著录德史；Grégoire de Tours著*Historia Francorum*。关于罗马灭亡时重要叙述。希腊史学Zozime著《270至410年史》，约作于450年。Jean d'Antioche著通史。教会方面，即有St Ambroise，St Augustin，St Jérôme。而教会史学家，即有：Eusèbe，Socrate，Sozomène。此外有许多题铭。

关于文集，有*Bibliotheca Teubneriana*，in 8，Leipzig，Teubner；*Bibliotheca Oxoniensis*，in 8，Oxford，Clarendon Press；*Collection Budé*，Paris，Societé les belleslettres。至于石刻与题铭等，即有柏林学会所刊*Corpus Inscriptionum Graecarum*，统称*Inscriptiones Graecae*，XV Vol。关于罗马，即有Corpus inscriptionum Latinarum办《柏林学会所刊》XV Vol.关于Etrusques，即有同上出版的*Corpus Description Etruscorum*，2 Vol.

至于参考书，关于希腊方面，即有Glotz(G.)：*Histoire Grecque*，5 vol. Paris，Presses uni.，1925；Cohen(R.)：*La Grèce et l'hellénisation du monde antique*. Paris，1934；Cavaignac(E.)：*Histoire de l'Antiquité*，4 vol. Paris，Fontemoing et Cie，1913—1920；Duruy（V.）：*Histoire des Grecs* 2 vol. Paris，Hachette，1874；*The Cambridge Ancient History*，Cambridge，uni. press.Ⅳ—Ⅷ，1926—1929；Bury(J. B)：*A History of Greece to the death of Alexandre the Great*. London，Macmillan，1913；Jouguet(P.)：*L'impérialisme macédonien et l'Hellénisation de l'Orient*，Paris，Renaissance du Livre，1926；Barbagallo(C.)：*Le Déclin d'une civilisation ou la fin de la Grèce antique*，Paris，Payot，1927；Roussel(P.)*La Grèce et l'Orient des guerres médiques à la conquête romaine*，Paris，Alcan，1928.

关于罗马方面，即有：Mommsen(th.)：*Histoire romaine*. Trad. C. *Alexandre*，11 vol.，Paris Frank，1863—1889. Duruy（V.）：*Histoire des Romains*，7 vol. Paris，Hachette，1875—1885. Piganiol(A.)：*Esquisse d' histoire romaine*, Paris Alcan, 1931. Homo (L.): *L'Italie primitive et les débuts de l'impérialisme romain*. Paris, *Renaissance du Livre*, 1925. Ferrero (G.): *Grandeur et décadence de Rome*, Ⅵ, vol., Paris, Plon, 1903—1907. Fustel de Coulanges: *La cité antique*, Paris, 1868. 李玄伯译,改名为:《希腊罗马古代社会研究》,商务印书馆,1929 年 6 月出版。*Montesquieu*, 1734 年刊。*De la Grandeur et de la décadence des romains*, 书虽旧, 却是开一种新风气, 而 Pirenne (J.): *Les Grands courants de l'Histoire universelle*, T. I des origines à l'lslam. 3e ed., Ed. de la Baconnière, Neuchâtel, 1945,非常有见解。

世界古代史讲稿

原始社会①

一、绪说

根据科学家的估计，人类最初的历史到现在约有一百多万年，这是够长的了。相形之下，阶级社会的历史却是很短的，最长也超不过四五千年。关于原始时代的历史，过去没有正确的解释，大都是一些臆测。到了19世纪后半期，由于达尔文的《物种起源》(1859)、摩尔根的《古代社会》(1877)，特别是恩格斯的《劳动在从猿到人转变过程中的作用》(1896)和《家庭、私有制和国家的起源》(1884)等名著相继出版，提出了这门科学的基本规律。从此原始社会的研究得到新的发展，而成为历史科学重要的组成部分。

首先，原始社会的研究须借助于考古学。荒远古代生活的原始人，虽然早已绝迹，可是地下仍然保存着他们活动的遗物，如使用的石器与骨器、居住的遗址和埋葬的坟墓。考古学者按照出土的情况，推断原始人生活的年代及活动的情形。其次，原始社会的研究须借助于人种学。在不少地区，如澳洲、非洲和美洲，仍存在着若干落后的部落。观察他们的生活状况，研究他们的社会制度，可以得到许多资料，说明原始社会的实况。在古代文化较发达的国家中，语言文字至今仍保存着某些原始的残迹，反映在许多传说、神话及文学创作

①《世界古代史讲稿》写于1963—1964年。

中。这些都是研究原始社会重要的资料。

19世纪开始了原始社会的科学研究工作。丹麦考古学者汤姆逊于1836年，根据工具所用的主要原料，将原始社会分为石器、铜器及铁器三个时代。继后法国考古学者摩尔提埃于1869年分旧石器时代为初、中、晚三期，奠定了考古学分期的基础。无疑，这种划分法有一定的科学性，只是太简单了。将古代社会的发展概括为仅是工具的改进，很难正确地说明社会发展的实质。

摩尔根在《古代社会》中提出别一种划分法。他将原始社会划分为“蒙昧”与“野蛮”两个时期，各时期又分为低级、中级、高级三个阶段，并在每阶段上列举出物质与精神发展的特点。恩格斯研究原始社会便是采用了这种划分的方法。

列宁对原始社会的分期有了进一步的发展。他划分原始社会为“原始群”与“原始公社”两个时期。原始公社就是氏族公社。按照生产力的发展，氏族公社又划分为两个阶段，即母权制氏族公社时期与父权制氏族公社时期。

恩格斯说：“有了人，我们就开始了历史。”①人类历史最初发展时期的特点在于结束了人类本身在生物学方面的发展。人与自然不断地斗争，依靠集体的力量，有组织地共同劳动，共同分配。这时候，生产力极为低下，没有阶级与剥削，“每个人以社会一员的资格，同其他社会成员协力，结成一定的生产关系，从事生产活动，以解决人类物质生活问题”。②随着生产力的不断发展，物质生活不断地改进，由低级趋向高级，由简单趋向复杂，原始公社逐步解体，出现了阶级社会。

①恩格斯：《自然辩证法》，1959年，16页。

②《毛泽东选集》，第一卷，1951年，281页。

二、原始群

19世纪末，关于人类形成的过程始得到科学的说明。达尔文在《物种起源》的结论中说，须从生物界研究人类的起源。1871年，他著《人类起源》时又说，人是东半球猿类的后裔。考古学者不断发现人类的化石，证实了达尔文的认识是正确的。

人是由猿进化的。1954年，在云南开远地区发现了森林古猿的牙齿。森林古猿的发展，有的发展为人，有的成为现代的类人猿。亚洲东南部、非洲及欧洲南部都是森林古猿活动的范围。非洲的南方古猿是从猿到人的一个中间环节。

达尔文说明从猿到人是生物的进化，却没有说明古猿怎样转变为人。关于这一重要问题，恩格斯提出科学的解释，“劳动创造了人类本身”[①]。最初古猿的前后肢是无区别的，继后在长期的岁月中，由于劳动引起前后肢的分工，后肢荷负全身，逐渐直立行走，前肢变得灵活，形成双手。所以，“手不但是劳动的器官，它还是劳动的产物”[②]。

随着不断的劳动与前肢的发展，猿类不发达的喉管，缓慢地得到改造，逐渐发出清晰的音节，形成了语言。所以，语言是从劳动当中并和劳动一起产生出来的。由于劳动的推动作用，猿的脑髓与其他感觉器官也随着发展起来。这样，人离开动物愈来愈远，能力变得愈来愈强，不只是利用自然，更重要的是支配自然。人类劳动是“从制造工具开始的”，工具是划分人和动物的标志，也是征服自然界的开始。

1964年11月，我国公布蓝田猿人的发现，经我国科学工作者的研究，认为蓝田猿人比北京猿人原始。就世界范围来说，它代表目前世界上已经发现的最早的一种猿人类型，早于爪哇直立猿人。

①恩格斯：《自然辩证法》，1959年，137页。

②同上，138页。

1891—1892年间，荷兰殖民主义者在爪哇发掘的猿人，大致与北京猿人相当。这些猿人化石属于低级阶段的猿人，较南方古猿发达，已能直立行走，制造和使用粗糙的工具。根据这些特征，蓝田猿人等是最原始的人类。人类的形成是在特殊的条件下发生的。这是“有机世界史中唯一无二的不会重演的事件”[①]。原始人类的生存受到强大的自然压迫，曾进行过艰苦与剧烈的斗争。他们的生活是十分困难的，并不如浪漫派诗人所幻想的那样美妙。

1927—1937年间，在北京西南的周口店，发现中国猿人的头骨、火的残迹，有手工痕迹的燧石，这便是距今四五十万年前的北京人，它是最早利用天然火种的。猿人能掌握火是控制自然力量提高的表现。从此可以熟食、取暖以及御防野兽，对人类生活是十分有益的。

最初人类的生活是集体的。在自然前面，人类的力量是十分薄弱的。人类吃的是树果与槐根，居住在树上，过着群居的生活。人类最初的社会，列宁称之为“原始群”[②]。原始群的社会没有分工，没有压迫，也没有婚姻，而是一种杂交。猿人制造扁桃形的石斧，发挥了有力的作用。猿人过着群的生活，但是在最初，群与群之间彼此是孤立的。

由于劳动的需要，语言与思维得到发展。语言和思维是现实生活的反映，两者同时发生，有着密切的联系。

猿人经过漫长的岁月，距今约十万年，人类体质得到新的发展，尼安德特人便是这一时代的代表。尼人的分布最广，亚洲、欧洲与非洲都发现过尼人的化石。尼人体质有许多特点，额低，眉骨粗大，颏部不突出，脑容量接近现代人，身体粗矮，却很有力。

尼人是生活在旧石器时代的中期，即考古学上所称的“穆斯特”时期。与此相适应的文化，在我国有河套与丁村文化。在丁村的遗址

---

①柯斯文：《原始文化史纲》，1955年，15页。

②列宁于1913年12月写给高尔基的信。

中，发现许多鹿和象的骨骼。他们以采集与狩猎为职务，不断地改进工具，如穿刺的石锥，刮削的石刀，已能制造极简陋的衣服。冰河来到的时候，尼人长期住在洞穴内，开始了定居生活，游荡的群开始形成固定的集团，他们的生活起了重要的变化。

到旧石器时代晚期冰河退去后，出现了真人。真人是尼人的后裔。考古学者发现凡有尼人遗迹的地区，其地质年代较近的地层都有真人的遗迹。真人分布得很广，在欧洲有 1868 年发现的克罗马农人，在中国有 1934 年发现的山顶洞人。他们身体高大，脑容量已达到 1400 立方厘米。

人类散处在不同的地区，受自然与历史因素的影响，其外形有可遗传的特征，缓慢地形成了种族。但是，人类的起源却是共同的祖先。按照区域的不同，真人时代出现了三种类型，即黑人、欧洲人与蒙古人。这种不同只是皮肤的颜色、头发的形状的不同，至于生理与心理的活动、智力的作用却是完全一样的。种族的不同不是自始发生的，资产阶级的人种差别说是反科学的。

原始群有了相对稳定的生活，居住在木棚与窑洞内。石制工具的加工，骨制与木制的工具向复合式方面过渡，表现出物质文化的提高。人工取火亦是旧石器晚期的特点。恩格斯说："摩擦生火第一次使人支配了一种自然力，从而把人从动物界分离出来。"①

由于生产水平的逐渐提高，生活比较稳定后，原始群开始解体，血缘成为纽带，形成了氏族制度。原始群解体的过程是缓慢的。由于生产的发展，原始群分裂为两个"半边"，随着建立起新的婚姻秩序，便是说同半边的人不能结婚。这种婚姻被称为族外婚，与氏族形成有直接的关系。族外婚就是不同群的群婚，由此婚姻不再是生物的传种，而是社会的制度了。几个互通婚姻氏族组成部落，几个部落的联合又发展成联盟，集体的力量更强大起来。这时候，氏族成员共同

①恩格斯：《反杜林论》，1956 年，117 页。

生活，按性别与年龄实行分工，男子偏重狩猎，妇女与儿童偏重采集，女子的社会地位逐渐变得重要了。

在原始群的阶段中，人类是没有宗教观念的。到尼人时期有了葬地，尸体涂染红色，初步有了宗教观念，反映出超自然的力量。在原始群解体的时候，氏族制度形成，同时也产生了图腾制。图腾为阿尔衮琴语，即氏族成员与某种物体有亲属的关系。

三、母系氏族社会

原始群解体后，母系氏族社会形成。儿童只知其母，不知其父，即儿童是按照母系计算的。母系氏族社会尽管发展有不平衡，却是普遍存在的。

新石器时代不断地改进工具，生产有显著的提高。石器的磨光与钻孔，钻子与斧头的制造，生产技术有显著的革新。这时候武器从工具中逐步分离出来。

弓箭的发明是人类征服自然的飞跃，狩猎经济得到很大的发展。弓箭比标枪完备，既灵活又有力。标枪可投掷三十米，弓箭射程却超过它三倍。优秀的射手每分钟可射二十发箭，这对于猎获鸟兽是非常便利的。

陶器制造的发展含有重要的意义。原始的陶器是黏土压制深窝，在火上烧成的。螺卷法的制造也是很古老的，将黏土揉成长条，螺旋盘起来，内外挤压，在火上烧成陶器。陶器大量的制造，不只解决液体贮存、烹调食物，更重要的是适应定居生活的需要，促进了男女的分工。

母系氏族社会的经济特点在于：采集经济向原始农业过渡，狩猎经济也向原始畜牧业过渡。这种发展使经济得到繁荣，改变了社会的面貌。

原始农业起源于采集经济，妇女是农业的发明者。她们观察块根野生植物，经过选择种植，予以松土、灌溉及除草，这样就产生锄耕农业。通常男子从事狩猎，遇到整理土地与播种工作，亦与妇女共同进行劳动。农作物主要有大麦、小麦、黍、稻、谷、豆等。为了防止减少产量，他们开始实行轮种制，即在同一地段种植不同的农作物。

畜牧业是从狩猎发展起来的。围圈式的狩猎给驯养动物创造了条件，被围圈的动物得到繁殖的机会。围圈式是有困难的，却是很重要的，因为这是活的肉食的储藏。驯养动物是十分艰巨的工作，选种与配种需要丰富的经验。可驯养的动物有十四万种之多，而所能驯养的仅只四十七种，这真是微不足道了。关于古代驯养家畜问题，至今仍未得到解决。仅知狗的驯养是最早的，可以协助狩猎与运输。其次为山羊与猪。到湖上居住的时期，驯养的牛也出现了。最后驯养的是马，很可能起源于亚洲。

农业与畜牧业的发展，促进知识领域的扩大。由于农业的需要，人们注意到时节的变化。在畜牧业方面，牧人也注意到地理与气候的情形。这就发生了计数与记事的必要。知识与经验的累积，增强了斗争的能力。

母系氏族社会，妇女掌握经济实权，有很高的威信。母系氏族组织实行民主制，虽有许多家庭，但是成员们集体生产，共同消费，氏族成员是平等的。母系氏族有时很庞大，有三百多成员。妇女权力很大，假使男子懒惰，随时有被驱逐的危险。

这时候，偶婚制代替了群婚制，却不是很稳固的。妇女主动选择自己的丈夫，配偶“望门而居”，各自住在母系氏族中。由于生产的需要，男子“从妇而居”，迁至妻的家中，家庭逐步巩固起来。偶婚制保存了族外婚的习惯，却又有群婚制的残余。偶婚制经常是姑表婚。印第安人的两千例婚姻中，有 1799 件是姑表婚姻。母系的氏族成员须参加会议和复仇，这既是权利，又是义务。

随着生产力的提高，每个母系氏族都有或多或少的财产累积。这种情况的发展，开始了经济的个体化。母系氏族社会逐渐为父系氏族社会代替了。

四、父系氏族社会

母系氏族社会向父系氏族社会的过渡系人类历史上的大事，它反映出经济起了深刻的变化。在生产中，男女地位转换，男子掌握经济的实权，父权制由此而建立起来了。

犁的运用提高农作物的产量，代替了锄耕，这是男子参加农业生产最重要的成就。犁的产生年代是很难确定的。有的考古学者以为犁的使用是在青铜时期，可能这是指带铧的犁。最初的犁是木制的，以驴或牛来牵引。由此土地得到深耕，提高了产量。

同样，畜牧事业的发展促进父权制的建立，形成了游牧部落。在草原地带，畜牧事业得到发展，游牧部落拥有大畜群，繁殖迅速，得到大量的肉、乳酪与皮毛。牧人部落的出现标志着第一次大分工。畜群是属于氏族公有的。随着父权制的发展，畜群往往变为族长的私有，在畜牧部落中最先发生了私有财产，恩格斯称这种变化为"家族革命"。

金属的使用是父权制建立的重要因素。原始时代，金石不分，所以易洛魁人称铜为"红石"。公元前 5000 年时，亚洲出现了铜的提炼，没有起很大的作用，铜质软，熔点又高，须在 1050—1330 度之间，因而这时候仍是铜石并用。公元前 4000 年时，埃及与中亚出现了青铜。青铜为铜与锡的合金，熔点在千度内，既坚而又易炼铸，对生产起了推动作用。

最初使用的铁是来自陨石，古苏美尔人称铁为"天降之火"。公元前 1300 年时，始有矿石提炼的铁，熔点很高，最高达到 1530 度。到发明风箱后，炼铁产量始得到提高。冶铁地区很广，工具与武器有迅速的改进。铁犁出现后，农业生产有显著的提高，促成了第二次大分工，手工业脱离了农业。

手工业的专职化提高了铁工、陶工与织工的生产，引起等价交换，免除往日的偶然性。由此发生了一系列的新事物，价值与货币，度量衡的规定，集市的贸易，经营货物交换的职业商人。

当父权制建立的时候，婚姻亦起了变化。男子掌握经济实权后，女子从夫而居，偶婚制演进为一夫一妻制。子女不再属母系氏族，而留在自己家中。这样经过很长的时间，父系大家族也就出现了。

父系家族是一个经济集团，主要是以土地为基础，包括着三四辈的成员。家族首长是以民主原则选出来的，通常选举正直与勇敢的男子。但是，这样家族到一定的阶段，很难维持整体，势必分裂为几个家族。他们虽然分开，因为有血缘关系，仍有某种共同的经济，如土地仍为集体所有。宗族便是在这种情况下出现的。每个宗族是一个自治体，也是一个军事单位。它的外形特征是“姓”。

父系氏族社会的发展，形成财产的私有。财产私有并非如资产阶级所说是天赋的。由于奴隶与铁的使用，生产力有所发展，产品有所剩余；又由于家长地位特殊，随着家族的分裂占据土地，私有制逐步出现了。因而私有制扩大了剩余产品，反过来剩余产品又巩固了私有制。财产不断地分化，介乎新老家族、大小家族之间，产生了公开或隐藏的财产斗争。其结果，财富逐渐积聚在少数家族的手中。

部落有会议，通过会议解决部落的重大问题。部落首长有特殊的权力，统率氏族成员，实行军事民主制，可以发动联盟，进行掠夺性的战争。尽管如此，军事首长的个人权力还是受部落会议的限制，没有达到国家元首的地位。但是，随着这种情况的发展，父系氏族社会发生了变化：经济利益占主要的地位，血缘关系逐渐变成次要了。便是说氏族地区的完整性难以维持，不同宗族的村落出现，这种新社会就是农村公社。农村公社的特点便是社会向阶级社会过渡，土地向私有制过渡。土地、牧场与森林归集体所有，房屋、牲畜与器具为个体所有。积而久之，阶级社会形成了。

为了巩固统治阶级的利益，统治者创造了国家机构。旧部落变为国家，氏族首长变为国王。国家与旧氏族组织不同，居民以地域划分，公共权力凌驾于全体成员之上。国家成为阶级专政的机构，原始公社不复存在了。

埃及古代史

一、前言

埃及是世界上一个古老的国家，到现在已经有五千多年的历史了。

埃及位置在非洲的东北部，受沙漠与海洋的包围，在远古时期对外的联系是困难的，却不是隔绝的。尼罗河出自中非与埃塞俄比亚，由南向北奔流，长达六千五百余公里。自卡尔杜姆起，蓝、白尼罗河相会合，行经不到五十公里宽的河谷地带，两岸土地肥沃，物产十分丰富。尼罗河到开罗附近，如扇展开，形成著名的三角洲，其面积有两万三千七百多平方公里。

埃及的气候是干燥的，天气炎热，雨量缺少。由于尼罗河季节性的泛滥，淤积成肥沃的土地，于农业十分有利，埃及虽然可耕的土地不多，每年却能得到丰富的收获。埃及劳动人民经常投入防洪、排水与灌溉的战斗，始取得丰收，并不像希罗多德所说“埃及是尼罗河的礼物”那样轻松的。

关于埃及古代居民的问题，争论虽多，但主要是由河谷地带的居民与东非及北非的居民形成的。考古学者在涅伽达发现的头骨、在法雍发现的谷物，说明与东非居民有深切的关系。古肥胖女神的画像，说明其形态含有北非哈种的因素。最古的埃及象形文字所涉及的，多是当地的动植物，很少是外来的。所以，埃及古代的居民是当地的,外来说是没有根据的。

在尼罗河两岸辽阔沼泽的周近,埃及古代居民过着原始公社生活,以渔猎为业。继后公社出现小规模的水利工程,培植大麦、小麦与亚麻。1953 年,开罗附近发现的遗址,有芦苇茅屋、储粮仓库,这证明农业生活很早便开始了。

公社促进了农业生产的发展。在实践的过程中,小型的水利建设远不能适应生产的需要,由此产生了公社的联合,其实质也就是部落联盟。在公社联盟的过程中,氏族制度逐步解体,出现了阶级社会,亦即“州”的形成。州的任务,最初是卫护水利灌溉。所以,埃及古象形文中,州为“土地加河渠”。

大约在公元前 4000 年时,埃及形成四十二个州,其中二十二个在上埃及,其余的二十个在三角洲。每州有自己的图腾,如鹰、蛇、羚羊等。氏族首长为州的统治者,兼任宗教与军事的职务,掌握州的实权。继后,随着社会的发展,各州之间经常发生冲突,胜利者劫走居民、牲畜与粮食,互相兼并,出现更强大的州,向着统一方向进行。这时候,上埃及以尼赫布特为中心,以鹰为图腾、芦苇为国徽,国王戴白冠。下埃及以布陀为中心,统一较早,以蛇为图腾、蜜蜂为国徽,国王戴红冠。埃及南北分治,常常争夺埃及的领导权。

二、由埃及统一至喜克索斯人的入侵

公元前 3200 年时,传说中美尼斯以西尼斯城为中心,由南向北进发,征服了三角洲,建立起统一的王国,其过程是相当模糊的。希拉孔波里斯石刻,绘着“蝎王”戴白冠征服埃及北部的胜利。埃及统一后,相传于三角洲的南端,美尼斯建设孟斐斯新城,亦称“白城”,起着政治与军事重要的作用。这些事实说明埃及的统一是长期的,第一、二王朝的历史,如巴勒摩石刻所说,含有浓厚的神话因素。

从美尼斯统一埃及起, 到公元前 525 年波斯人侵略埃及止,总共经历了二十六个王朝。除最初的两个王朝外,通常划分埃及古代史为:古王国时期,由第三王朝至第十王朝;中王国时期,由第十一至第十七王朝;新王国时期,由第十八至第二十六王朝。现在,将古王国与中王国两个时代的主要事迹叙述如次。

古王国时期的社会经济

在农村公社逐步解体的基础上,埃及统一形成,出现了奴隶社会。随之人的关系也便改变了,有统治阶级奴隶主,有被统治阶级奴隶(包括广大的自由人),由此产生了不断的阶级斗争。

法老,埃及国王的别称,为奴隶主统治阶级的代表,拥有政治、法律、宗教、军事最高的权力,由官吏与僧侣协助,形成强大的专制国家。

公社解体后,其组织形式依然起着重要的作用。被法老奴役的劳动人民,仍旧被组织在起着奴隶制国家基层作用的公社内。国家通过公社这个机构,向人民征收租税,抽调伕役,进行大规模的工程建设,人民的负担是十分沉重的。国内劳力不足,即向外用兵。古王国时期不断地向纽比亚、利比亚及西奈半岛进行侵略,捕获战俘,以供奴隶主阶层使用。所以这时期的经济特点,主要是满足奴隶主的需要,法老、官吏与寺庙的财产不断增长,加强他们的实力。

古王国时期政府权力增强后,重视水利工程,扩大耕地面积,进行灌溉。巴勒摩石刻有尼罗河水位的记录。第六王朝大臣涅海布,在墓志中提到在南北埃及进行的开渠工作。农具亦有改进,采用金属镰刀、装置乌木的耕犁、新创造的木耙。蔬菜种类繁多,有莴苣、黄瓜与萝卜;果木中有橄榄、椰枣与葡萄等。农民通过公社使用土地,土地是属于国王的,每年向国家交纳五分之一的实物。

埃及统一后,手工业得到发展,使用大量奴隶劳动,有很高的水平。金字塔的建筑与墓中的壁画表明:手工业的种类有冶金、造船、纺织与石工,所用的工具,有钻、斧、锯、锤、切削器等。工人技术已到精湛的地步。

在奴隶制发展的过程中,农业与手工业产品不断增长,商业出现,经售多余的产品。最初采取物物交换形式,如以谷物换取装饰品。继后,经济范围扩大,与海外发生贸易关系,巴勒摩石刻提到,在第三王朝时,从毕布勒“得到满载杉木的船四十艘”。杉木是造船最好的原料。

古王国时期的专制政治及金字塔的建造

第三王朝法老约塞确定孟斐斯为首都, 专制政治逐步强化起来,奴役埃及的人民。法老是氏族的首领,又是最高神的体现者,代表着奴隶主统治集团的利益,拥有绝对的权力。但是,法老权力的执行,却受首相与僧侣的限制。

首相管理国家的大事,是行政的首长,也是最高的法官,常由法老的亲近担任。首相管理下设有粮食部、金银部、军事部、工程部、祭祀部等,每部有大批的书记。

宗教是外界力量在人们脑中虚幻的反映, 采取了非人间的形式。法老是俄西里斯等最高神的体现者,其所利用的广大僧侣成为专制统治的基础。僧侣是世袭的,有广大的土地,成为政治上重要的力量。第五王朝的创立者乌塞卡夫,便是黑利欧波里斯赖神庙的高级僧侣。

地方政府的行政组织,仿照中央分设各部门,保存着公社的传统。州长是由法老任命的,为中央征收赋税,供给兵力与劳力。州长是地方实力的统治者。

从第三王朝起,埃及实力增长,不断向西奈半岛发展,掠取铜矿;又向南进攻,越过第一瀑布,从纽比亚掠取俘虏与牲畜。各地的财富聚集在政府的手中,给建筑金字塔创造了条件。

金字塔是坟墓。在萨卡拉地区,首相伊姆赫捷普为约塞建造六层的坟墓,开始了金字塔巨型的建筑。到第四王朝时,在孟斐斯与开罗之间,建立胡夫、哈夫拉、门卡拉三位法老的金字塔及狮身人面石像,其间尤以胡夫金字塔最为壮观。胡夫塔修建了三十年,经常有十万人劳动。塔高一百四十六米,边长二百三十米,绕塔一周有一公里,系二百三十万块石头所筑成。附近的狮身人面石像,有二十米高,七米长,象征着法老的威严。这一群陵墓,巍然静立在沉默的荒原上,睥睨一切,其目的在镇压劳动人民。

第四王朝修筑金字塔,耗费巨大的人力与物力,形成严重的社会问题,激起全国人民的反抗。孟斐斯曾发生暴动,据传说,人民将法老尸体从金字塔内抛掷出来。高级僧侣黑利欧波里斯,利用人民暴动的新形势,与地方实力结合建立起新政权。第五与第六王朝便是反对中央集权,形成地方割据的。那些地方贵族们,为了缓和群众反抗的情绪,虚伪地表示与群众友好,如贵族涅哈布墓铭说:"我经常送给贫民与饥民衣服、粮食与酒,他们爱护我。"这是虚伪的,奴隶主怎么会爱护被剥削的对象呢?

从第六王朝以后,各地独立,废除中央纪年,以州的纪年来代替。关于这个时期的资料缺乏,大约在公元前 2200 年,古王国便结束了。

中王国的统一与农民大暴动

经过长期的混乱,公元前 2100 年末,底比斯的统治者孟图霍特普,利用中层奴隶主新兴力量,发展农业,又团结各州的实力,向埃及北部进攻,取得胜利,建立起第十一王朝。到孟图霍特普三世时(前2070),已有"桑杜伊"的称号,意为"统一南北两地",中王国从此开始了。

埃及虽然统一,中央与地方经常处于对立的状态。各州既不重视中央派去的代表与监督,又保存司法、税务与武装的独立,因而地方执行中央的命令是有条件的。但是,法老团结中层奴隶主,任命为官吏,称之为"信任者",这对于州长是一种打击。此外,中央规定:不得以州长名义建立寺庙;州长死后,如女子继承,必须经法老批准。这便限制了州长的权力。

中央政权稳定后,十二王朝以经济建设为主,如阿蒙涅姆赫特三世(前1817—前1772),征用许多劳力,在孟斐斯西南洼地处,修建堤坝,成为著名的美丽多湖,有两千五百多公顷土地受到灌溉。为了与国外贸易,他一方面向南深入,越过第三瀑布;另一方面开凿运河,连接红海与地中海,成为苏伊士运河的前身。

中王国的阶级斗争是十分尖锐的。奴隶主阶级残酷剥削劳动人民。农民受中央与地方双重的剥削,生活极为悲惨,挨打不准喊痛。卡呼恩是中王国新建的城市,城东为官吏与僧侣住宅区,宫邸豪华,而城西贫民街坊,都是密集的茅屋,几乎不是人所能居住的。这种剧烈的阶级矛盾,激起埃及人民大暴动,《伊浦味陈词》是高级官吏所写的,反映出这些起义的情况。

大约在第十三王朝晚期,埃及发生城市贫民和奴隶的大暴动,宫殿被抢劫,皇宫居住者被赶到街头,贵族们靠乞讨过活,租税册被抢走。人们赶走国王,杀死官吏,占据国家机关,富人恐惧失望,穷人欢欣鼓舞。过去买不起草鞋的人,现在拥有巨大的财富;过去以"头"计算的奴隶,现在穿着华丽的衣服,强迫奴隶主们来服务。这是一次真正的革命,既广泛,又持久。

喜克索斯人的侵入

公元前1700年前后,中亚游牧部族向外移动。喜克索斯人①乘中王国的衰乱,沿着苏伊士土腰,侵入埃及,占领阿发里斯城,其王阿波比遣使至底比斯,要求埃及屈服,废止对阿蒙神的崇拜。

喜克索斯人有较强的军队,兵种复杂,有战车与骑兵,武器亦进步,有青铜刀剑及复合式的弓。他们以阿发里斯为都城,建立起第十

①喜克索斯字源为:Hega-khast,意为"沙漠王"或"外国王"。埃及字shasu,意为"牧羊者",以音意兼近,故称喜克索斯的统治为"牧羊王朝"。

五、十六及十七王朝，史称“牧羊王朝”。埃及本土实力微弱，退守底比斯，成为外族的附庸。喜克索斯人统治埃及有一百多年，输入马及新式武器，在强盛时控制了全埃及。

公元前16世纪初，底比斯国王卡摩斯，团结爱国力量，掀起反外族的运动，可是不久便去世了。其弟阿赫摩斯（前1539—前1514）继其遗志，与喜克索斯人多次战斗，最后攻陷阿发里斯城，建立起第十八王朝。从公元前1570年起，喜克索斯人退回巴勒斯坦，可能与当地居民混合了。

三、由新王国时期的复兴到古埃及王国的覆灭

新王国集权的建立与向外扩张

阿赫摩斯反外族斗争胜利后，开始新王国时期，历时有四百年之久，经历了第十八、十九与二十王朝，古埃及奴隶社会有进一步的发展。

阿赫摩斯统一埃及的过程中，着重军队建设，设常备军，分驻各地，国家担负军队全部的给养，改进战斗武器，建立战车队，增强军队实力。从此，中央集权制不断加强，地方分裂受到严重打击。

在另一方面，埃及统一后，着重经济建设，设置官吏，管理农业与水利。农业技术有改进，使用长柄犁、松土耙，有的地区实行轮作制，农业生产有显著的提高。在手工业方面，阿蒙庙壁画反映作坊种类繁多，采用立式织布机，纺织技术有显著的改进。埃及经济繁荣，扩大爱琴海与红海的贸易。

新王国的经济繁荣是与向外侵略分不开的。从吐特摩斯一世起到吐特摩斯三世，埃及向纽比亚进攻，越过第三瀑布，又向西亚侵略，经巴勒斯坦、米丹尼，深入两河流域北部，至“倒流”地带，看到积

雪的山顶。由于吐特摩斯三世与阿蒙庙密切的关系①,新王国对外的掠夺,转入僧侣集团的手中。阿蒙庙僧侣充任首相,掌握政权,与武人相对抗,削弱了法老的统治,潜伏着严重的政治危机,反对阿蒙庙僧侣的专横。

阿蒙霍特普四世的宗教改革

新王国强盛的时候,人民的生活并未改善,农民和奴隶是一样的。统治阶级本身并不协调,新兴的军事贵族拥护法老,与地方实力相对抗,特别是阿蒙庙的僧侣。

当阿蒙霍特普二世(前 1427—前 1392 年在位)即位后,看到阿蒙庙僧侣的专横,倡导宗教改革,以"阿吞"代替阿蒙。他解释阿吞是真理,不是埃及所独有的,借此羁縻叙利亚地区的国家,同时也违犯了埃及古老的传统。

阿蒙霍特普自认为是阿吞的象征,改名为"埃赫那吞",意为"阿吞之光"。又于今埃尔·阿玛尔纳,在万山环抱之中,建立"埃赫塔吞"新都,意为"阿吞视界"。1887 年在此发现的资料,证实这是反传统实力的革新时代。壁画反映现实生活,法老不是神,而是人。他手抓吃肉,毫无拘束地与儿童游戏。

阿蒙霍特普的晚年,由于没有人民的支持,逐渐孤立了,公元前 1336 年于国内骚动中逝世。其九岁的继承者图坦卡蒙,被迫与僧侣妥协,还都底比斯。十年后,图坦卡蒙②去世,霍伦赫布掌握军事实力,与阿蒙僧侣结合,建立起十九王朝。

①公元前 1525 年,吐特摩斯三世与其后哈特谢普苏共治埃及。四年后,哈特谢普苏独掌政权,迫其夫在阿蒙庙为僧。公元前 1503 年,哈特谢普苏失踪,吐特摩斯三世复位,因而与阿蒙庙有特殊的关系。

②1922 年,在底比斯发现图坦卡蒙陵墓,内有许多有价值的物品与画像。

新王国的解体

霍伦赫布的政权，实质上是僧侣统治的恢复。拉美西斯二世(前1279—前1212年在位)为最后法老中的最强者，亦无法脱离阿蒙僧侣的控制。多年来，埃及对外的侵略战争，耗尽人民的血汗，而所掠获的财富，又多为寺庙所占有。《哈利斯纸草》说，底比斯阿蒙庙占有全埃及十分之一的土地，四十二万头牲畜，六万八千五百奴隶，还经营纽比亚的金矿，其财富超过埃及的国王。

当拉美西斯二世掌握政权后，为了巩固西亚的属土，不得不与赫梯进行长期的斗争。赫梯为叙利亚北部军事奴隶主强国，其王穆瓦达里组织强大的联盟与埃及对抗。公元前1275年，埃及与赫梯战于卡叠什，拉美西斯二世几乎全军覆灭，此后十六年的斗争中，勉强维持奥伦特河上的优势。公元前1269年，埃及与赫梯签订和约，共九个条文，刻于阿蒙庙的墙上。1906年，在波伽兹科易发现赫梯的原文。拉美西斯二世六十七年的统治，进行了多次掠夺战争，受实惠者是僧侣阶层。他完成了阿蒙庙柱厅的工程。

公元前12世纪，埃及的局势是十分困难的。《哈利斯纸草》反映出埃及人民的困难，国内陷入分裂状态；国外叙利亚等掀起反埃及的活动，地中海居民与利比亚人联合，连续向三角洲进攻，埃及仅保持摇摇欲坠的局面。公元前1085年，阿蒙僧侣赫里霍尔宣布为王，开始了神王时代，亦即埃及南北分治。南埃及阶级斗争十分尖锐，经常出现罢工与抢粮等事件。公元前8世纪，那巴塔成为一个独立的国家。

当新王国强盛时，由于军队缺乏，雇用利比亚人为主要的武力，因而利比亚的贵族逐步掌握军事与政治实权。公元前941年，利比亚谢松克即位于布巴斯底，建立第二十二王朝，统治北埃及。人民穷困，岁月是在与困难斗争中度过的。

公元前8世纪末，波克霍里斯即位，感于社会问题的严重、利息超过百分之百，进行反贵族与反特权的运动。他主张取消债务，禁止贩卖奴隶，利息不得超过百分之三十三。这些改革，虽得到人民的拥护，却没有组织，反促进贵族与僧侣的团结。敌人利用纽比亚沙巴卡（前716—前701年在位）的实力，进行反改革的活动。沙巴卡北上，攻陷孟斐斯城，捕获波克霍里斯而将之焚死，埃及在外形上暂告统一，建立起第二十五王朝。

但是，埃及局势并未缓和，内部依旧分裂，镇压人民；外部亚述兴起，威胁埃及的独立。公元前671年，塔哈尔卡继位后，联合特洛伊抵抗亚述的侵略，结果联军失败，孟斐斯被亚述占领，塔哈尔卡只好退回那巴塔。便在这年，亚述利用三角洲赛斯城王公维持北方的局面，埃及成为亚述附属的地区。

赛斯王朝

亚述依靠赛斯贵族尼科的统治是不稳定的。尼科死后，其子萨梅蒂科斯继位，得到北埃及人民的支持，于公元前655年发动反亚述的战争，占领了底比斯，建立起赛斯王朝，亦即第二十六王朝。

赛斯王朝统治了一百二十余年，埃及并未统一，仅维持北方局部的政权。在海上，埃及受希腊城邦的侵略。希腊的雇佣兵与出口商人，不断侵入埃及，建立起诺克拉底斯新城。到尼科二世（前609—前595年在位）时，希腊的扩张达到顶点。尼科为了对抗，雇用腓尼基海员，率领舰队环绕非洲航行，曾到赤道的南边。又开凿运河，沟通红海与地中海，因劳力死亡过多，被迫停止下来，并未发生积极的作用。

在陆上的情形即更困难了。新巴比伦兴起，其王尼布甲尼撒向亚述进攻，威胁埃及。埃及为自身利益着想，被迫与亚述联合，抗拒新巴比伦。公元前605年，亚述失败后，西亚滨海地带完全为新巴比伦掌握，埃及受到严重的威胁。公元前586年以后，波斯帝国兴起，向两河流域进攻，埃及得到喘息的机会。但是，波斯帝国的巨影笼罩着埃及，赛斯王朝处于新的困境之中。

公元前568年，赛斯国王阿玛西斯，为了抵抗波斯，与吕底亚、巴比伦、斯巴达结为联盟，貌似强大，实质未起作用，吕底亚与巴比伦先后为波斯征服了。公元前525年，波斯国王冈比西斯进攻埃及，击败萨梅蒂科斯三世，征服埃及，划为波斯第六省。从此，埃及长期丧失独立，结束古代的历史。

埃及古代文化

（一）文字：远在氏族解体的时候，埃及陶器上已出现图画形的文字，称为"象形字"，约有七百多个，通常用在石刻上。僧侣所用的，形体简化，便于纸草上速写，称为"僧侣体"，其基本字母有二十四个。

埃及文字是有历史意义的。中王国时期，毕布勒利用埃及字母，创造了二十四个字母。通过腓尼基商人，向叙利亚与希腊等地传播，成为日后欧洲各民族的文字。

埃及古人用纸草书写，芦管为笔，烟渣与菜汁调和为墨，成为埃及古文化传播最好的工具。

（二）文学：埃及民间口头文学产生得最早，却没有保存下来。金字塔与寺庙的石壁，刻有颂歌，继后发展为宗教文学。奴隶主阶级表彰他们的战绩，如《卡叠什战役叙事诗》，赞扬拉美西斯二世的英勇。又如《伊浦味陈词》，表现出统治阶级的恐怖与仇恨。

游记占埃及古文学重要的地位，产生了不少的优秀作品。如《西努海特冒险故事》，事迹离奇，文字生动，记述西努海特如何逃往北叙利亚，晚年思念家乡，回到埃及，"再一次睡在床上"。《失望者与其灵魂的对话》表现出怀疑的精神。失望者藐视雄伟的坟墓、豪华的葬仪，他觉着死是不可怕的。但是，这些作品缺乏战斗的精神，不敢正视现实，表现出无可奈何的神气。

（三）美术：埃及古代美术是很发达的。从远古时候起，埃及艺人规定比例,雕刻正面,线条是十分明确的。埃及雕刻表现出高度的写实性,如巴黎鲁佛博物馆所藏的《史官像》。

陵墓与寺庙的浮雕,同样是从写实出发的。艺人们大胆表现工人与农民、渔人与舞女的日常生活。第十八王朝的艺术有高度的发展。绘画跳出古老的传统,1887 年在埃赫塔吞发现的作品, 大胆地反映现实生活。

(四)建筑:在建筑方面,埃及古人留下辉煌的典范。第四王朝的金字塔雄伟壮丽,至今使人惊赞,体现出劳动人民的伟大。

在底比斯广阔的废墟上,于卡尔纳克与卢克索,新王国建立宏伟的阿蒙神庙。拉美西斯二世所建的圆柱厅,排成十六列,共有一百三十四根粗重的圆柱,宛如一座石林。在这样广阔的建筑群中,点缀着象征法老威严的狮身人面像,建筑艺术达到高度的水平。

(五)科学:由于尼罗河定期泛滥与农业的实践,埃及人观察到,每经三百六十五天,从孟斐斯可看到天狼星与太阳并升于天,尼罗河亦开始泛滥,由此确定历法。一年为三百六十五天,分三季,即泛滥季、扩种季、收割季。每季有四月,每月为三十日,余五日为节日。这样计算的误差,后经恺撒修订,补救了埃及历的缺点。

由于农业与建筑的实践,数学有高度的发展,几何学最为突出,可计算梯形与圆面积,已用 3.16 圆周率。计数采用十进,代数能解一个未知数的方程式。

埃及医学已分妇科、外科与眼科。由于木乃伊的制造,人们对人体结构有进一步的了解。埃及医生已知心脏为主要器官,人体有二十二根脉,并由血管变化探讨疾病发生的原因。

(六)宗教:最初,埃及居民知识不发达,视自然界有神秘的力量,如孟斐斯崇拜公牛,布陀敬重蛇。埃及统一后,随着政治实力的扩张,州神变为全国的主神,如底比斯的阿蒙神,黑利奥波里斯的拉神,拉神即太阳神。法老为最高统治者,逐渐也神化了。阿蒙霍特普四世自称为阿吞太阳神的化身。

埃及到处建立神庙，僧侣成为左右政治的实力派，他们创造复活理论，认为阿比多斯的奥西里斯神有复活的职能，奥西里斯管理死后的一切，只要得到他的保护，人永远是幸福的。所以古埃及人十分重视坟墓、葬礼与死人书，这都是奴隶主阶级镇压人民的反映。

古代两河流域南部的历史

一、两河流域最初的国家

两河流域，即底格里斯河与幼发拉底河构成的平原。这两条河发源于梵湖附近的山区。每年山地冰雪融解后，向南倾泻，形成了两河的定期泛滥。底格里斯河沿扎格罗斯向南奔流，水势湍急，有一千八百多公里长；幼发拉底河初向西流，阻于多鲁斯山，转向东，复转南下，有二千六百多公里长，与底格里斯河平行入海。两河流域南部为冲积地，几千年的演变，真是沧海桑田，现在两河于古尔奈会合，改名阿拉伯河，注入波斯海湾，古今海岸的距离，约有二百多公里。

两河流域东部，沿着扎格罗斯山区，与伊朗高原相毗邻。南部为波斯海湾，很早就发生海上贸易。西部与阿拉伯沙漠地区相接，受游牧部族包围。西北部经过山区，与东地中海相连。北部为山岳地带。因此，两河流域常受游牧部族的侵扰，居民经常处于戒备状态之中。

两河流域气候变化剧烈，八月炎热，植物枯焦。冬短，北部遍地皆雪，南部温暖，巴格达地区即少雪了。这一带经常为西北风所困扰，九月始转南风降雨。土地沃肥，宜于发展农业。

直到现在，两河流域南部，很少发现石器时代的遗物，到新石器时代的晚期，始有着彩色的陶器。所以对远古时期的居民的情况很难说清楚。有关古代居民的问题，比较信而可征的是苏美尔人与闪族人。苏美尔人体格健壮，可能起源于吉尔吉斯草原，有似蒙古人的类型。闪族人自叙利亚移入，居阿卡德附近，孟斐斯石刻称他们是“沙上居民”。

苏美尔时期

两河流域最初移入的居民是苏美尔人，过着游牧的生活，以弓矢猎获鸟兽。当他们生活安定后，住在茅屋与窑洞内，逐渐形成村落。大约在公元前4000年，两河流域南部有了简单的农业，居民种植大麦与小麦，畜养牛和驴，形成了最初的公社。土地属于公社的，社员从事有组织的劳动，有时与邻社战斗。公社首长，亦即氏族领袖，兼任僧侣职务，有很高的权力，称之为“巴达西”，实质上起国王的作用。

公元前3000年后，两河流域南部出现二十多个城邦，进入青铜时代。这说明氏族社会的解体，开始出现了阶级社会，奴隶制得到发展。各城邦有自己的土地，利用奴隶劳动。男奴称为“乌鲁”，女奴称为“吉姆”，生产有显著的提高。每个城邦是一个国家，其国王，亦即氏族首长，是世袭的，不是选举的。

公元前2600年，两河流域南部富强的乌尔建立起第一王朝。于王室陵墓出土的军旗，织绘着战争的胜利，证实了这个城邦是强大的。

苏美尔人建立的乌尔城邦是繁荣的，经济发展，财富集中。奴隶主们自称为“大人”，而一般自由民为“小人”了。为了提高农业产量，乌尔大力修建水渠，进行灌溉。大麦产量达到种子的三十六倍。手工业亦很发达，制造精美的铜器，《拉尔沙铭文》提到乌尔铸铜像十九尊。苏美尔人称经济管理者为“鲁班德”，大商人为“塔木加”，经常与外地进行贸易，如从高加索取铜，埃兰取金，伊朗取白玉。

公元前2500年初，乌尔城邦的领导地位被拉伽什夺去了。拉伽什是两河流域南部强大的城邦，有三万多居民。公元前2470年代，安那吐姆利用新兴的奴隶主，征服乌尔，统一南部两河流域，《鹫碑》

证实了这次事变的真实性。

拉伽什建立起奴隶主贵族政权，不断侵占土地，与温玛争夺水利，经常发生战争。其次，人民负担很重[1]，利息高，激起强烈的阶级斗争，反对贵族与僧侣的压迫。公元前2400年时，乌鲁卡吉那利用新形势，以武力夺取政权，进行改革。

乌鲁卡吉那的改革，得到广大群众的拥护，首先裁减重装部队三分之二；减轻社员的负担，使配给品增加一倍。其次，规定物品价格，繁荣市场，促进贸易。特别是颁布新法令，解放债务奴隶，不使“强者欺凌孤儿与寡妇”。

由于没有坚强的组织，乌鲁卡吉那的改革遭受到国内外反动者的破坏。温玛国王路加尔·沙吉西组织联盟，向拉伽什发动战争，在乌鲁卡吉那统治的第七年，即公元前2370年，拉伽什被征服了，将都城移至乌鲁克。路加尔·沙吉西采取扩张政策，向两河流域北部侵略，不断与闪族发生冲突，经二十余年，乌鲁克为阿卡德所征服。

阿卡德时代

长久以来，闪族侵入两河流域的下游，以阿卡德为活动的中心。苏美尔的资料中，不断地提到闪族的官吏与工人，这说明在政治与经济上，闪族人起着重要的作用。

当苏美尔政治上发生变化时，萨尔贡（前2371—前2316）利用闪族武力，乘机夺取政权，好像没有费特殊力量，建立起阿卡德王国。

萨尔贡自称是“挑水夫与种果者”，拥有五千多名常备队伍。他利用这种实力，南下征服拉伽什与乌尔两城，征服了全苏美尔地区，自夸“洗剑”波斯海湾。于北返途中，轻取温玛与苏撒两城，得到石料与木料的资源。军队经过休整后，萨尔贡向“扁柏与银山”地带远征，

①埋葬一个死者，须交纳麦酒七瓶、面包四百二十块、谷一百二十卡，还有衣服、床与羊羔等。

即今之黎巴嫩与多鲁斯山区。这种征伐,目的在榨取贡赋与掠夺奴隶,其政权是不巩固的。当里姆什(前 2313—前 2305 年在位)继位后,苏美尔地方统治者,为了独立,经常发生暴动,反抗闪族的统治。其后继者,如玛尼什吐苏、纳兰新等经常在战斗中,并未改善混乱的局面。

公元前 2228 年, 库底人来自扎格罗斯山区, 侵入南部两河流域,劫掠许多城市,居民受到严重的损失。苏美尔古歌说:“居民担负重税,河渠与水沟荒废。”这种混乱情况经历了百余年,两河流域下游受到严重的破坏。

拉伽什的领导者古德亚,团结苏美尔人,宣布独立,脱离阿卡德的统治,并展开与库底人的斗争。古德亚做了许多努力,如改善对奴隶的待遇,其成效并不显著。到乌尔第三王朝时,两河流域南部始恢复了正常的秩序。

乌尔第三王朝

乌尔第三王朝经历了百余年,其创立者为乌尔纳姆,自称为“苏美尔与阿卡德国王”,增强军事与经济实力,政权掌握在少数奴隶主手中,实行中央集权制。

乌尔第三王朝重视农业、兴建水利,不断扩大国王与寺庙的农庄。许多公社成员,由于债务过重,沦陷到奴隶地位。经过舒尔吉(前 2042—前 2100)长期的统治,这种情况更得到发展,土地、房屋可以买卖,法律保护奴隶主权益,私有制得到进一步的巩固。一个农庄管理者可有十五公顷土地。在劳动力方面,十个城内王室与寺庙占有两万一千多名奴隶,这说明国家经济集中在少数奴隶主的手中。

舒尔吉维持强大的武力,九次向外远征,进攻伊兰·扎格罗斯山区、叙利亚等地。由于乌尔第三王朝的扩张,与西北部阿摩利人发生冲突,积而久之,阿摩利人威胁乌尔王朝的独立。

乌尔第三王朝的不断地征伐,劳动强度过大,由此丧失了许多劳动力。奴隶死亡率很高,《经济报告》指出:在五个月内,于四十四个男奴隶中死了十四个。在一年内,于一百七十名女奴隶中死亡了五十多名,这是一方面。在另一方面,阿摩利人不断地扩张,既有强大的军队,又有闪族人的支持,到伊比新统治时期,阿摩利人未用特殊力量,占领阿卡德城。在公元前2007年,乌尔第三王朝被征服了。

当阿摩利人胜利后,在政治上的措施是十分谨慎的,采取柔化政策,避免激起居民的反感。两河流域南部建立起两个国家,北部为伊新,南部为拉尔沙。这两个国家为苏美尔与阿卡德的继承者,继承乌尔王国的传统,统治百年。公元前1894年,巴比伦宣布独立,随即兼并伊新,而这时候拉尔沙亦为埃兰征服了。

二、古巴比伦王国

古巴比伦王国的建立及其社会

巴比伦横跨在幼发拉底河上,控制着海陆交通的要道,在经济与政治上占有重要的地位。公元前1894年,阿摩利人苏姆阿布姆于此建立起新的国家,即古巴比伦王国。

巴比伦为奴隶社会,其成员有三种阶层:上层名阿维林鲁,系贵族与僧侣;中层名穆什根努,系职员与商人,脱离生产劳动;下层名沙伯,系一般劳动者,其地位与隶奴没有什么分别。

巴比伦承袭古老的传统,以农业为经济基础,土地占首要的地位。土地是“国家的生命”,国王是最高所有者。土地私有制是存在的,却并不发达,拥有十公顷以上者,全国是没有几家的。这种情况的出现不是偶然的。巴比伦浩大的水利工程,需要有强大的劳动力,这不是小私有者所能胜任的。其次,公社仍有强大的力量,社员常受氏族首长的剥削,丧失土地,成为雇佣劳动者。土地聚集在少数奴隶主的手中,征收重租,粮食征三分之一,果木征三分之二。有时因有利可图，租到土地后，分为小块，转租给第三者耕种。这样，劳动者受双重的剥削，生活十分困难。

巴比伦王国繁荣的时候，手工业得到发展，有陶业、冶金、皮革、成衣及石工等，设立工场与店铺。手工业者的待遇很低，靠技术维持家庭生活，生活是十分困难的。

商业亦很发达，国王与寺庙设立商店与货栈，经营粮食、毛织物与金属等行业。塔木卡掌握实权，同时亦兼营高利贷事业。

在巴比伦奴隶制发展的过程中，有的奴隶是战争的俘虏，过着牲畜般的生活。奴隶买卖是没有限制的。有的因社员丧失土地，只有借债维持生活。利息很高，通常谷物为三分之一，银息为五分之一。不能偿还者，即沦陷为债奴，服役三年。

巴比伦社会保存着强固的家长制，一切财产由父亲支配，称为"父的产业"。长子权大，弟、妹常受虐待。妇女受压迫，但可掌握自己的财产，与人订立契约。婚后不生育者，男子可娶妾，妾的地位很低，可是所生的子女是自由的。

汉谟拉比的统治及其法典

汉谟拉比（前1792—前1750年在位）即位后，利用阿摩利人有利的地位，掌握公社与寺庙的领导权，在军事与政治上展开一系列的活动。首先，汉谟拉比联合埃兰征服伊新与乌鲁克，稳定了巴比伦南部。其次，汉谟拉比转向北方，与玛里王国结盟，脱离亚述的统治，增强了巴比伦的实力，同时也引起埃什努那与拉尔沙的不安。汉谟拉比的扩张是十分稳重的，公元前1762年，始征服了埃什努那，次年又将拉尔沙灭亡了。巴比伦不断的扩张，引起玛里的疑惧，两国关系逐渐发生矛盾。公元前1759年，汉谟拉比攻玛里，城陷，沦为废墟。随着北上，征服亚述，强大的巴比伦王国便建立起来。

汉谟拉比长期的统治，建立起中央集权政治，国王有最高的权力。在行政上，汉谟拉比根据民族与历史的情况，采取南北分治政策。在北部,国王任命代理人,称“苏卡卢”,专管行政、军事、财政及税务。南部由地方官治理,称“西尼丁纳木”,直接对国王负责,以示对地方的尊重。汉谟拉比关心水利,设置河渠官,专管水利工程,农业得到有效的提高。

汉谟拉比吸取《苏美尔法典》有用的部分,结合巴比伦当时的情况,制订新的法典,反映出当时社会的真实情况。这部法典是用巴比伦语写的,刻在玄武岩石柱上,柱端有浮雕,刻着汉谟拉比立在太阳神的前面。1901 年,这部重要的文献在苏撒城被发现,现藏在巴黎博物馆中。

汉谟拉比称这部法典是“公正”的,实质上是保护奴隶主的利益,对贵族、僧侣与商人是有利的。法典内容,分序言、正文与结语三部分,共四十六栏,二百八十二条。现存的法典,有五栏已毁,除残缺者外,尚有二百五十七条,涉及刑事、亲属、财产、继承与债务等。这部法典是奴隶时代重要文献之一。

巴比伦的衰落与加喜特的统治

汉谟拉比晚年,察觉外族随时有入侵的可能,威胁国家的安全,他建立屯兵制守卫边疆。从此后,在很长的时间内,抗拒外敌成为主要的任务。

公元前 1600 年,赫梯人侵入巴比伦境内,大肆劫掠,居民受到严重的损失。国王沙莫苏·地塔那(前 1625—前 1595)面对国内的困难,束手无策。公元前 1595 年,赫梯人撤退后的局面,加喜特人夺取巴比伦的政权,建立起新的王国。

加喜特人居于扎格罗斯山区,过着半农业与半游牧的生活。从公元前 1741 年甘达斯初次建立王国起,经常劫掠两河流域下游。现在,加喜特人得到尼普尔僧侣的支持,变成巴比伦的统治者。

当加喜特人取得政权后,国王拥有最高的权力,征收公社土地,分赐给有功的贵族与僧侣,并将赐赠土地命令,刻在界石上,称之为

"库土路",免除交纳贡赋。贵族与寺庙土地,由此得到迅速的发展,最多者有二百公顷,这是前所未有的。

长久以来,加喜特的统治使财产分化,加剧了贫富悬殊,隐伏着社会危机,阶级斗争是十分尖锐的。公元前1345年,两河流域中部,掀起农民大暴动,杀死国王加拉哈达什,情况如此剧烈,巴比伦成为恐怖的城市。

为了保护奴隶主阶级利益,贵族与僧侣联合,向亚述求援,镇压国内起义的人民。亚述乘机入侵,屠杀起义人民,恢复了王室的统治,同时亚述肆行无忌,公元前13世纪中叶,亚述曾一度占领巴比伦。因而加喜特的处境变得更困难了。

公元前1176年,埃兰侵入苏美尔地区,劫走许多财富,《汉谟拉比法典》便是这次移至苏撒的。公元前1165年,伊新贵族发动政变,推翻加喜特的统治,闪族建立起新政权,古代巴比伦王国也便从此结束了。

三、新巴比伦王国

新巴比伦的建立及其社会

公元前12世纪晚期,伊新推翻加喜特的统治后,控制了滨海地带,在漫长的时间中,建立起新巴比伦王国,亦即闪族系统的迦勒底王国。

新巴比伦的兴起是依靠奴隶主贵族与僧侣支持的。闪族的统治者,长期与亚述进行斗争,团结新兴的奴隶主,重视经济建设,奴隶制有进一步的发展。

沿袭古老的传统,新巴比伦的土地是国王所有的。但是土地私有制十分发达,奖励农业,深耕细作,大量种植谷物与果园。巴比伦成为国际贸易的中心,亚述、波斯、埃及等大商人,经营各种贸易,出现了少数有名的商家，如巴比伦的埃吉贝，尼布尔的穆拉树①，在政治上也是十分有地位的。高利贷占重要的地位，国家的河渠亦私有化，高利贷者经营出租河渠，向居民勒索很高的利息。剥削奴隶的方式变得复杂了。有的奴隶主，如果奴隶每年交出规定的金额，允许他经营自己的土地或手工业，这种做法称为“曼达图”。有的奴隶主派遣奴隶学习技艺，学成后给与资本，独立工作，每年交纳规定的金额。这种做法，实质上是变相的高利贷，奴隶的处境是十分困难的。

奴隶的处境困难，从两方面得到说明。首先是债奴服役的期限，原初为三年，现在延长为十年了。其次，奴隶反抗压迫，经常逃亡。所以出卖奴隶者，要保证“服从与不骚动”后，始能进行交易。这说明阶级斗争是严重的。

新巴比伦王国的强盛与衰落

闪族建立新巴比伦王国后，长久以来，常受亚述的控制，处于半独立的状态。公元前626年，当亚述国王阿萨尔巴尼帕死后，其驻巴比伦军长那波波拉沙，系迦勒底人，乘机独立，取得新王国的政权。由此更进一步与米底联合，向亚述进攻。公元前605年，在卡尔赫米什，亚述战败后，随即灭亡，同时奠定新巴比伦向西亚扩张的基础。

当亚述灭亡后，尼布甲尼撒（前604—前562）向西亚扩张，与埃及发生剧烈的冲突。尼科二世联合希伯来王国，雇佣希腊军队，企图巩固埃及的地位。公元前597年，尼布甲尼撒劫掠耶路撒冷，希伯来一度屈服。埃及即时组织力量，由海上占领西顿，军事上得到成功，迫使巴比伦退出耶路撒冷。公元前586年，尼布甲尼撒再度进攻，焚毁耶路撒冷，俘走许多犹太人。为了从海上击溃埃及，巴比伦进攻腓尼基，特洛伊顽强抵抗十三年。埃及暂时受到屈服，可是新巴比伦也是难持久的，这种战争招致人民强烈的憎恨。

①穆拉树家族，经营十二个矿坑、十三所房屋、三个建筑区，有奴隶九十六人。

尼布甲尼撒执政时,劫掠许多财富,大兴土木。在两河流域平原,修建防御米底的长城。巴比伦城增设三道城墙,墙上装置三百多箭楼,围以护城河,增强防御工事。城内修建豪华的宫殿、富丽的寺庙、耸高的塔、悬空花苑,巴比伦成为古代世界的名城。

尼布甲尼撒死后,巴比伦的局势是很不稳定的,六年间更换了三个国王。公元前 555 年,那波尼德即位,国内形势更为严峻,国外波斯兴起,征服米底与吕底亚后,形成围困巴比伦的局面。公元前 539 年,居鲁士进攻巴比伦,那波尼德仓促抵抗,节节败退,困守孤城。次年秋天,居鲁士攻陷巴比伦,废那波尼德,新巴比伦王国便灭亡了。

古代巴比伦的文化

(一)文字:巴比伦最初的文字是一种图画。在实践的过程中,图画发展为符号,形成楔形文字。楔形文是简化的文字,书吏用木笔在湿泥板上刻写,烧干,坚硬如石,非常笨重,却能保持很久。

詹姆特·那斯尔发现的泥板,有四百六十三个文字。有的符号表音,有的表意;有的符号既代表一字,有独立完整的概念,又代表音的符号,仅只是发音,所以楔形文是十分复杂的。但是,楔形文产生了重要的作用,阿卡德、埃兰、巴比伦、亚述、赫梯及波斯等,受这种文字的影响,创造了自己的文字。腓尼基创造最初的字母,亦受到楔形文的影响的。

(二)文学:古代巴比伦的文学很多是远古的传说。如《洪水故事》,叙述乌特纳比什提制造方舟,满载动物与植物在洪水中飘流,迨至洪水退后,放出所载动植物,大地开始恢复了生命。《旧约》的诺亚方舟,便是根据这个传说写成的。

《吉尔加美什诗史》是人民口头创作,是一部杰出的作品,刻在十二块泥板上。诗史叙述乌鲁克国王吉尔加美什得到恩奇都的帮助,为国家除去祸害。当恩奇都死后,吉尔加美什感到十分沉痛,不断地在田野狂奔。他不清楚生死问题,为何神不死而人却要死呢?吉尔加美什要寻找乌特纳比什提解决这个问题。经过许多许多困难,他找到了,问题却没有得到解决,失望地回来。诗史敢于大胆怀疑,与神坚决斗争。他要求精神的解放,同时也批判了宗教的专横。诗史的结局不是表现精神的妥协,而是认识上有局限性。

《主人与奴隶的对话》反映奴隶主尽情地享受,感到失望,觉着一切是空的。奴隶讥笑他"既不能上天,又不能填满大地"。当奴隶主要杀他时,他说"我死后,你也仅能活三天",充分表现出反抗的精神。

(三)科学:古代巴比伦的僧侣,从观察天象中,分出恒星与行星的不同,确定黄道,给五个行星专门名称,即金、木、水、火、土五星,并观察到这五星是在太阳轨道的附近。

由于对天文的知识和实际需要,巴比伦产生了太阳历法,确定一年为三百五十四日,每年为十二月,每昼夜为十二时。为了符合地球公转差数,设置闰月。在汉谟拉比时代,置闰是由国家规定的。

从实际需要出发,巴比伦的数学亦很发达,采用六十进法。公元前二千年代,巴比伦已知四则法、开方、测量面积,在古代土地区分图上,附有地区新算法。在代数上,能解含有三个未知数方程式。

巴比伦的医学分外科、内科与眼科。医生观察症状,在治疗书上,经常提到"两眼发黑"、"昏迷倒下"、"太阳血管"等病。有时也施行手术,说巴比伦没有医生是不对的,但是居民却迷信巫术与占星。

(四)宗教:古代两河流域崇拜各种自然力,在城邦发展的时候,自然力的神变为城市的保护神,如乌尔的月神新,拉尔沙的日神夏马斯,特别是巴比伦的马尔杜克,随着政治的发展,成为诸神中的最高者。两河流域的神与政治紧密结合的,当两城发生战争,人们以为两城主神在决斗;两城发生联盟,其主神亦建立亲属关系。国王是神的代表,神庙是活动的中心。

神庙为方形高塔,顶上观察天象,建立起占星术。巴比伦以为天是一部大书,由星星写成的。每个人的行动与天星有着联系,僧侣掌握星辰的知识,权力很大,可预卜吉凶,因而产生了占卜符咒,欺骗群众。

古代两河流域西北部的历史

一、赫梯与叙利亚

赫梯的形成及其社会

赫梯位于小亚细亚哈里斯河流域，东、南两方面为高山环绕，系两河流域北部、黑海与地中海交通的要道。这块地区宜于畜牧，境内有丰富的银铁矿产，农业是不很发达的。

公元前 2000 年以前，赫梯人①为高加索北部草原游牧部族之一，继后南下入小亚细亚，定居于哈里斯河畔，逐渐与当地居民相混合，其过程是缓慢的。赫梯的语言是复杂的，字形依部首而变化，从这一点说是与印欧语相近的。

当赫梯人定居后，氏族社会解体，出现部落联盟，在库萨尔地区建立起国家，其王阿尼塔征服涅萨与哈图什。国王是奴隶主的领袖，也是军事的首领，掌握着全国的财富。农村公社是国家的基础。赫梯农村公社有强固的氏族特点，土地是世袭的，每个家庭必须担负国家公共劳役，称之为“鲁采”。同时农民必须担负军事义务，称之为“萨含”，可以有军人份地。随着军事掠夺的扩大，奴隶制的发展，土地是可以转让与买卖的。

①埃及称银为 Khat，有谓赫梯名称即由此而得。

赫梯是军事奴隶主的国家，经常发动战争，掠获财富与奴隶。赫梯形容国家的繁荣是“人畜皆增，俘虏生活好，没有死亡”。每次战争结束后，贵族与武士可分到奴隶。有时国王也可赐给下属①。奴隶所受的待遇是十分苛刻的，《赫梯法典》规定：“假如奴隶反抗自己的主人，则奴隶应被投入水中。”因此，阶级斗争是十分尖锐的，奴隶经常起来暴动，赫梯文献中说：“王子的奴隶暴动起来，破毁宫室，背叛主人，发生了流血事件。”

赫梯的强盛与衰亡

公元前 1640 年以后，赫梯向外扩张，哈图喜尔移都城至哈图什。到穆尔西里时代，强化贵族政权，于公元前 1595 年，举兵劫掠巴比伦，抢劫了许多财物与俘虏。《以西结》谤语，有“汝父乃一阿摩利人，汝母乃一赫梯人”，说出巴比伦人对赫梯的憎恨。

由于赫梯社会的发展，国家原有的统治机构不能适应现实的需要，公元前 1535 年，铁列平即位后，即着手进行改革。首先，军事民主制的全体会议，参加者限于贵族、军队中的首长及国王的卫队，便是说由民意机构变为国家的统治机构。其次，建立国王世袭制，由嫡长子继承。如无嫡男，依次由庶子或嫡长女婿递补。最后，为了巩固王权，禁止血亲复仇，不经贵族会议的同意，国王无权处决一个兄弟姊妹。铁列平的改革完成了赫梯国家形成的过程。

赫梯依靠部族贵族与富商，组织军队，进行军事的掠夺。从苏比鲁力乌玛（前 1400—前 1360 年在位）统治起，即向米达尼、叙利亚与腓尼基进行掠夺战争，扶植亲赫梯的政权，夺取军事要地阿来普。倘使实力不足，赫梯即用挑拨手段，掀起内战，如赫梯支持西顿与特洛伊进行斗争。到穆尔西里二世（前 1345—前 1320 年在位）时，与埃及直接发生冲突，随时有战争的可能。而这种冲突是奴隶主的争夺，对

①阿努曼达二世赐予一妇人的奴隶：有厨夫二人，鞋匠一人，成衣匠二人，马夫一人，制造武器者五人。

叙利亚是一次残酷的灾难。

公元前 1275 年,法老拉美西斯二世,率领四个军团,北上征赫梯。赫梯国王穆瓦达里纠集同盟军队,战车二千五百辆,藏于卡叠什。埃及北上大军,突然陷入赫梯包围,发生遭遇战争,埃及仅免于全军覆没,并非如埃及铭刻中所说:“取得奇迹般的胜利。”赫梯虽然阻止埃及北上,保存了叙利亚,可是它的胜利并不是巩固的,北部常受伽兹齐亚人的威胁。公元前 1269 年,哈图喜尔三世(前 1307—前 1272 年在位)时,被迫与埃及妥协,签订友好条约。双方放弃敌对行动,缔结同盟,互相支援,共同对付敌人。

赫梯为军事奴隶主国家,依靠掠夺来维持。每次战争完结后,内部奴隶暴动,外部被征服者反抗,赫梯处于动荡之中。哈图喜尔三世死后,其后继者如杜达里亚、阿努曼达等,波加兹凯伊的文献已不提他们的事实了。亚凯亚人从海上袭击赫梯与埃及后,赫梯开始崩溃,分裂为许多小公国,已不起作用了。

赫梯文化是一般的。建筑多用石材,质朴而雄壮,给克里特与斯巴达一定的影响。《赫梯法典》系公元前 14 世纪的作品,有二百多条文,多着重于经济方面,对奴隶主是十分有利的。赫梯受巴比伦影响很深,在强盛时期所用的文字便是仿自巴比伦的楔形文。

古代叙利亚的简史

介乎黎巴嫩与幼发拉底河间,叙利亚是肥沃的地区,在政治与经济上,自古与两河流域有密切的联系。由叙利亚南下,沿着约旦河,与埃及同阿拉伯半岛相连,系亚非交通的枢纽。叙利亚地形复杂,资源丰富,畜牧业、农业很发达,有许多商业繁荣的城市。

古代叙利亚的居民为闪族与胡里特人。公元前 2000 年代,叙利亚氏族社会解体,形成阶级社会,使用骆驼为交通工具。当埃及击退喜克索斯人后,侵入叙利亚,勒索居民,不断引起叙利亚人的反抗,给埃及严重的打击。

公元前14世纪,赫梯兴起后与埃及争夺叙利亚。赫梯利用叙利亚反埃及的情绪,联络首领阿细鲁,排挤埃及的实力,赫梯得到成功,由此与埃及展开长期的斗争。到公元前1296年签订和约后,埃及与赫梯对叙利亚的争夺始停止下来。乘此时机,叙利亚商业得到复兴。北部以卡尔赫米什为中心,将腓尼基字母,传入亚述与波斯。南部以多马色为根据地,向埃及与阿拉伯进行贸易。叙利亚成为西亚的经济领导者。

亚述帝国兴起后,不断向西扩张,侵入奥伦特河流域,于公元前732年占领多马色,叙利亚又受到外族的统治。便是亚述灭亡后,叙利亚仍长期丧失独立,而为外族所奴役。

二、亚述与乌拉尔图

亚述的形成及其社会

亚述在两河流域的北部,系山区与河谷地带,宜于发展畜牧业与农业。东北部扎格罗斯山区,草木丛茂,有利于畜牧与狩猎。在底格里斯河谷,冰雪解冻后的泛滥,可以施行灌溉,种植小麦与葡萄。

公元前2000年代,胡里特人侵入亚述,建立起公社,随后与当地居民混合,在亚述城形成了亚述王国,最早的国王为奥什比亚,其名为胡里特人悉用。亚述城在底格里斯河西岸,距巴比伦有三百多公里,为古代西亚贸易的中心。

当巴比伦崛起的时候,亚述在经济与文化上是落后的。亚述社会强烈地反映出氏族制的特征,农村公社的领袖称“伊沙孔”,实质上是家长,掌握着最高的统治权。亚述人利用优越的地位,与赫梯人、高加索人、伊朗人等进行贸易,并在这些地区设立金属、木材、高利贷商业机构,逐步形成亚述的殖民地。这些外出的商人,一方面与亚述统治者保持着联系,他方面与当地奴隶主合作,进行残酷的剥削[1]与镇压。亚述强大的军事力量便是在氏族制的基础上，依靠殖民地的支持所形成的。

公元前14世纪初，亚述向外扩张，控制伊朗与叙利亚。到沙尔马那沙（前1290—前1260年在位）统治时，亚述执行侵略政策，击败乌拉尔图联盟，拆散赫梯与米丹尼的联合，一度占领了卡尔赫米什重要城市。

但是，亚述征服的地区住着不同的部族，内部是极不统一。因而亚述的历史时而统一，时而分裂，变化无常。强盛时，气焰万丈，不可一世；衰落时，土崩瓦解，支离破碎。所以这些部族貌似强大，实质是虚弱的。从公元前13世纪到公元前10世纪，由于海民在滨海地区的骚扰，亚拉米亚游牧部族的劫掠，亚述一跌不振而衰落了。

亚述帝国的扩张及其衰落

公元前9世纪初，埃及、赫梯、巴比伦相继衰落，亚拉米亚人定居在两河流域西北部，亚述又得到掠夺的机会。沙尔马那沙三世（前859—前824年在位）统治三十五年，便进行了三十二次掠夺战争，尼尼微成为政治与经济的中心。

依靠侵略战争，亚述形成了新的统治集团，贵族、军人、僧侣为主要部分。国王拥有最高的权力。随着不断的掠夺战争，公社成员负债过重，许多到了破产境地，这便促成土地私有制的发展。为了保证兵源，亚述采取屯兵制，移民到边境，国家予以土地，不得转让，屯田者须承担兵役义务。

亚述征服一个国家后，随之移走居民，变为奴隶。奴隶数目的增大，贵族与寺庙拥有千百名，便是极普通的小奴隶主，亦可有二十名。奴隶是农业与手工业的劳动者，也是公路与建筑的主力。公元前7世纪，由于军事与商业的需要，亚述成为公路网的中心。公路干

---

①亚述高利贷利息很高，有时到百分之一百六十。不能偿还者，即沦为债奴。

线，用石铺成，有坚固的桥梁，路旁有井，设专人保护。这种筑路技术给波斯与罗马很深的影响。

公元前8世纪时，提格拉特帕拉沙尔三世（前746—前727年在位）统治时期，亚述已成为一个军事奴隶主帝国。首先建立常备军，推行募兵制，包括着许多兵种，有战车队、骑兵、重装与轻装步兵、攻城队与辎重队。军队的编制，武器与服装统一起来。在被征服地区，建立联军组织，受亚述军官指挥。亚述军队有最强的战斗力量，战术灵活，经常发动突击与夜袭，正面与侧面相配合。底格拉特非拉沙运用这种实力，于公元前732年，侵入叙利亚，占领多马色。三年后，又占领巴比伦。亚述开始了军事奴隶主帝国侵略时期，也是反亚述斗争激烈的时期。

亚述的统治有不同的类型：对两河流域地区，保存传统形式，国王任命亲信治理城市，如巴比伦与尼布尔，有的免征赋税，有的享有某种特权；在新征服地区，国王任命地方长官统治，保存原有习惯，如西顿与特洛伊，只交纳规定的贡赋；在反抗亚述侵略的地区，如叙利亚与以色列，以恐怖进行统治，移其居民，建立殖民地。亚述以暴力维持其政权，因而反亚述统治的暴动不断发生。

公元前722年，萨尔贡二世即位后，标志着军事奴隶主的强化。在侵略地区，如攻陷撒玛利亚后，萨尔贡移走两万居民；侵入乌拉尔图后，他又掠走两万居民。塞纳海里布（前705—前681年在位）执政时，征服犹太王国，继续向埃及进攻。便在此时，迦勒底人暴动，巴比伦形势严重，亚述放弃埃及，安定内部，于公元前689年，巴比伦局势暂时稳定下来。也是在这一年，亚述移都至尼尼微。

亚述与埃及的矛盾是尖锐的。埃及联合特洛伊，试图推翻亚述在西亚的实力，阿萨哈东（前681—前669年在位）安定巴比伦后，迅速向埃及进军，于公元前671年，占领孟斐斯，埃及丧失独立。亚述版图之大是史无前例的，历史上埃及与两河流域第一次同处在一个国家的疆界里。

亚述建立起庞大的帝国，却没有稳固的基础。阿萨尔巴尼帕（前669—前626年在位）执行恐怖政策，各族人民的反抗十分剧烈。公元前655年，普萨默科斯利用亚述的困难，宣布独立。公元前647年，亚述镇压了巴比伦的叛乱，却并没有稳定下来。

公元前626年，米底与巴比伦联合，向亚述进攻，节节胜利。公元前612年，联军攻陷尼尼微，亚述从此便灭亡了。纳海姆说："尼尼微之亡，有谁怜之！"

亚述的文化与巴比伦是分不开的。如《亚述法典》是从《汉谟拉比法典》改编的。亚述建筑表现出壮丽之一面，墙上刻着战功、国王浮雕，门口有张翼公牛，这从卡拉赫、尼尼微，特别是1843年发现的都尔·沙鲁金遗址中反映出来。阿萨尔巴尼帕图书馆，藏有天文、医学、文学与科学等著作，亚述自身没有什么创造。

乌拉尔图

乌拉尔图即今之外高加索，系山区，富有铜铁矿产，多森林，畜牧业很发达，养马与骆驼。在梵湖附近，土地肥沃，多种黍麦。

公元前13世纪，亚述铭刻首次提到乌拉尔图，长期处于氏族时代，有八个部族，结成一种联盟。这种联盟主要是抗拒亚述的侵略。

公元前9世纪，乌拉尔图氏族解体，出现了阶级社会，萨尔图尔建立国家，以吐什帕为都城，接受属地的贡赋，拥有大量的土地。当其孙明努亚（前810—前781年在位）继位后，由于两河流域西北部的变化，着手经济与军事建设，开凿河渠，发展农业，修筑堡垒，以资防守。公元前8世纪中叶萨尔图尔二世（前760—前730年在位）统治时，乌拉尔图已成为亚述北部的强国，击退亚述的侵略。这是军事奴隶主统治的国家，与赫梯同亚述一样，不断征服邻近的部落，掠获大批的奴隶、财物与牲畜。奴隶所受的压迫与亚述又是一样的。

公元前8世纪的后半期，乌拉尔图北部的游牧部族南移，受到严重的威胁。亚述帝国向西亚扩张，与埃及争夺巴勒斯坦，必须安定后方。公元前714年，萨尔贡出兵征乌拉尔图，败其王鲁士，亚述石刻高傲地说："当乌拉尔图国王知道军队已失败，心中为恐怖所激动，有如一只飞逃鹰隼追逐的小鸟！"经过这次毁灭性的破坏后，乌拉尔图一蹶不振，延续到公元前6世纪初。以后的情况，至今尚未见有更多的说明。

古代腓尼基、巴勒斯坦与爱琴海区域

一、腓尼基

腓尼基的城邦

腓尼基背山面海，形成南北长而东西狭的地带。黎巴嫩山三面环绕，向西直趋海滨，遍山满植扁柏、杉树与月桂。滨海地区，宜于灌溉，多种橄榄与葡萄。海岸线曲折，有很多良好的港湾，出现了乌加利特、毕布勒、西顿、特洛伊等著名的城邦，是最早发展航海事业的国家。

腓尼基人是闪族的一部分，最初以捕鱼为业，过着氏族社会生活。公元前2000年前后，农业发展，氏族制度逐步解体，形成许多城邦，乌加利特便是最早的[①]。乌加利特是商业城邦，其国王代表大奴隶主阶级利益，拥有强大的权力。当赫梯与埃及斗争时，乌加利特受赫梯的压力，反对埃及，其作用已不突出了。

公元前15世纪时，腓尼基各城邦向海上发展，西顿居强盛的地位。这个城邦深入地中海东部各岛屿，采购各种货物，特别是西达尔岛上的螺，制造珍贵的紫红染料。又深入黑海，直至高加索。西顿商人在孟斐斯设立商店，与巴勒斯坦斐利斯人发生冲突，长期在战争

①1929年，于拉斯·沙姆拉发现的铭刻中，已提到孟斐斯与克里特。

中。当海民向西亚侵略时，除特洛伊损失较轻外，腓尼基其他城市受到严重破坏，西顿因而衰落。

公元前 13 世纪以后，特洛伊为腓尼基重要的城邦。从东地中海航行，向西发展，经西西里岛、北非，一直到直布罗陀海峡。公元前 1000 年左右，特洛伊环行了整个地中海，于西班牙建立起迦迪斯，于摩洛哥建立起利克索斯，并向大西洋推进，到英格兰采购锡矿，特洛伊获取重大的暴利。希拉姆（前 969—前 936 年在位）统治时，得到富商的支持，扩大特洛伊城，集许多岛屿修建新城，有三万五千多居民。公元前 814 年，在今突尼斯境内，建立迦太基。这个城很快发展为商业国家，实力强大，与罗马争夺地中海上的霸权。公元前 7 世纪，西亚局势变化，希腊自地中海兴起，腓尼基丧失了政治与经济地位。

腓尼基的社会与文化

原始公社解体以后，腓尼基出现大奴隶主的城邦，贵族与富商就是这个政权的支柱。每个城邦的居民交纳重税，服兵役与劳役，实质上与奴隶没有很多的分别。每家贵族与商人有大批的奴隶，担负沉重的劳动，特别是用奴隶划船入深海采螺以制染料。在这些城邦国家中，奴隶是货物，可以如青铜一样出卖，也可作遗产给继承人。因此，腓尼基的阶级斗争是十分尖锐的。从仅有的叙述中，如毕布勒国王拉巴狄致信埃及国王埃赫那吞，叙述农民与手工业者的暴动。又如史学家犹斯丁叙述特洛伊大暴动，奴隶与贫民结合，杀尽奴隶主，占有他们的妻子，选举仅有的自由民斯特拉顿为国王。这点资料，真是吉光片羽，说明阶级斗争的剧烈，是十分珍贵的。

腓尼基是商业与航海的国家，各城邦有自己的“殖民地”，实质上是侨民地。仅特洛伊一城就有三百多处。腓尼基原料缺乏，各城邦的商人对海上的航线、原料产地、贸易情况，都是相互保密，不肯告人的。毕布勒占领塞浦路斯岛后，独占铜矿的开采。特洛伊占据西西里岛与北非，独占这些地区的资源。他们采购原料，进行加工，向外输山葡萄酒、橄榄油、玻璃器皿、紫红染料，换取东方的香料与宝石。他们在孟斐斯设立商店与堆栈。在边远地区，选择军事与贸易地点，定期交易。大奴隶主商人谋取暴利，《以西结》中说：“商人较国王更富。”

腓尼基商人贩卖奴隶，有的在发生战争时，尾随军队，收购俘虏，运到市场出售。有的在海上劫夺，商人就是海盗。《荷马诗颂》说：

> 要我同他(腓尼基人)乘一艘渔船，
> 向利比亚远处航行，
> 借口同我经商共分利润，
> 实际将我如货物出卖给人。

这说明奴隶主榨取方法多种多样及如何抢劫横财的。

腓尼基的城邦制给希腊树立了榜样，希腊以后的发展有所循守。在文化上，给古代西方起了积极的作用。巴比伦文字传入叙利亚后，在实践中得到简化，形成二十九个字母。这从拉斯·沙姆拉发掘的资料证实了。在喜克索斯人侵略埃及后，埃及象形文字起了变化，出现二十四个子音符号。公元前13世纪，腓尼基商业发展，在巴比伦与埃及文字简化的基础上，创造出二十二个简便的字母，对文化交流起了重要的作用，首先受惠的是希腊与罗马。

腓尼基造船术最发达。黎巴嫩山的杉木，系造船最好的原料。毕布勒所造的船，以帆航行，既稳而又能载重，适于远程航海。希罗多德说：“行驶最好的船是腓尼基人供给的。”公元前7世纪时，腓尼基受埃及委托，甘伦率领六十只船，由红海出发，入南海，经三年的时间，环绕非洲，经直布罗陀海峡回埃及。当向南航行时，观察出中午太阳在北部，这证实已到赤道的南边。

二、巴勒斯坦

巴勒斯坦是两河流域与埃及之间的走廊。约旦河发源于黎巴嫩山，经伽利略湖，注入死海，形成一条狭长地带。河之西为滨海区域，多小河，宜于灌溉，发展农业。河之东，土地贫瘠，宜于畜牧，生活是比较困难的。

公元前 2000 年前后，迦南人居住在巴勒斯坦的北部。迦南人是闪族的一部分，过着畜牧与农业生活。埃及常提到输入的无花果与橄榄。在伯善发现的古物中，陶器、铜剑与纺织物说明迦南人的手工业是进步的。

当喜克索斯人入侵埃及时，希伯来人侵入巴勒斯坦，与迦南人进行了长期的斗争，迦南人趋于衰落。“希伯来”，意为外来的，他们初来时，过着畜牧生活，有确定的牧场，保存着氏族制度。继后学习农事，盖杰尔的历书中，有亚麻收割月、大麦收割月等，说明希伯来农业的发展。

希伯来比较可靠的历史，始于《梅林普达铭文》，在公元前1230年左右。那时候，希伯来人尚未形成一个国家。当公元前 12 世纪时，腓利斯人由海上进据滨海城市，希伯来人顽强地反抗，长期进行了斗争。在斗争实践的过程中，由于现实的需要，希伯来形成了联盟，传说中举撒姆耳为盟长，代表贵族们的利益。在这样情形下，扫罗（前 1025—前1013 年在位）依靠贵族与僧侣，建立起以色列王国，继续与腓利斯人战争。

扫罗死后，大卫（前 1013—前 974 年在位）合并以色列，建立起犹太王国，定都于耶路撒冷。大卫依靠氏族首长与武士，发动与腓利斯人的战争，取得迦斯的胜利。所罗门（前 973—前 936 年在位）继承王位后，对内施加高压政策，压迫以色列；对外与特洛伊联盟，修建埃西云伽伯港，出红海，与阿拉伯及南非贸易，获取厚利。他征收重税，兴建宫殿与寺庙，以炫豪华，激起人民强烈的反抗。多少人将田地与葡萄园抵押借钱，交纳赋税。《阿摩斯》说：“为了银子伤了义气，为了一双鞋伤了穷人，他们见穷人头上蒙的灰也垂涎。”由此可见希伯来的阶级斗争是十分严重的。

当公元前 941 年，谢松克即位于下埃及，与叙利亚联合，谋向海上发展，与希伯来竞争。以色列反所罗门的领袖若罗波安逃往埃及，受到埃及的欢迎。所罗门死后，于公元前 928 年，若罗波安得埃及之助，返回巴勒斯坦，洗劫耶路撒冷，以色列得到独立，埃及又一次占领犹太王国。

以色列虽取得独立，定都撒玛利亚，却并不巩固，叙利亚不断的蚕食，摩押部族的西侵，使以色列动荡不安。当亚述兴起后，于公元前 722 年，向巴勒斯坦进军，攻陷撒玛利亚，劫走两万七千居民，从此以色列便灭亡了。

当亚述衰落的时候，公元前 622 年，犹太王国乘机兴起，约西亚着手改革，凡满六年的债奴，须恢复自由，并予以一定的财产。但是，这些措施并没有起多大的作用。

公元前 597 年，新巴比伦与埃及争夺巴勒斯坦，尼布甲尼撒占领耶路撒冷，劫掠许多财物。继后于公元前 586 年，再度进军，灭犹太王国，俘走犹太居民，囚于巴比伦者有七十多年。

希伯来的文化是一般的。资产阶级称颂它的一神教，实质上有它产生的根源。希伯来最初的宗教是自然界神秘力量的反映。雷电风火等现象，赋以一种超自然的力量。当希伯来历史发展的过程中，与埃及、巴比伦等相接触，大商业奴隶主们又赋予其社会属性。积而久之，综合自然属性与社会属性，反映在万能的“耶和华”身上，而这个神又只是抽象人的反映。“耶和华”一词是犹太人囚于巴比伦后，突出使用的，那些预言家绝望的呼声，正是大奴隶主们在困难中的要求，依旧是统治阶级的。《旧约》是古迦南人的遗产，有神话与传说，有诗史与法典，其间受巴比伦与埃及影响很深的。《旧约》中有许多文学作品，富于哲理的散文，对欧洲文学与艺术发生极深刻的影响。

三、爱琴海区域

爱琴海区域的自然环境

爱琴海区域，即古代的希腊，它的面积是狭小的，却又是很复杂的。它包括小亚细亚西部的沿岸，爱琴海各岛屿及巴尔干半岛的南部，其面积约有六万四千多平方公里。

爱琴海是多岛的地区，形成希腊半岛与小亚细亚间的“足踏石”，海岸曲折，相距又近，利于航海的发展，既有防风的良港，又有陆地在望，不会迷失方向的。

爱琴海东北部，通过赫勒斯滂海峡入黑海，古称攸克辛，意为“友谊”。在爱琴海中，群岛林立，宛若浮出海面的山峰，北起色雷斯，经勒摩诺斯、列斯堡斯南下，靠近希腊有西克拉底群岛，形如项圈，以提洛斯岛为中心。靠近小亚细亚边岸，有斯波拉德群岛，自萨摩斯岛起一直至罗得斯。由此向西至克里特与西特拉，形成一个大合拢。其间以克里特与攸卑亚岛面积最大。希腊西部岛屿较少，伊达加与科西拉较为著名。由此经过伊奥尼亚海至西西里及意大利半岛南部，在经济与文化上与爱琴海区域联合，故有“大希腊”的名称。

希腊半岛形似一张枫叶伸入紫罗兰色的海内，全境多山，构成许多区域。北部有宾都斯山、分成庇洛斯、帖撒利亚与马其顿。中部有巴那撒斯山。厄达山横贯东部，形成八个地区，其中以彼阿提亚与亚狄加为最大。南部为伯罗奔尼撒半岛，有七个区域，中有代吉特山，山顶积雪，拉哥尼亚在其东，麦塞尼亚在其西。从东北部，经科林斯土腰与亚狄加相连。大陆希腊，每地与海相接，海水连接起来，凝结成一个整体，统一而又分散，最适宜于初期历史发展的。

爱琴海气候温和，欧里庇得斯说："冬不甚冷，夏不甚热。"在二十年内，雅典很难遇着一次结冰。希腊雨量不大，缺水，在订盟约时，有"勿断联盟公社的流水"，临别时，经常以"一路平安，沿途有水"表示祝愿。希腊面积不大，土地贫瘠，种植大麦与豆类，产量不高，须从黑海运购粮食。很多地区种葡萄与橄榄，峡谷地带又多橡、松、桂等树。爱琴海各岛屿，矿产很富，金银铜铁都有，陶土与大理石极知名，给工商业发展创造了有利的条件。

爱琴海最古的居民为皮拉斯吉人，从小亚细亚移殖过来的。这从希罗多德的著述，帖沙利的地名，雅典的传说，证实这种说法[①]。再从地名学上，如小亚细亚地名的语尾与希腊许多地名的语尾是相同的，这也可作为旁证。因为这种地名的语尾-ssos、-ada，既不是希腊的，也不是闪族的，而是小亚细亚的[②]。

克里特时期

由于施利曼在特洛伊与迈锡尼的发掘、伊文斯在克里特的考古工作，我们对爱琴海古代的历史，有了新的认识。所发掘的资料证实了爱琴海的古代史，于公元前3000年代已开始了。

爱琴海区域的历史是以西克拉底群岛与克里特开始的。在新石器时期，麦罗斯岛上的居民已有进步的生活，巨大的住宅、集体的墓葬、黑曜石所制的石刀，说明他们的经济繁荣，爱琴海已进入氏族解体的阶段。公元前3000年后的克里特，伊文思分为早期、中期与晚期，反映得更为明白。

克里特是爱琴海中的大岛，东西长约二百五十公里，南北最宽处有六十公里，有肥沃的土地与良好的港湾。克里特早期的历史，普

①希罗多德的《历史》卷一中说："皮拉司吉人是讲着异邦话的。"帖沙利有地名为："皮拉司吉奥底德。"雅典因为皮拉司吉，建筑了亚克波罗。

②小亚细亚与希腊地名语尾相同，如小亚细亚：Iassos，Ariassos，Aeinda。希腊：eissos，Parnassos，Tyrinrkos。还有许多地名语尾相同。

遍使用铜器，手工业有发展，公元前2200年前后，与埃及已有接触，器皿与印章所刻文字系象形文，可能是受埃及影响的。

公元前2000年时候，克里特的原始公社解体，出现最早的奴隶制国家，克诺萨斯为主要城市，是爱琴海对外贸易的中心。从考古发掘的遗物中，青铜的冶炼、薄壳的陶器、长柄剑，色彩鲜明，绘有生动的图案。公元前1750年前后，米诺斯实力扩大，统治雅典，形成条塞的传说[①]。米诺斯修建壮丽的王宫，三层楼房，宴会宾客的大厅，石砌的密室，绘着秀丽的壁画。克诺萨斯宫，即著名的"双斧迷宫"，为杰出的工程师狄达罗斯[②]所建，象征着克里特的强盛与繁荣。

克里特中期，奴隶制得到发展，有专管贸易、粮食、庆典与军事的官吏，建立起希腊人所称的"海洋帝国"。手工业十分精巧，彩金器具、纺织品、陶瓷、葡萄酒、橄榄油是著名的输出品。克里特经营锡的贸易，获利至厚，埃及与赫梯有克里特的商品与物品。由于实际的需要，象形文字逐渐简化为线形文。线形文乙，经文特里斯等努力，现已找到阅读的方法。克里特的强盛有一百五十年，向外经常掠夺，有如海盗；向内征收重税，奴役社员。从发掘的资料中，居民与奴隶主的生活是相距很远的。不仅只此，在米诺斯时期的晚期，克里特岛上的城市，如费斯多斯与底利索斯等，被暴动人民焚毁或占领，反抗贵族残暴的统治，阶级斗争是十分严重的，给奴隶主政权致命的打击。

但是，促成克里特衰落的主要原因，是游牧部族阿卡亚的入侵。阿卡亚人从巴尔干半岛进入希腊后，深入伯罗奔尼撒半岛，自公元前1600年起，克里特开始丧失大陆上的统治地位。阿卡亚人不断向海上发展，占领克里特岛。从公元前15世纪后半期起，克里特岛上的建筑，如凯拉多斯河畔的宫殿，伊索普达的坟墓，补修的王宫，统

①克里特强迫雅典每年送七男七女，使怪物吞食。条塞为雅典王太子，去克里特岛，得亚丽亚纳公主的帮助，杀死怪物，胜利而还。

②狄达罗斯系克里特杰出的建筑师，遭米诺斯的忌妒，传说制造一鸟，驾之而飞向西西里岛，以飞得过高，接近太阳，胶溶坠海而死。

系美加拉的风格，即阿卡亚人的建筑方式。米诺斯王朝的政权，遭受许多困难，勉强维持到公元前1180年，克里特由伊多麦奈统治，参加特洛伊战争，变为阿卡亚人的属地了。

迈锡尼时期

公元前2000年时，游牧部族阿卡亚人[①]从巴尔干北部向南移动，沿河而行，和平地移入希腊的中部与南部，而以迈锡尼为居留的中心。当阿卡亚人定居后，征服原有的居民，与克里特人发生密切的关系。他们学会制造青铜工具与武器，由锄耕转为犁耕，于公元前1400年前后，学会了航海技术。这些都促使阿卡亚人的氏族社会解体，形成迈锡尼王国，与克里特一样是君主统治的。也便是在这时候，阿卡亚人开始征服克里特。

从1874年在迈锡尼地下的发掘和1939年在派洛斯发现的泥板来看，阿卡亚人起了很大的变化，经济与文化取得突出的成就。雄厚的堡垒、壮丽的狮门、二十米厚的石墙、矿坑式的墓葬、阿特鲁斯的陵墓，这一切说明阿卡亚的奴隶制得到很快的发展。派洛斯铭刻指出，四人中即有一人为奴隶；特洛伊战争的领导者阿加门农，拥有巨大的财富，居于特殊的地位。根据赫梯的资料，在卡叠什战争后，阿卡亚人与希腊其他民族联合，从海上向埃及与西亚海岸进攻，即所谓“海民的入侵”。此时，迈锡尼实力雄厚，克里特与雅典为其附庸。公元前12世纪初[②]，阿卡亚人占领列斯堡斯岛，形成对特洛伊城的包围，引发了十年的战争，其目的是争夺赫勒斯滂海峡的财富。

但是，在特洛伊战后半个世纪，多利安人侵入希腊，征服迈锡尼，逐步扩大，奴役阿卡亚人，迈锡尼便这样灭亡，开始了古代的希腊。

①阿卡亚的语根为“Ack”，意为“水”，指游牧部族沿江河而移入。

②按照埃拉多斯狄纳所说，可能在公元前1193—前1184年间。

古代的印度

古代的印度大致包括印度河流域与恒河流域，亦即现在的印度与巴基斯坦两国的领土，从古至今，没有统一的名称。印度一名始于波斯人，继后西传至希腊与罗马，便袭用波斯人的称谓。至于我国，汉时称之为“身毒”，魏晋时称之为“天竺”，唐时始称为“印度”。印度《往世书》中，有著名的国王婆罗多，为了纪念他，印度人自称为婆罗多国。

印度是亚洲的一个半岛，北以喜马拉雅山为屏障，南部伸入印度洋内，东界孟加拉海湾，西临阿拉伯海，周围岛屿较少，在古代与外界接触比较困难，只靠西北部的峡谷与亚洲大陆上的国家联系起来。

印度中部为德干高原，有山区，有丛林，也有草原，气候是干燥的。德干高原向东倾斜，河流多注入孟加拉海湾。南部为锡兰岛，古称僧伽罗国。西北部为印度河流域，即旁遮普，雨水缺少，依靠河水泛滥及人工灌溉，有利于农业的发展。恒河流域，土沃肥润，雨量充足，农业发达。西南季候风是决定印度气候的主要因素，在北部，向东雨量大，南部相反，向东雨量小。印度物产丰富，有许多奇花异草、名禽珍兽，动植物的种类是繁多的。

印度古代的居民，从考古学者的证实，是达罗毗荼人，现在移居到印度的南部了。自公元前 2000 年后，雅利安人、伊朗人、希腊人、月氏人、突厥人相继入侵，印度古代的历史和原初的居民，必然受到强烈的影响，从而发生了深刻的变化。

一、印度河流域初期的文化

公元前3000年前后，印度河流域已有高度的文化。经1922年遗址的发掘，证实达罗毗荼人是哈拉巴文化的创造者，有力地驳斥了雅利安人创造印度历史的谬论。

公元前2000年以前，达罗毗荼人过着氏族生活，其会议称之为“沙米底”，所选举的首长称“拉德查”。哈拉巴为活动的中心。这时候农业上栽种大麦与小麦，用石制造的犁头；工业有陶器与纺织，用石制十进的砝码，说明经济有一定的繁荣。这时候城市兴起，自亚姆利到哈拉巴，特别是摩亨佐·达罗的遗址，市容规模宏大，其建筑技术是很高的。

摩亨佐·达罗的遗址占地二百五十多公顷。街道整齐，房屋由东向西，从南向北，并行排列，最宽处有十米左右。宫殿与堡垒占市区中心，系用石与砖建造的。城内有地下水道、供水设备，又有市场、商店、作坊、浴室等建筑，充分反映出人民生活的状况。考古学者掘出许多石制、象牙与黏土的印章，共有396个象形符号，至今尚未认识出来。

公元前2000年后，印度河流域出现贫富分化，已进入奴隶时代。这从考古学中，我们看出有华丽的宫邸与简陋的茅屋，有精致的饰品与粗笨的工具。那些巨大的仓库、离奇的印章，都反映出阶级分化，贫富不同了。

二、雅利安人的入侵

雅利安人过着游牧生活，保存着母权制的残余，他们的命名是根据母亲的。在公元前21世纪，雅利安人从伊朗出发，越过兴都库什山，侵入印度河流域，与达罗毗荼人发生强烈的冲突。《梨俱吠陀》

中说："必须应付敌人一百个有柱子的堡垒。"这说明雅利安人征服达罗荼毗人是不容易的。

"雅利安"一词，不是种族的名称，而是指社会的地位，含有"高贵的"意义。雅利安人侵入印度河流域后，接受达罗毗荼人农业上的知识，放弃了原初的畜牧业。农业发展很快，《梨俱吠陀》提到用六匹牲畜耕地，《摩奴法典》提到以井水灌溉。雅利安人称领袖为"瞿波提"，意为"牝牛的领有者"，亦即"耕地的获得者"。冶金业发展很早，称铁为"暗青色的铜"。

雅利安人入侵后，形成掠获当地居民的军事集团，掌握分配公社产品，居于统治地位。家长制强大，长子有权独继父业，没有子嗣的人是最不幸的。《萨尔贡达罗》中国王说："没有子嗣真可怕啊！"印度的奴隶社会便在家长制的掩护下发展起来。

当雅利安人入侵后，印度居民被迫南迁，其留住原地者沦为奴隶，或接近奴隶阶层。原有的氏族机构，雅利安人用之镇压人民，因而产生了种姓制度。在一定的地区内，具有共同宗教与职业者，称之为同"瓦尔纳"。"瓦尔纳"意为"颜色"与"品质"，即世所习称的种姓制度。

按照《摩奴法典》的规定，种姓制度有四种，即婆罗门，包括僧侣与有知识者；刹帝利指武士；吠舍包括农民、牧民、工匠与商人；首陀罗，指穷人与外来者。婆罗门与刹帝利为奴隶主，吠舍不断分化，但是三者都为"再生人"。首陀罗为奴隶，永远为"生人"，长期为统治者服务的。

三、恒河流域的发展与佛教兴起

公元前1000年前后，恒河流域出现了许多小公国，经常发生剧烈的争夺，形成十六个国家，其间侨萨罗与摩揭陀为最强者。侨萨罗以舍卫城为首都（即今之萨瓦提），在伽姆苏统治时，占领了伽尸公国。摩揭陀以王舍城为首都(即今之比哈尔),系恒河流域最强的国家。于频毗沙罗(前519—前491年在位)统治时,征服了东部鸯伽王国。继后于伽拉索伽统治时,建立华氏城,即今之帕特那,为古代恒河岸边最壮丽的城市。

雅利安人为了巩固他们的政权,利用种姓制度,通过宗教,镇压被征服的人民。婆罗门居首要地位,称国王为神人,僧侣为重要者。所征服的居民变为奴隶,其价格仅比马贵四分之一,比牛贵两倍半。他们创造出婆罗门教,以为苦痛与穷困是不存在的,而真实存在是梵天。梵天为极乐世界,人在肉体毁灭后,灵魂始能解放,与梵天结合。这种理论是反动的,因为它认为人民的穷困与苦痛,不是来自奴隶主的剥削,而是来自劳动人民自身。

大雄筏陀摩那(约前528—前468)创立耆那教。他综合民间传统信仰,反对婆罗门,否认《吠陀》为圣书,却维护奴隶主阶级利益,主张逆来顺受。"耆那"意为"战胜情欲者",他主张苦行学道,禁止杀生,相信轮回业报,起了麻痹阶级斗争的作用。

释迦牟尼(前623—前534)创立佛教,他观察现实,劝人解悟四谛,奉行中道。解脱欲望的执,排除无常的幻,以入凝神的境界,这就是涅槃。只要禁欲,不论是哪种种姓,都可为僧,妇女亦可为尼,佛法是平等的。他说法时用大众语言,促进佛理的传播。他反对婆罗门的压迫,破除种姓的界限,这是进步的。但他主张忍受一切,麻痹斗志。他所活动的地区,系婆罗门压迫最深的地区,佛教的创立是与民族运动有关系的。摩揭陀尊崇佛法,在阿阇世时,佛教举行第一次集会。

公元前6至公元前4世纪,私人土地占有制发展了。在公社之外,有奴隶劳动的庄园。三种高级种姓者开始着棉织品的衣裳,棉花是在公元前8世纪发现的。奴隶的数量不断地增加,自由社员处境困难,除交付贡物外,还负担沉重的徭役,其处境与奴隶是一样的。

公元前365年,当伽拉索伽死后,摩揭陀国势衰弱,经常发生暴动，建立起“九难陀”统治时期。传说难陀是英雄人物，系首陀罗妇女所生。由于资料特别缺乏，正说明这时期的阶级斗争是剧烈的。

四、孔雀王朝的建立

公元前327年，亚历山大从康居与大夏南下，侵入印度河流域。在卡拉河谷地区，进行了多次战斗，保洛斯英勇抵抗，虽然失败，却是十分光荣的。印度河其他地区，顽强抵抗西方的侵略者，直至桑哥拉城夷为平地。亚历山大想越过沙漠，侵略摩揭陀国，随后终止了，其终止的主要原因，在于气候的不适与印度人民的顽强抵抗。阿里安叙述印度的战术，远超过其他部族。公元前325年，希腊被迫向波斯方面撤退了。

旃陀罗笈多（前321—前297年在位）系难陀的后裔，出身微贱。他受哲人考提里亚之助，图谋起义，未成功，避难至旁遮普，联络山地领袖，反抗希腊的专横，取得统治地位。继后率军南下，入恒河流域，建立起孔雀王朝，统治了一百三十多年，定都于华氏城。

公元前305年，塞琉古进攻印度，惨遭失败，两国以兴都库什山为界，并派麦伽斯蒂尼为使臣，埃及亦遣使驻华氏城。当宾头沙罗（前297—前272年在位）统治时，实力强大，越过德干高原，除羯陵伽国外，都受孔雀王朝统治，一直到买索尔。

考提里亚著有《政事论》，反映孔雀王朝的情况，这是奴隶主专制的国家，吠舍种性沦陷为奴隶，借修堤筑路来维持生活的。政府设有秘密组织，监视官吏行动。中央官吏管理城市，地方官吏管理农村，他们拥有庞大的机构，仅高级官吏有三十二种之多！

孔雀王朝的经济是繁荣的。农业上兴建水利，种植棉花与亚麻。《政事论》提到中国的丝织物、阿拉伯的马。商质塔为象牙工会所雕刻，那西克石窟由纺织行会来维持，这都说明孔雀王朝的经济是繁荣的。

五、阿育王的统治与印度的分裂

阿育王（前 272—前 232 年在位）即位前任坦义始罗与邬阇衍那的总督，取得丰富的经验。当他掌握印度政权后，安定国内，于公元前261 年发动羯陵伽战争，俘获十五万人，建立起印度历史上的大国。

阿育王充满了矛盾，一方面侵略羯陵伽，屠杀无数居民；另一方面又崇信佛教，于公元前 253 年召开第三次结集，编纂经、律、论三藏经典。他曾派遣公主桑伽蜜多罗，带菩提树，经海上至锡兰，佛教得到传播。他兴建许多塔和寺庙，有很高的艺术价值。阿育王重要的诏诰，刻之金石者有三十多种。从文告中看出，摩揭陀与恒河流域由中央直辖管理，羯陵伽、阿槃底等处由附王管理。阿育王时代是繁荣的，却是不巩固的。

印度为奴隶社会，梵文称奴隶为“达萨”，《政事论》提到有十四种之多。奴隶大多数用于家庭作业，特别是女奴，其所处的地位是十分悲惨的。《摩奴法典》称国王为大地的主人，所有的土地是属于国王的，其剥削方式却是通过农村公社的。公社有固定土地，围以篱笆，通常供给国家六分之一的收获，遇有困难，担负特殊任务。

阿育王死后，羯陵伽、安达罗先后独立，西北部犍陀罗亦脱离统治，大夏国王狄米特里占领旁遮普与信德区。公元前 184 年，孔雀王朝最后的国王为部将普西亚蜜多罗杀死后，建立起巽伽王朝（前184—前72）。

巽伽王朝的统治者反对佛教，拥护婆罗门教，形成一种地方割据，没有起特殊的作用。公元前 72 年，巽伽为堪瓦王朝所替代，国势日衰，勉强维持了四十多年。印度西北部出现新的局面，贵霜帝国成为中亚强大的实力。

六、印度文化简述

古代印度的文化是丰富多彩的。公元前3000年纪，旁遮普已出现图画形的文字。迨至雅利安人入侵后，公元前6世纪，印度已有了铭刻，而波尔尼著的《八牵书》为梵文文法的典范。

印度文学有突出的成就。《吠陀经》除迷信部分外，有许多传说是有历史与文学意义的。《摩诃婆罗多》与《摩罗衍那》是两部长期形成的巨型诗集，表现出人民高度的智慧。迦梨陀婆是《萨尔贡达罗》的作者，著作丰富，推进印度文学的发展。

孔雀王朝的艺术是庄严的，形式优美，有熟练的技巧，如商质塔的雕刻、阿育王的石柱、伽耶附近的石窟。但是最值纪念的是医学与数学上的成就，起很大的作用。

印度最初的医学是和巫术相联系的。《吠陀经》中保存了解剖知识。从病理学与治疗术中，可看到黄疸病、关节病与头痛等。印度多用草药治疗，《寿命吠陀》举了七百六十多种草药。印度医学分内科、外科与眼科。恰罗迦是著名的医生，著有《苏列虚多医录》，有很高的科学价值，为后人所推重。

印度在数学上的贡献也是巨大的。公元前3世纪时，印度已有数目字，继后发展为现代所用的1、2、3……8、9等数字。中世纪时，阿拉伯航海家将其传入欧洲，而西方人不恰当地称之为阿拉伯字母。公元前2世纪，印度发明了数字位，解决了进位问题，将孤立的数字结合起来。也是在这时，创造了代表“无”的数字“0”，解决了补位问题，数学得到进一步发展。在几何学上，印度人很早知道直角三角形三边的关系。

古代的伊朗

——古代米底与波斯简史

一、伊朗的自然环境

伊朗是中亚干燥的高原，四周环山，中部为大荒原，许多河流从峡谷流出，在细砂流碛中消失了。扎格洛斯山沿着伊朗西南边境，与两河流域形成天然分界线。北部埃尔布尔斯山耸立，面对里海南岸，构成狭长而肥沃地带，向东伸延，与咸海盆地相连接。南界波斯海湾，夏热雨少，《魏书》说"地多沙碛，引水灌溉"，很早便利用坎儿井。风向很规则，居民很早创造了风车。伊朗物产丰富，枣和马都是很著名的。

古代伊朗居民是来自东北部的。北部为米底人，南部为波斯人，他们同操印欧语言，过着游牧生活。公元前 837 年，为了颂扬沙尔马那沙三世的武功，亚述石刻镌有米底与波斯的名字，这是历史上最早的文献，米底成为亚述奴隶与牲畜掠获地。

二、米底的建国

古代米底人驾着马车，带着猎犬，侵入伊朗高原，过着游牧生活。他们有粗浅的冶金知识，制造极简陋的用具。公元前 1000 年代，由于生产技术的改进，逐步定居下来，形成农村公社，而阶级社会开始出现了。《阿维斯达》称畜牧富豪为"畜群富有者"，称播种者为"善人”，驱除害虫者为“正直人”。农业很发达，到处有坎儿井，契尔门·雅布水渠长达二百多公里。尽管如此繁荣，米底是亚述侵略的对象。

公元前715年，米底领袖达犹古(亦称台奥赛斯)被亚述俘获，米底的二十二个部族宣誓，服从亚述的统治。达犹古在被禁期间，研究亚述情况，争取亚述信任，得到释放。他仿效亚述军队的编制，实行军事民主制；建筑埃克巴登城(今之哈马丹)，与亚述进行贸易。

公元前675年，达犹古逝世时，米底已统一，成为中亚的强国。其子弗拉奥提斯继位，征服波斯，扩大米底实力。公元前633年，这位爱国者发动反亚述战争，战于埃兰，结果米底失败，弗拉奥提斯牺牲了。当贵族选出基亚克萨里斯后，增强骑兵建设，与新巴比伦联盟，这是中亚政治上的新事件，亦反亚述最有力的措施。公元前615年，新巴比伦与米底夹攻亚述，三年后陷尼尼微，亚述从此灭亡了。

米底驱兵向西推进，与吕底亚发生七年战争(前592—前585)。公元前585年日食(5月28日)，双方不解日食的原因，以为大祸将临，仓促缔结和平。不久，基亚克萨里斯逝去，其继承者阿斯泰若无能，不久便为波斯贵族居鲁士征服了。

三、波斯帝国的建立

波斯位于伊朗高原的西南部，滨海，住着自西北部移入的部族，操印欧语，为数约有十种，过着游牧的生活。当定居后，向埃兰发展，接触两河流域南部的文化，受米底统治，逐步形成联盟，阿奇麦尼德族为领袖。

公元前558年，居鲁士乘米底衰弱，统一波斯，向埃克巴登进军，推翻米底的统治，建立阿奇麦尼德王朝，开始了波斯帝国。

居鲁士拥有精锐的骑兵，他的统一标志着部族联盟的瓦解，伊朗国家机构的建立。波斯接受亚述与米底的传统，公元前546年，向吕底亚发动进攻，蔑视埃及与巴比伦的支持，突破深冬停战的惯例，攻陷沙尔底斯城，俘获国王克莱苏斯。从此，波斯掌握小亚细亚，与希腊发生强烈的矛盾。

当居鲁士征服吕底亚后，为了巩固后方，深入大夏与康居地区，于药杀水畔，建立起居鲁士城，即我国史籍中的贰师城。公元前 539 年，波斯向新巴比伦进攻，几乎是和平地进入巴比伦，废除国王那波尼德，解放犹太人，宣布自己为巴比伦的国王。为了结欢巴比伦人，不使其有受外来人统治的感觉，他们完全尊重当地的习惯。

公元前 529 年，里海附近游牧民族暴动，反抗波斯的侵略，居鲁士北上远征，遭受到惨重的失败，而在阵中身亡了。

居鲁士长子冈比西斯（前 529—前 522 年在位）继位后，波斯各地发生暴动，反抗奴隶主的统治。冈比西斯用四年的时间始镇压下来，但是并没有解决。他利用柏杜因人的骆驼，发动侵略埃及的战争，穿过沙漠地带，占领喀沙。公元前 525 年，波斯军队入埃及，攻陷孟斐斯，俘获法老普萨默科斯，宣布埃及为波斯的一个行省。冈比西斯在埃及的活动，除北非得到局部的成功外，其他在努比亚、撒哈拉等地区都是失败的。当冈比西斯在埃及活动的时候，听到波斯政变的消息，公元前522年，急忙回国，行经叙利亚时坠马而死了。

四、高墨达暴动与大流士即位

居鲁士创立的政权，经常遭受米底人的反对，冈比西斯远征埃及，久离国土，给米底术士高墨达创造了暴动的机会。

长久以来，米底贵族图谋推翻阿黑内尼德族的统治。乘波斯王室争夺政权的机会，术士高墨达伪称冈比西斯之弟斯麦底斯，掌握波斯政权，进行改革，一方面废除兵役制度，另一方面免除三年赋税。这些措施得到广大群众的拥护，这种改革是含有社会意义的。

高墨达的暴动是严重的。波斯六家贵族，拥护青年军长大流士，镇压高墨达的暴动，于公元前 521 年取得胜利。大流士废除高墨达的命令，恢复兵役制，将其胜利刻在贝伊斯顿的石崖上，长达四百行，成为古波斯史重要资料。铭文中说："与叛者决战，连战连胜，凡十九战，降九君。"当高墨达被残杀后，希罗多德说："除波斯本国人外，亚洲全体人民齐声惋惜。"这说明高墨达暴动的意义了。

大流士承袭居鲁士所建的帝国，代表着奴隶主阶级的利益，是极不巩固的军事联合体，但缺少统一的经济基础。他经过七年的战斗，安定内部，着手进行改革，建立起中央统一政权，成为西方的强国。

波斯划全国为二十三省，每省设置三个高级官员，职权独立，互相监督，推进各省的工作。首先是省长，掌握政权，审判案件，一切以国王名义施行。其次为总督，掌握军权，维持地方治安。再次为皇家秘书，亦称国王的耳目，直接向国王反映各种情况，权力最大。

国王掌握军权，感于实际的需要，大流士建立常备军，由波斯与米底人充任。设禁卫军一万名，武器与服装整齐，系战斗的主力。卫士一千名，由贵族担任，保卫国王的安全。战事发动后，按需要分配兵种与数量，招集军区与地方部队，国王为最高指挥者。

在经济方面，波斯奖励农业、手工业与商业，修建由苏撒至沙尔底斯的大路。按着地区的不同，波斯征收税赋亦有分别。从米底与巴比伦征收实物，从埃及与小亚细亚则征收现金。每年有巨大的税收，除实物外，有入库现金一万五千达朗特。采用吕底亚方法，大流士铸统一金币，重 4.8 克，有箭手射击图案。地方只铸银币，重 5.6 克，非常便于贸易的。大流士的改革，加强波斯奴隶主的统治，反映了强烈的氏族残余，成为贵族的专政，其基础是极不巩固的。

五、波斯帝国的扩张与灭亡

为了解除西徐亚人的威胁，公元前 513 年，大流士侵入多瑙河流域，发动征服西徐亚的战争。西徐亚领袖丹吉尔斯，采用游击战术，挫败入侵的波斯人。波斯于败退之余，占领了色雷斯与马其顿，给希腊严重的威胁。

波斯的扩张政策与希腊的民族政策是相矛盾的。从公元前500年起，有半个世纪之久，波斯与希腊发生战争，经公元前490年马拉松战争，雅典以极少兵力，挫败强大的波斯，大流士于四年后在烦闷中逝世了。薛西斯继位，继续执行西进政策，于公元前480年，发生沙洛米斯战争，希腊取得辉煌的胜利。公元前449年，两国签订和约，波斯承认希腊各邦的独立。从此，波斯一蹶不振了。

当伯罗奔尼撒战争时，波斯国王大流士二世，为了恢复小亚细亚的统治，给斯巴达军事与经济的援助。雅典反对斯巴达，为了削弱波斯的援助，鼓动埃及与腓尼基的暴动，波斯受到严重的损失。

马其顿兴起后，改变希腊原有的局势，使波斯遭受严重的困难。公元前334年，亚历山大发动侵略战争，向埃及与波斯进攻。波斯国王大流士三世，虽然积极准备，节节抵抗，终于公元前330年，经柯克麦拉最后一战，波斯实力被击破，马其顿占领波斯，而大流士三世北上牺牲，波斯帝国由此覆灭了。但是，波斯的灭亡，不等于马其顿的成功，因为它们同是没有统一的经济基础，又同是反人民的。这便是为什么马其顿越往东发展，所遭受的抵抗越顽强，而所遇的困难越严重。阿黑内尼德王朝结束了，波斯在另一种意义下是常存的。

六、波斯文化略述

波斯受两河流域影响很深，遵守亚述建筑形式，苏撒与柏舍波里的发掘的遗址，反映出用大理石建筑，柱形轻巧，彩色鲜明，已不像亚述建筑的笨重了。但是，波斯文化反映出实用性，他建筑道路，树立了榜样，以解决商业与军事的需要。从苏撒至沙尔底斯，全长两千四百公里，沿路有一百一十站，每站有旅店，“信使在路上跑得比仙鹤还要快”，给罗马路政起了模范的作用。

波斯文化最为人称述的是波斯宗教，其发展是与生产有联系的。当波斯居民知识未开化时，敬重山神与水神，崇拜马和牛。继后与外界接触较多，国王为精神贵族，认为光是日月的精华，火便成象征。到大流士统治期间，形成曹赫斯特传说，创立袄教，其理论载入《阿维斯塔》中，包括《格塔篇》与《稚胥资篇》，共二十一卷。南北朝时，袄教传入中国，得到暂时的传播。

袄教为二元论，宇宙间受善神霍尔米兹德与恶神阿里曼相统治。善神是天、地、人的创造者，是生命，纯洁与真理的象征。恶神是黑暗、疾病与残缺的代表，与善神为敌，经常发动斗争，亦即真与假、善与恶、明与暗等的斗争，最后胜利者为善神。在中亚一带，袄教影响很大，成为伦理基础。

古代希腊

一、希腊城邦制的发生与发展

荷马时代的希腊

公元前12世纪至前8世纪左右，即希腊重新出现文字的时候，希腊史上称之为“荷马时代”。相传这时候有一位盲诗人荷马，将世代口传的民间故事，用文字记载下来，形成了西方古代伟大的诗篇。

荷马史诗叙述特洛伊战争，约发生在公元前1193至公元前1184年，是有历史意义的。第一篇名《伊利亚特》，反映迈锡尼文化末期的事情，希腊联盟攻击这个“多金多铜”的特洛伊国家，争夺由爱琴海通向黑海的海峡。希腊英雄亚奇尔虽然英勇战斗，却不能以力屈服，采用奥德赛的木马计策，特洛伊人失掉警惕，而为希腊人所征服。

第二篇诗为《奥德赛》，叙述于战争完结后在海上冒险的生活。奥德赛离开裴亚基田园，装作乞丐，回到伊达卡，建立起新的秩序。两篇诗各二十四章，每章长短不等。公元前6世纪，庇西特图拉特首次编为定本。

荷马时代反映出希腊氏族社会的解体、日常的风俗习惯。在这时期，奴隶制带有家庭性质，数目不多，体力劳动仍受到尊重，如纳西卡亚，身为公主，却偕女奴到河边洗衣，受到奥德赛的赞扬。多数居民还是自由的，氏族首长可乘车作战，拥有份地，但是，这种“私有制”仍受到限制,不能随心所欲去处理。到荷马时代晚期,由于铁的使用[①],财富的累积,在农村公社内,贫富的区分逐渐显著起来。《奥德赛》中,反映出乞丐数目的增加,说明自由民生活的恶化,而在贵族家庭中,却拥有大批的厨夫、马夫与女奴。随着希腊阶级的形成,生产水平有显著的提高,农业、畜牧业与手工业是相当发达的。公元前 8 世纪,随着阶级分化的过程,也就加速了国家机构的形成。

多利亚人的侵入

公元前 13 世纪,多利亚人自伊利里亚向南移动,伸入帖沙利地区。当特洛伊战争完结后的 1280 年代,迈锡尼损失惨重,多利亚人侵入伯罗奔尼撒半岛,入拉哥尼平原,征服了土著居民,建立起斯巴达,这是经过长久岁月的。斯巴达是由五个村子组成的。

拉哥尼平原是肥沃的,居民经营农业,每年有丰富的收获。当多利亚人侵入后,征服土著居民,束缚在土地上,供给斯巴达人使用。这些土著,即希洛特人。他们没有自由,每七户固定在一份地上[②],完全和奴隶一样。他们人数较多,经常联合起义,反对斯巴达人,而斯巴达人采取高压手段,镇压希洛特人。希洛特人没有任何财产,他本身及一切是属于公社的。加之,当时生产力低下,产量不高,劳动者的生活是十分困难的,因而希洛特人经常起来暴动。

多利亚人继阿卡亚人之后,经四百多年的时间,在希腊本土及各岛屿安定下来,其经济基础与社会关系发生了深刻的变化。首先生产技术的改进,促使农业与手工业发生变化。在农业上采用铁犁,讲求选种,开发水利,使农业田园化。手工业方面,开奥斯岛的炼铁,雅典的陶器,米利都的纺织,造舰业的发展,使经济得到繁荣。城市不是往昔战斗的堡垒,而是工商业集聚的地区,出现了新兴的奴隶

①《伊利亚特》提到铁有二十三次,《奥德赛》提到铁有二十五次。

②每份地约有十至十五公顷。

主，城区扩大，雅典、米利都与科林斯城市，人口稠密，贫富区分也十分显明的。公元前 7 世纪起，随着货币经济的发展，高利贷事业扩大，加剧了阶级矛盾。埃西奥德的《老鹰与夜莺》中说：

谁和有力者较量，那是不智的，赢不了他，只有悲哀上更加耻辱。

有力者就是有钱者的别名。从此以血缘为基础的公社组织破坏了。其过程是合并公社而成为独立的城邦。城邦不完全是城市，它也包括着农村。城邦是狭小的，科林斯为当时最大者，其面积仅只有八百八十平方公里。

希腊移民的发展与僭主政治的建立

由于社会的发展，阶级压迫的增强，从公元前 8 世纪起，希腊居民不能在本土居住，被迫移居到海外，寻找居住的场所。移居者，不仅是被压迫的劳动群众，而且还有被排挤的新兴贵族，这说明阶级斗争是剧烈的。

从公元前 7 世纪起，希腊人向西部发展，在意大利南部和西西里岛，优卑亚人建立起那不勒斯；科林斯人建立起叙拉古；弗西斯人到高卢南岸，建立起马赛，由此采购西班牙锡矿；斯巴达人到意大利南部，建立起达伦顿。随着向北非发展，在三角洲主要建立起诺克拉底城。其意义不只繁荣贸易，更主要的是保证了粮食的供应。

当希腊人向西扩张时，他们并没有放松东北部的开拓。科林斯人经色雷斯，达到多瑙河畔；米利都人建立塞斯托斯；美加拉人建立拜占庭，由此控制入黑海的海峡。希腊开发黑海，兴建许多著名城市，如奥尔比亚、法那哥里亚等，从而与斯基泰人和萨尔马特人发生密切的关系。

希腊建立起许多城邦，它们是独立的，引起了经济与文化的变革，加剧了阶级斗争，而使贵族丧失氏族的地位，出现了僭主政治。

僭主可能是贵族出身，形似君主，却自认为平民的代表，同情革命。在政治地位上，僭主以法律为武器，掌握军政大权，反对富人与贵族，却又不敢正视阶级斗争，所以他是很难持久的。但是在氏族解体的过程中，僭主政治起了一定的积极作用。公元前 7 世纪，无论在希腊本土，如科林斯与美加拉等，无论在新建城市，如西西里岛，各城邦都经过僭主政治，反抗贵族，对生产是有利的。但是必须指出，平民仍是奴隶主，奴隶为主要劳动者，却不能过问政治，从这方面说，阶级斗争依然是尖锐的。僭主政治是奴隶制国家形成的过渡形式，有进步的一面，同时也有阴暗的一面。

斯巴达的形成

当多利亚人侵入伯罗奔尼撒半岛后，有三个主要部族居于统治地位。公元前 1074 年，埃基德部族移走后，斯巴达的统治者即由阿基亚德与欧利奔底德两族治理，这可能就是两王制的由来。

斯巴达人征服土著居民后，建立起贵族统治，有深厚的氏族残余。斯巴达人分居民为三等，自居贵族奴隶主的地位，享有特权。其次为庇利阿克，意为“邻居”，经营工商业，有部分的政治权利，战时须服劳役。第三为希洛特人，他们是奴隶，生活最苦，如“负最重担的驴子”。希洛特人多次暴动，反抗斯巴达的统治。而斯巴达人经常杀害有嫌疑的希洛特人。

斯巴达残酷的统治，从来库古的变法中反映出来。来库古为传说人物，约生于公元前 880 年，卒于公元前 804 年，受命纂制法典，即实行贵族政治，土地是国家的，要以武力来保护。他的言辞是简洁的，斯巴达却按照这种精神执行的，而也是最反动的。斯巴达最高权力机构为元老院，由两王与二十八位委员组成。委员为六十岁以上的贵族，须经人民大会选出，任期终身。人民大会限于斯巴达人，在公元前 6 世纪后，便成为形式了。斯巴达真正实权，掌握在监察官之手，由五人组成，处理国家一切重大事件。

在斯巴达，初生的婴儿须受国家检验，不健壮者，即从悬崖投掷深渊。儿童自七岁起，开始受国家严格的军事教育，设置许多困难，训练青年的性格，使其忍受饥寒，沉默寡言，绝对服从贵族奴隶主的利益。青年随成年人学习，参加十五人的聚餐会，自二十至六十岁为军人，随时准备战斗，统一服装，统一武器，三十岁始允许结婚。讥笑那些“不幸的懦夫”，要他们保卫奴隶主们的利益。

斯巴达人要求财产平等，严格禁止贸易，不使发生财产不平均的现象。他们使用沉重的铁铸的货币，储蓄也便困难了。斯巴达的统治者是不爱好和平的，从公元前735年起，发动侵略美塞尼亚的三次战争，斯巴达曾称霸一时，奠定伯罗奔尼撒同盟的基础，却不能消除危机，奴隶暴动经常威胁着斯巴达。但是，在帖撒利等较为落后地区，斯巴达式的统治却起了很大的作用。

雅典的形成

雅典是亚狄加半岛的城邦，有便于航海的港口与海湾，很早与米利都有关系。米利都是小亚细亚边岸的城市，古希腊唯物哲学的发源地，当她受波斯统治衰落后，雅典承受了光荣的传统，成为希腊本土先进的城邦。

雅典发展得较早，所走的道路与斯巴达有所不同。亚狄加最初有四个部族，条塞反抗克里特暴力的统治，将分散的公社团结在雅典的周围，分居民为贵族、农民与工匠。贵族们累积了大量的财富，形成了阶级社会，其他居民因债务关系，逐渐受到奴役。这便是说雅典的奴隶制是由内部分化而产生的。最初，雅典的政权是贵族的，督理官任期完毕后，转入国家最高会议元老院，即是说一种监察机构。广大的农民，为了免除债务的奴役，须将六分之五的生产交给大土地所有者，否则，便被卖为奴隶了。公元前7世纪的后半期，雅典产生了基隆的暴动，反对贵族的专横。德拉柯制法，保护私有制，禁止贵族专横,可是问题并未得到解决。

公元前 594 年,梭伦被选为督理官。他虽是贵族出身,却和人民群众站在一起,利用他广博的见识及埃及晚期防止奴役农民的经验,他坚决实行改革,废除债务。凡土地上竖有债碑者,根据梭伦命令,一律都取消,债务同时也废除。禁止以剥削手段把自由人变为奴隶,在改革前沦为奴隶者,国家以公款赎回。所以,梭伦诗中说:"她以前是奴婢,而今是自由人了。"这种改革保证雅典人都是自由人,至于外籍人,仍旧处于奴隶地位。

在实行改革中,梭伦制定宪法,按照财产的多寡,把所有的居民分为四等,财产越多的享受政治权利越大。为了使大土地占有制迅速瓦解,梭伦允许个人有遗嘱自由,土地可以转让与分割。采用优卑亚的币制,使原有者贬值百分之二十七,保护工商业。他奖励技术改革,反对浪费,要青年必须学会一种手艺。在政治上,他将雅典成年男子组成最高权力的民众大会;又从四个旧部落中选出四百人,经常拟订法案,提交民众会议讨论。这就严重地打击氏族贵族,不以出身来规定人的身份。

梭伦改革,打击氏族贵族,不使雅典人成为奴隶,这是进步的,却没有解决群众的问题。他被迫离开雅典,政权一度为庇西特图拉特僭主所掌握。庇西特图拉特没收政敌土地,分给农民并予以贷款,编订荷马诗,组织悲剧竞赛大会。他奖励工商业,修建舰队,向黑海发展,征收十分之一所得税,农民负担过重,不久,庇西特图拉特便死去了。雅典得斯巴达之助,又为贵族所掌握,从此又掀起进一步的改革。

公元前 509 年,克里斯提尼取得政权,着手改革,完成梭伦遗留的工作。他打乱氏族区域,重新划分,把雅典分为十区,每区包括不相毗连的内地、城区、海岸三部分,这便彻底打破旧四部落的界限,肃清氏族贵族的残余。新选区由村社组成,全雅典有一百多村社,社籍代替了族籍,从此建立起民主奴隶制的共和国,所有国家事务都由人民直接来决定。自然,这时候奴隶是不包括在人民内的。

为了巩固改革的成果，不使野心家篡夺政权，克里斯提尼创立贝壳制。在民众会议上，与会者可在泥贝壳上写有独裁嫌疑者的名字，经过投票后，如果某人有嫌疑，即驱逐某人离开雅典国境，十年内不得重返故里。这种措施只是防微杜渐，无损于个人声誉的。这样改革后，雅典的物质与文化得到新的繁荣，民主的奴隶制国家由此巩固起来。

二、希腊奴隶社会的繁荣及危机

波斯与希腊的战争

公元前 5 世纪时，希腊发生过两次较大的战争：第一次是波斯与希腊战争，第二次是伯罗奔尼撒战争。

当公元前 6 世纪末，波斯已成为庞大的帝国，它利用腓尼基的海军，不断向爱琴海发展，既影响各城邦的贸易，又威胁各城邦的安全，这对希腊人是不能忍受的。

公元前 5 世纪初，波斯多次镇压小亚细亚城邦，企图摧毁希腊的僭主政治。米利都带头反抗波斯，终于公元前 494 年，波斯利用腓尼基与埃及舰队取得胜利，而将米利都烧毁了。更进一步，波斯要征服新兴的雅典。

雅典的政治革新和经济蓬勃地发展，成为希腊的领导者，对波斯怀着极深的仇恨。波斯帝王大流士，以雅典协助米利都，要予以惩罚，举兵进攻亚狄加。公元前 490 年，雅典采取主动，动员奴隶参加军队，首先攻击，败敌人于马拉松平原。

波斯失败后引起国内的混乱，埃及与巴比伦相继发生暴动。公元前 486 年，大流士忧闷去世后，其子薛西斯继位，继续执行侵略希腊的政策。雅典深知波斯必然要报复，民主派德米斯托克扩充海军，建造一百艘三层桨座战舰，应付事变。公元前 480 年，薛西斯率领海陆大军向希腊进攻，陆军通过温泉关时，受斯巴达国王列奥尼达斯殊死的抵抗；海军入萨拉米海湾，暴发激烈的海战，雅典舰队获取光荣的胜利。薛西斯见舰队失败后，怕遭遇截击，留一军团在希腊，而将主力撤退至小亚细亚。次年，所留驻希腊的军队在布拉底被联军击溃，而残余海军又毁在米卡尔海角。在西西里岛，协助波斯的迦太基，同样为叙拉古击败了。

希腊胜利后，斯巴达没有海外利益，退出联盟。雅典进一步掌握希腊的领导权，派舰队占领海峡，控制黑海；纠合爱琴海及小亚细亚各城邦，于公元前 477 年组成德洛斯同盟。大者出战舰，小者给纳款，盟邦平等，为数约有二百余城邦，相继加入，受雅典指挥，实质已成雅典的附庸。纳克斯要求退盟时，雅典视为“变节”，竟予以无情的镇压。公元前 454 年，未得会员国同意，移提洛斯金库于雅典，据为己有，激起希腊各城邦的戒惧。

公元前 449 年，雅典强大，内部却有不断的斗争。富豪卡里阿斯至波斯首都苏撒，订立和约，波斯承认小亚细亚希腊各邦的独立，放弃西进政策，争夺爱琴海的霸权，由此而结束了波斯与希腊的战争。

雅典奴隶制的繁荣

波斯与希腊战争后，希腊奴隶制得到繁荣，奴隶是“最好的财产”和“最完善的工具”，可以自由买卖的，沙摩斯岛就是最有名的奴隶市场。奴隶是活的工具，用于作坊、采矿与划船，奴隶主获得丰厚的利润。剥削奴隶的方式很多，除通常自己使用外，还有出租奴隶，如尼西亚斯家有千奴，转租给矿山劳动。这些奴隶在矿坑劳累，“疲惫不堪，大批地死亡、倒毙”。雅典为最繁荣的城邦，约有奴隶四十万。恩格斯论到雅典也说：“每个成年的男性公民，至少有十八个奴隶。”[1]

①恩格斯：《家庭、私有制和国家的起源》，人民出版社，1955 年版，114 页。

这样对奴隶残酷的压迫，希腊的阶级斗争是异常尖锐的。公元前5世纪，希腊发生多次奴隶起义，其间规模最大而又确切所知者，一为阿尔果斯奴隶大暴动，于公元前494年，占据太林斯城堡，奴隶主经十年的战斗，始取得胜利；一为希洛特人的大暴动，于公元前464年，不堪斯巴达人的压迫，乘地震机会，发起第三次美塞尼亚战争，斯巴达极为恐慌，甚至向雅典求援。

雅典胜利后，国内不断发生党派斗争。公元前470年，民主派失势，由于西蒙作战有功，贵族派掌握政权，激起平民的不满，却又无可如何。迨至西蒙援助斯巴达失败后，公元前461年，逐放西蒙，雅典政治为民主派埃非亚尔特所掌握，他说："穷人是国家的主人。"他得到伯里克利（前499—前429）的帮助，加强公民会议，提出"不法申诉"法案，彻底粉碎贵族的实力。但是，贵族怀恨在心，不久将埃非亚尔特暗杀了。民主派在伯里克利领导下继续斗争，把雅典民主政治推向较高的阶段。在伯里克利统治时期，扩大民主政策，各阶层公民有充分政治权利，公职有津贴，贫穷者也可担任。雅典成年公民都可参加公民会议，讨论议案，可是奴隶、外籍人与妇女不得参预。这种民主是为奴隶主服务的，仅在奴隶主阶级内部的调整，其实质依旧是对奴隶残酷的专政。

雅典的实力日益扩大，公元前445年，虽与斯巴达签订三十年的和约，却不能解决与科林斯的矛盾。科林斯是斯巴达的同盟者，必然导致与雅典的冲突。公元前444年，为了巩固海上的实力，伯里克利组织黑海远征队，沿岸城邦落入雅典之手。次年，雅典又到意大利南部，建立杜利伊城，武装移民，既解决农民的穷困，又有常驻军以防不测的叛乱。

雅典无厌地剥削，大量使用奴隶，致使农民与手工业者陷入破产的境地，引起同盟者的不满，沙摩斯的起义就是这样促成的。为了解决公民的生活问题，伯里克利修建许多公共建筑物，成为奴隶时代不可逾越的典范。雅典住着许多哲人、艺术家、建筑师与科学家，雅典成了人文荟萃的中心。但是,雅典潜伏着严重的危机,很快便发生了伯罗奔尼撒战争。

伯罗奔尼撒战争与希腊城邦的危机

雅典的发展与其称霸希腊的野心,激起斯巴达的反对。斯巴达为伯罗奔尼撒半岛的盟主,抱有统治整个希腊的野心,害怕雅典的强大。它同雅典的战争,也就是两个城邦争夺霸权的战争。其次,斯巴达是一个落后的国家,支持各城邦的贵族和反动势力,反对雅典的民主。这两个城邦霸权的争夺,实质上也就是贵族制与民主制的争夺,尽管它们同是属于奴隶主阶级的。最后,科林斯是商业繁荣的城邦,常为雅典的劲敌,当它加入伯罗奔尼撒同盟,势必增加雅典与斯巴达的矛盾。伯罗奔尼撒战争始于公元前 431 年,结束于公元前 404 年,双方损失惨重,而希腊各城邦的繁荣也便消沉下去了。

雅典自己认为陆上不及斯巴达,不防守亚狄加,而把所有的军力置于海上,攻击斯巴达的后方。当战争发动后,斯巴达侵入亚狄加田野,雅典不加抵抗,任其蹂躏。结果亚狄加变成一片荒野,大批农民逃至城内避难,人民受到巨大的损失。在战争期间,难民都集中在雅典城内,引起鼠疫流行,人们情绪低落,思想混乱。尽管雅典在海上取得胜利,但挡不住瘟疫到处蔓延。公元前 429 年,伯里克利也死于鼠疫了。在战争的过程中,双方各找对方的弱点,斗争更尖锐与复杂化了。斯巴达境内有大量的希洛特人,非常不稳定。雅典占领派罗斯城后,抓住这个弱点,在希洛特人中间大肆宣传,被压迫的希洛特人集体逃至雅典方面。

斯巴达感到困难,为了打击雅典,从陆地深入爱琴海北岸,在安菲波里与雅典主战派克里昂决战,于公元前 422 年,双方战斗激烈,主将阵亡,导致雅典海上同盟的瓦解。次年,双方感到战争的困难,缔结《尼西亚斯和约》,为期五十年,双方恢复战前的状态。

和约实质上是停战协定,为期不久,双方战争又爆发了。为了断绝斯巴达粮食的来源，雅典接受阿尔西比亚德的意见，远征西西里岛的叙拉古城。雅典组织战舰一百三十四艘，进击叙拉古，在紧要关头，雅典划船的奴隶却逃跑了，这对雅典是一个毁灭性的打击。同时，斯巴达派军队援助叙拉古，内外夹击，雅典全军覆没，生还者仅几十人。

不仅只此，斯巴达又派军侵入亚狄加，占领狄西里亚城，开始有计划地破坏附近地区。这时候，雅典陷入半围困状态，两万多奴隶乘机投奔斯巴达，许多工场完全停顿了。雅典经济日趋衰落，盟邦也相继脱离了。公元前 411 年，雅典发生政变，内部极不稳定。斯巴达依靠波斯建立强大的海军，公元前 405 年，败雅典舰队于羊河，从此商业与粮运路线都断绝，雅典的威力遭受到严重的打击。次年，斯巴达占领雅典，缔结和约，规定雅典必须撤除城防，解散提洛斯同盟，仅保留十二艘战舰，承认斯巴达在希腊的领导权。

伯罗奔尼撒战争，使整个希腊民穷财尽，农民受害最深，阶级斗争十分尖锐。伯罗奔尼撒战争以后，斯巴达财产分化迅速发展起来，财产平均制的原则彻底被破坏了。公元前 400 年，埃比达德斯颁布法令，财产与土地可以自由赠送与转让，领有份地的九千公民，而今只留下一千五百人了。财产分化，希腊社会上出现两种特殊情况。首先，由于经济困难，推行雇兵制，吸收无产者参加，改重装部队为轻装盾兵。军队如商品，指挥将领可与各城邦及外国签订合同，进行战斗。其次，投机事业在发展，希腊是粮食不足的国家，居民依靠输入粮食维持生活，而奴隶主们乘机垄断谷物，谋取横财。李西亚斯说："在和平时期，我们处于被围困的状态……"这正是垄断粮食者造成的困难。这样，希腊各地掀起反贵族的斗争。公元前 399 年，斯巴达人基纳顿组织不满分子掀起反贵族的暴动；公元前 392 年，科林斯发生殴打贵族的事件；其他地方，如公元前 370 年，阿尔斯棒击事件，反贵族层出不穷，而阶级斗争是十分尖锐的。

公元前 4 世纪的前半期，雅典与斯巴达日渐衰弱，底比斯沿着雅典所走的道路，反对贵族制，并逐渐兴盛起来。公元前 379 年，底比斯民主派掌握政权，农民受到鼓舞，组织强有力的军队，在伊巴米南达领导下，两次击败斯巴达的军队，从此斯巴达的强盛就一去不复返了。但是，底比斯的强盛不会比斯巴达更长的，它是一个经济落后的小城邦，公元前 362 年，在曼德那会战时，底比斯失败，结束了它短促的历史生命。

当底比斯强盛时，雅典有组织第二次海上同盟的机会，有七十多城市与岛屿加盟，维持了二十三年的霸权（前 378—前 355）。雅典吸取以往的教训，各盟邦平等，互不干涉内政。但是，雅典利用底比斯的衰弱，对盟邦强加掠索，于公元前 357 年发生同盟战争，其结果，于两年后同盟瓦解，雅典失去领导地位，给马其顿创造了兴起的机会。城邦由此而衰落。

三、马其顿的形成与希腊的崩溃

马其顿的兴起

马其顿是希腊北部山区地带，有丰富的矿产与森林，并有较广的平原，居民多为农民与牧人，经济发展是缓慢的。公元前 6 世纪末，马其顿受到波斯的统治，贵族掌握政权，进行统一。当波斯与希腊战争后，马其顿与希腊接触较多，农村公社渐为贵族所掌握，农民成为军队的基础，同时开发般若山的金矿。到阿奇拉时（前 419—前 399），移都城至拜拉，设立墟市，修建道路，竭力吸收希腊的文化，幼里庇底斯是宫中的贵宾，写一本悲剧献给好客的主人。

当腓利普二世统治时（前 359—前 336 年在位），马其顿已成一个强大的国家，保护农民，抑制氏族领袖，建立起强大的常备军。按经济情况编制，贵族为骑兵，农民富者为重装部队，贫者为轻装部队。有严格的训练，扩大方阵，建立起密集队。同时积累财富，实行金银并用的双金制，与希腊及波斯进行贸易。

腓力在幼年时，留心希腊情况，追随底比斯的活动。自公元前357年起至公元前348年之间，马其顿争取出海口，占领了色雷斯滨海的城市。公元前352年，马其顿干预希腊人的事务，击败弗西斯人。雅典对马其顿的野心引起不同的反映。伊索格拉底（前436—前338）代表大奴隶主的利益，接受马其顿的统治；德谟斯梯尼（前384—前322）代表工商界利益，竭力反对马其顿。两派斗争激烈，一直至公元前338年，马其顿击败希腊军队，取得喀洛尼亚胜利后，始暂时平静下来。

马其顿胜利了。公元前337年，在科林斯召开泛希腊同盟大会，只有斯巴达没有参加。该会议确定马其顿与各城邦关系，作出有利于奴隶主阶级利益的决定。在这次会议上，腓力提出远征波斯的计划，借此掠夺东方的财富，缓和各城邦垂死的危机。但是，公元前336年，腓力突然为人暗杀了。腓力的死，激起反马其顿的怒潮，其子亚历山大（前356—前323）迅速组织军队，扑灭色雷斯暴动后，南下希腊，粉碎反马其顿的运动。在公元前335年，于科林斯召开第二次会议，继其父志，决定向波斯进军。

亚历山大东侵及其帝国的分裂

亚历山大即位时年仅二十岁。虽受哲人亚里士多德（前384—前322）的教育，却没有改变他暴躁的性格，他向东方的侵略代表了希腊奴隶主阶级的利益。

公元前334年春，亚历山大由拜拉出发，率步兵三万，骑兵四千五百，渡海峡，向波斯进军。波斯内有危机，仓促应战，于克拉尼（前334）与伊苏斯（前333）相继被挫败。继后，马其顿长驱南下，占特洛伊（前332），入埃及，结欢埃及僧侣，成为埃及法老，建立亚历山大城。公元前331年春，马其顿侵略军队离开埃及，取道巴勒斯坦，至亚尔伯来地区，击败波斯大军。巴比伦、苏萨相继沦陷。公元前330

年，亚历山大进占柏舍波里城，把辉煌宫殿付之一炬，劫掠十七万达朗的财富。继后，亚历山大北上，追踪波斯帝王大流士三世，而大流士被部将残杀了。马其顿合并波斯，亚历山大成为波斯的统治者，由此结束波斯阿黑内尼德王朝。

亚历山大稳定波斯后，即向中亚细亚进军，经巴克特里亚，一直至大宛。但是马其顿到处遭遇人民的抵抗，尤其是反侵略英雄斯皮泰蒙，使马其顿多次受到惨重的损失。公元前 327 年，马其顿军队南下，入印度河流域，保洛斯虽然失败，却英勇抵抗侵略的军队。由于居民抵抗，军队思乡，行军困难[①]，加之暴雨、酷热及疾病，亚历山大不得不撤退，公元前 325 年回到巴比伦，除建立了据守的城堡外，其他是无所得的。

约有十年的时间，亚历山大建立起庞大的帝国，但是这个帝国没有统一的经济基础，仅只一个军事联合体。他依靠上层奴隶主，自居亚、非、欧三洲的统治者，却不得不沿袭旧的统治机构，起用降臣，鼓励士卒与当地女子通婚，但作用并不显著。公元前 323 年，亚历山大患恶性疟疾去世了，活了三十二岁。

亚历山大死后，马其顿将领各据一方，展开剧烈的斗争，公元前 301 年，在伊普苏斯战役后，安提柯失败，而帝国从此便分裂了。在不太长的时期内，形成三个国家，托勒密统治埃及，安提柯统治马其顿和希腊，塞琉古统治伊朗、两河流域及西亚，称塞琉古王国。

希腊的灭亡

亚历山大死后，随即发生以雅典为首的反马其顿运动，产生拉米亚战争（前 322），而雅典失败了。继后雅典又联合斯巴达与埃及，又发动反马其顿战争（前 266—前 263），雅典又失败了。这时，希腊处在马其顿统治下，内部仍是旧城邦，多数农民到破产境地。各个小

①克莱·达尔克（Clei Tarchus）说："马其顿人生还者很少，活着的都感到绝望。马蹄因长途损磨了，武器因多次使用不锐利了。"

国结成同盟，以维护现存的制度，埃陀利亚同盟与阿卡亚同盟便是这样形成的。前者在希腊的西北部，后者在伯罗奔尼撒西北部，两者同是反动的堡垒。

斯巴达一向是落后的，现在却变成民主运动的中心。由于公社农民的破产，斯巴达破毁财产平均制度，少数奴隶主发财致富，增长了群众不满的情绪。统治者鉴于破产人数增多，波及军队基础，影响国家前途，试行改革，安定农民情绪，借以阻止农民破产的继续发展，维持他们的统治。

国王埃吉斯四世（前245—前241）坚决执行改革：废除债务，免除沦为奴隶的危险；禁止出卖土地，阻止财产不平均的发展；扩大公民权，增强军队实力。这些改革遭受贵族的反对，终于失败，而埃吉斯牺牲了。几年以后，新王克莱奥米尼兹（前235—前221年在位）继位，继续执行埃吉斯的改革，采用暴力手段，举行政变，废除土地私有制，没收富人财产分给贫民，将公民权给外籍人，增强军队的实力。这种改革引起各地的民主运动，同时也激起奴隶主们的恐惧。阿卡亚同盟与马其顿联合进攻斯巴达，最后斯巴达失败，克莱奥米尼兹逃往埃及而被杀害了。

这两次民主改革失败后，斯巴达的社会问题日益严重。公元前207年，内比斯采用暴力，发动政变，不只依靠自由公民，而且还依靠奴隶。他驱逐富人，重新分配土地给农民和奴隶，建立起强大的佣兵，组织直接生产者到法定社团内，这便撼摇腐朽的奴隶制度。其所以不能及时过渡到封建制，由于奴隶制罗马的兴起，常时干预希腊的内政。公元前192年，内比斯检阅军队时为人暗杀了。

罗马支持希腊贵族，掀起反马其顿的活动。公元前168年，罗马战胜马其顿后，随即并入罗马版图。雅典与斯巴达已不起作用，科林斯象征没落的希腊，社会危机重重，却是反罗马的。公元前146年，罗马击溃阿卡亚同盟，毁科林斯，从此希腊受罗马监督，完全失掉独立了。

古代希腊的文化

（一）哲学：希腊古代的文化是丰富多彩的，对西方起着极重要的影响。公元前7—6世纪，希腊各城邦发展时，各种学派的哲学已形成，特别是米利都和以弗所。米利都的泰利斯，生活在公元前7世纪末，首创朴素的唯物论，认为万物源于水，经常在动，否认神为万物的创造者。

以弗所的赫拉克利特（前530—前470）系杰出的唯物论者，列宁语为"辩证法奠基人"，他主张"一切皆流，一切皆变"，一切在不断地生生死死。到德谟克里特（前460—前370）时，希腊唯物主义有进一步发展，他主张物质是原子构成的，原子是不可再分的粒子，常在运动，运动就是原子的本质。

公元前5世纪，诡辩派兴起，普罗泰戈拉克（前481—前411）为典型，他主张"人是万物的尺度"，一切可以因人而异。当时与唯物主义相对立的有苏格拉底（前469—前399），着重精神价值，要人认识自己。其次为柏拉图（前427—前347），著有《理想国》，极端反民主的。其弟子亚里士多德（前384—前322），知识渊博，摇摆于唯心与唯物之间，创立形式逻辑，在思想史上起着重大的作用。

（二）文学：当氏族社会解体，城邦制形成的时候，荷马的《伊利亚特》与《奥德赛》反映了时代精神，表现出自发的现实主义。公元前8世纪，诗人埃西奥德著《田功农时》，表现农民所受的迫害。在城邦形成的过程中，有的诗人作雄壮的进行曲，有的诗人歌颂爱情。班达尔（前521—前441）以抒情诗见称，成为希腊古诗的典范。在散文方面，有希罗多德（前484—前425）的《历史》，保存许多资料；修昔底德（前460？—前395？）著有《伯罗奔尼撒战争》，探讨史事发生的规律。德谟斯梯尼为雄辩者，煽动雅典人反抗马其顿。

公元前5世纪时，戏剧占主导地位，这同雅典民主生活分不开的。埃斯库罗斯（前525？—前456？）著《波斯人》和《钉链中普罗米修斯》，充满了反抗的精神。索福克利斯（前496？—前406？）著《俄狄浦斯王》，赞扬人的伟大，却又受命运的支配。在希腊戏剧中，欧里底得斯占有卓越的地位，更为现实，敢于批评，如："听人说天上有神，不！不！神是没有的！"阿里斯托芬（前446—前385）是伟大的喜剧家，著有《骑士》、《蜂》、《云》等剧本，与民间事件紧结合在一起，常使人深思与大笑。

（三）艺术：希腊奴隶制形成的时候，艺术有高度的发展，建筑、雕刻、绘画取得很大的成就。建筑上最突出的是波塞东海神庙，朴素而庄严，反映出团结的精神。伯里克利时代，雅典卫城的建筑群，系古代艺术最高的典范。菲迪亚斯为杰出艺人，在他指导下，伊克地纳斯建成雅典娜神庙，三角楣与腰线饰以杰出的雕刻。

当雅典全盛时，雕刻艺术发展很快，米隆的《掷铁饼者》表现出动的美，使人觉着铁饼要从手中飞出去。菲迪亚斯雕刻的《雅典娜》，宁静而壮丽，腰线与三角楣的雕刻表现出爱国的行动。波里克里托斯天才横溢，精确观察人体结构，雕刻成《荷枪者》。

公元前5世纪中叶，波里纳特在卫城的门上，绘伯罗奔尼撒战争的壁画。稍后一点，蔡若斯绘葡萄，形象逼真，人说有鸟飞来要啄走。古代希腊艺术有卓越的成就，成为奴隶时代不可逾越的典范。

（四）科学：古代希腊的科学经常与哲学混合在一起的。泰利斯是哲人，也是日蚀的推算者；毕达哥拉斯确定数的概念，却又将数运用到唯心的哲学中。公元前4世纪后，哲学与科学逐渐分离，欧几里德为数学界的领袖，著有《几何原理》，至今引为典范。阿基米德（前287—前212）系力学的奠基者，创制杠杆理论、圆周与直径比率。阿里斯达克（约前320—前250）提出地球绕日运行。基希纳为希巴尔人，推算出一年的时间，与今天只差七分三十秒。埃拉多斯西尼（前275？—前195？）著《地理》三卷，计算地球面积，接近实际；又研究海潮，主张由西班牙向西走可至印度。在奴隶时代，希腊的科学成就是辉煌的。

公元前后的中亚细亚、印度与埃及

一、古代中亚细亚与印度

中亚细亚的疆域是辽阔的，东起天山，西至里海，北起咸海，南至兴都库什山，构成向西倾斜的一块盆地。在这块盆地上，山岳占四分之一，多沙漠，而以卡拉·库姆为最大。这里气候干旱，河流稀少，较为著名的有锡尔河、阿姆河、杰拉扶桑河与德詹河。这些河流，有的注入湖泊，有的在沙漠中消失了。但是，从远古起，居民就利用这些河谷，修建水利工程，发展农业。

中亚最初的居民可能是土著，过着狩猎、畜牧与农业生活。土库曼所发现的遗物，说明远古居民早已能制造工具了。公元前 2000 年前后，操印欧语的游牧部落，由西伯利亚向中亚移动，其间主要有粟特人与巴克特里亚人。居于帕米尔高原的为塞种人，以后他们受月氏人的推动，向中亚南部发展，建立起塞斯坦与罽宾。与塞种人相邻为马萨革特人，居于里海之东，坚决反抗马其顿的侵略，随后分裂为阿兰与奄蔡人。我国西北部的乌孙与月氏人，亦即史籍中所称的赤狄，与中亚各部落有深切的关系。

巴克特里亚

巴克特里亚人为塞种之一，居于阿姆河上游，即阿富汗的北部与帕米尔的山区。他们逐水草转移，过着游牧生活。继后开始学习耕种，逐渐定居下来。巴克特里亚人有自己的语言，属于伊朗系统，《史记》说："自(大)宛以西至安息国，虽颇异言，然大同，自相晓知也。"这是很正确的。他们很勇敢，戴尖顶毡帽，穿紧裤，持自制的弓、短剑与特种斧头。

公元前8世纪，巴克特里亚已有繁荣的城市，巴尔克是其中最美丽的，系中亚的名城，建立在公元前708年前。当波斯帝国兴起后，一度向东方扩张，于公元前545至前539年间，居鲁士占领巴克特里亚，并宣布为波斯的一个省，列在省区表中第十七名①。公元前330年，马其顿征服波斯后，为了抵抗希腊的侵略，巴克特里亚总督贝索斯宣布独立。这种正义的行动，得到东北部游牧部族的支持，爱国的波斯人也投到贝索斯的这边，声势浩大，亚历山大侵略者必须重新考虑他的部署。

公元前330年的秋天，亚历山大越过兴都库什山，由南向北进攻贝索斯。贝索斯处境困难，向北撤退，遇有机会，予敌人沉重的打击，取得重大的胜利。继后马其顿采取分化政策，贝索斯为叛徒出卖而牺牲了。

粟特贵族斯皮达门继续斗争，多次挫败希腊人，收复玛拉干达，即今之撒马尔罕。亚历山大知地方武力强大，不得不采用武力与羁縻政策，收买游牧部族部分领袖，对抗斯皮达门，也在多次取得胜利后而被杀害了。从此，亚历山大用两年多时间，勉强统治这块地区，而这种统治是极不巩固的。

公元前323年，亚历山大死后，因为部将们的混战，马其顿帝国瓦解了。塞琉古统治东方，成为巴克特里亚的主人，经常遭受当地居民的反抗。公元前3世纪中叶，巴克特里亚总督狄奥多杜斯，利用塞琉古与帕提亚的矛盾，他以希腊人的身份，联合当地贵族，发动政

①巴尔克，我国古籍中译为缚底野。唐代段成式在《酉阳杂俎》中说到缚底野城是"古波斯王乌瑟多习之所筑也"。乌瑟多习为波斯帝王大流士之父，曾任巴克特里亚省长，他不是巴尔克城的创立者，却是这座名城的重修与扩建者。

变，进行独立运动，得到成功，但是很不巩固。既是奴隶主贵族的统治，又是外族的领导，巴克特里亚的政治常在动荡之中。公元前3世纪末年，欧提德姆利用粟特人的支持，夺取巴克特里亚的政权，击退塞琉古的入侵，缔结和约，塞琉古放弃侵略的企图。公元前189年，欧提德姆去世后，其子德麦特里继位，向南发展，侵入印度河流域，又向西扩张，占领伊朗的东部。当其向外侵略时，其部将欧克拉提德斯宣布独立。约于公元前175年，巴克特里亚便分裂成两个国家了。好景不长，二十年后，巴克特里亚陷入混乱局面，分裂成许多小国。巴克特里亚即《史记》中所说的大夏，论到大夏时，《史记》指出“无大君长，往往城邑置小长”，这证实于公元前2世纪中叶，巴克特里亚王国结束了。根据斯脱拉波记述，推翻希腊人统治者是北部游牧部族的塞种人，其中包括原有的粟特人，也包括吐火罗人。

贵霜王国

当马其顿侵入巴克特里亚后，经过长期的战争，农田与水利遭受到严重的破坏，许多居民逃入山区，又过着游牧生活，从事反抗外来的侵略。

公元前2世纪中叶，巴克特里亚分裂为两个国家。张骞到中亚时，大夏正处于分裂状态，已没有统一的政府了。《汉书》与《后汉书》都提到五翖侯分裂的情况，而贵霜翖侯为其中的最强者，居于特殊的地位[①]。

伽腻色伽一世是贵霜王国的创立者。其即位时间大约于公元前58年，统治了二十八年。他的继承者胡韦斯迦统治了四十年，大夏

①论说贵霜的资料不多，最主要的是范晔的《西域传》，说：“初月氏为匈奴所灭，遂迁于大夏，分其国为休密、双靡、贵霜、肸顿、高附凡五翖侯。后百余岁，贵霜翖侯丘就郤攻灭四翖侯，自立为王，国号贵霜。侵安息，取高附地，又灭濮达，罽宾，悉有其国。丘就郤年八十余死。子阎膏珍代为王，复灭天竺，置将一人监领之。月氏自此之后，最为富盛。诸国称之皆曰贵霜，汉本其故号，言大月氏云。”

依旧继续分裂，佛教开始传入中国。《魏略》说："汉哀帝元寿元年，博士弟子景卢受大月氏王使伊存口受浮屠经。"按元寿元年为公元前2年，大月氏王为贵霜王胡韦斯迦。此后三十年中韦苏特婆统治时期，贵霜王国仍处于停滞状态，货币流通不很广泛，仅在印度河流域发现过。

公元40年代，丘就郤着手进行统一，贵霜国势日渐强大，兼并其他翎侯的领土。借安息内部有事，丘就郤夺取高附及与之相近的罽宾。丘就郤死后，其子阎膏珍继位，统治了有三十多年，扫清希腊的残余力量，向印度进兵，一直至摩头罗。《后汉书》说到印度分裂状况："虽各小异，而俱以身毒为名，其时皆属月氏。"这时候贵霜疆域辽阔，北起花剌子模，南至恒河流域，成为中亚的大国。

阎膏珍死后，贵霜知名统治者为伽腻色伽二世，其统治时间约为公元125至150年间。伽腻色伽崇尚佛教，举行第四次结集大会。贵霜王国表面上是繁荣的，实质上却是极不巩固的。贵霜王国常受游牧部族的威胁，伽腻色伽晚年说，他臣服了东、西、南三方面，只有北方不能安定下来。

贵霜奴隶制经济有所发展。人民修整河渠，引水灌溉，农业很发达，产量很高，葡萄成为著名的产品。畜牧业很有进展，除家畜外，奇珍异畜，无所不有。从"阿姆河宝库"的什物中，贵霜的纺织、铸造与陶业有很高的技术，手工业很精巧。但是最值注意的是商业，巴克特里亚为亚洲大陆的中心，各国货物集聚与分散的地区，从中国到罗马有名的丝路，便经过中亚与波斯。当张骞到大夏，已看到蜀布与邛竹杖，并说其人善贾市。考古学者所发现大量的贵霜货币，便是商业繁荣最好的说明。贵霜经济繁荣的情形，从我国古籍中也得到证实。当宋云经过贵霜都城富楼沙时说："川原沃壤，城郭端直，居民殷多，林泉茂盛。"由此可想见当年的盛况了。

但是，我们不能美化过去。贵霜内部的阶级斗争是剧烈的，奴隶主的剥削是残酷的。伽腻色伽是大奴隶主的代表，据传说，人民不堪压迫，揭竿起义，将伽腻色伽扼死了。不论这种传说真实程度如何，伽腻色伽死后，贵霜王国陷入分裂状态，而以后的历史，只有零散的记述了。

公元229年（太和三年），《魏书》说："大月氏王波调遣使奉献，以调为亲魏大月氏王。"按，波调即韦苏特婆二世，印度河流域发现他的货币，证实了他是贵霜的统治者。也是在这时候，阿尔达希尔（226—242）建立起萨珊王朝，波斯成为中亚的强力，侵入贵霜王国。公元293年，柏古里石刻证明贵霜仍是独立国家，然仅占有喀布尔地区，小得多了。到356年，波斯柏舍波里石刻，有"塞琉古，喀布尔的最高裁判者"，说明喀布尔已非贵霜所有了。

5世纪初，哌哒，西史称"白匈奴"，自东北侵入，贵霜受到严重的掠夺，《魏书》说到贵霜，"其王寄多罗勇武，遂兴师越大山，南侵北天竺。自犍陀罗以北五国尽役属之。……太武时，其国人商贩到京师"。这说明在世祖时（424—451），贵霜国王寄多罗受 哒的压迫，南下入犍陀罗区域，形成一种偏安局面。继后465年， 哒举兵南下，贵霜也便结束了。520年（正光元年），宋云经犍陀罗，指出这个国家"为哌哒所灭，遂立敕勤为王，治国以来，已经二世"。所谓二世的时间，大致在470年前后了。由此，贵霜王国的灭亡是在5世纪的后半期。

在贵霜统治时期，从阿姆河流域至旁遮普，遗留下许多有价值的雕刻，习惯上称此为犍陀罗艺术。犍陀罗艺术是贵霜人民智慧的表现，它既受到印度的影响，也受到波斯与希腊的影响，而不是像西方有些学者主张只是受希腊影响的。

安息王国史

亚历山大死后，庞大的马其顿帝国随着分裂了，在波斯帝国的基础上建立起塞琉古王国。帕提亚人为马萨革特的联盟者，当他们侵入伊朗后，建立起帕提亚省，仍保持着游牧的习尚。他们经常与统治者对立,反抗暴力的统治。

公元前3世纪时, 帕提亚领袖安息反抗塞琉古王国的统治,宣布独立,建立起帕提亚王国,亦即我国史籍中所称的“安息”。公元前2世纪中叶,来特拉达梯改革军制,建立骑兵,巩固东方边境,安息王国逐步强大起来。这时候,来特拉达梯向西部扩张,抗拒塞琉古王国,进据两河流域,移都至百牢门。又过百年,奥洛德统治时,更向西扩张,移都至底格里斯河上的泰西封。从此与向东方侵略的罗马展开强烈的斗争。

公元前53年,罗马政变后,克拉苏被任命为叙利亚总督,抢劫东方的财富。罗马劫掠行动,遭受安息强烈的抵抗。当克拉苏战败后,安息断其首,作为剧中道具,以泄对罗马的仇恨。由此,安息继续向西推进,攻陷安都,形成与罗马对峙的局面。罗马帝国几经惨败后,奥古斯都改变武力政策,利用金钱与女色,笼络安息的统治者,以图挑拨内部的斗争与腐蚀安息的领导。但是,安息发现这种阴谋后,继续展开斗争,亚美尼亚成为斗争的交点,罗马又遭受新的挫折。罗马利用安息内部的矛盾,多次反攻失败,于公元123年与安息缔结和约,保持底格里斯河以西地区,但是这个和平是不稳定的。

安息与罗马争夺西亚有两世纪之久,其过程互有消长,为了奴隶主们的利益,涂炭劳苦人民。阿尔达班五世执政时,虽然击败罗马的进攻,却不能挽救安息的覆亡。公元226年,阿尔达希尔发动政变,攻陷泰西封,安息王朝从此终了,萨珊王朝建立。

安息的社会仍是奴隶制,保存着深厚氏族的残余。阿黑内尼德时期,奴隶来源,有的是当地居民,因穷困与债务沦为奴隶,称“般达克”,供家庭使用;有的是战争俘虏,称“安沙赫利克”,可以如货物来处理。安息奴隶制未得到充分发展,仍有原始公社解体的残余,人民依附贵族,含有宗法关系的因素。为此地方权力强大,经常与中央对抗,这同他的社会情况分不开的。

安息大部分土地是属于国王的, 掌握在贵族与寺庙的手中,形成大奴隶主。所余的土地由公社掌握，分配给农户，以便耕种及修建灌溉工程。农民的生活是惨痛的，接受了土地，不敢荒芜，长期依附在土地上。土地成了他们不可分割的一部分。

安息商业发达，《汉书》说其“商贾车船行旁国”，与印度、中国、罗马进行贸易。安息是亚洲贸易的中心，常受外部的影响，经济虽有繁荣，却是不稳定的。

安息有自己的语言，安息语后称碧尔维语，成为中世纪波斯的语言。安息人崇尚祆教，妇女蒙有面纱，男女界限极严。

3世纪至6世纪的伊朗

公元224年，阿尔达希尔得到伊朗贵族与祆教僧侣的帮助，反抗安息，两年后建立起萨珊王朝，占领了泰西封。阿尔达希尔实行中央集权制，继承安息的传统政策，坚决反抗罗马的侵略。当沙普尔一世统治时（241—272），波斯占领安都，俘获罗马皇帝瓦来里安及大军，并用以建造大堤，这说明波斯与罗马的斗争是异常剧烈的。

在内政方面，萨珊王朝与安息有所不同，着重中央集权制。主管财经的大臣、军队将领及祆教僧侣都是帝王的助手，过着豪华的生活。由于阶级分化，层层的剥削，许多自由农民的生活处于极度困难中。这引起被压迫人民抗议。在萨珊王朝统治初，波斯发生了摩尼教的运动，实质上是农民起义。

摩尼于215年生于两河流域。长大后，综合当时所存在的宗教，创造光明与黑暗斗争的二元论，通过不杀生、不荤酒、禁欲、简朴的生活，对统治者的奢侈进行一种批评，对他们的豪华进行一种抗议。摩尼反对国家的压迫，揭露社会的不平，他的学说迅速发展。沙普尔敬服其理论，曾追随十年，随后转向旧有的祆教了。萨珊迫害摩尼，摩尼去国。沙普尔死后，273年摩尼返国。祆教神职者憎其理论，将摩尼逮捕，处以极刑。其门徒受压迫，须逃往外国，摩尼教在国外发展，一部分传至埃及与西班牙，另一部分经中亚传入中国。

公元4世纪初，萨珊王朝经济有特殊的繁荣，掌握中国丝绸贸易，取高度的利润。罗马既不吸取往日的教训，又念念不忘东方，于363年罗马帝王乔维恩侵入波斯，结果死在标枪之下。若维安临时被士兵举为帝王，即刻缔结和约，撤退军队。此后不久，罗马帝国便分裂了！

哒兴起后，侵入贵霜王国，波斯受到威胁。萨珊名将查米尔给哌哒压力，迫使谈判，释放波斯的俘虏。但是，当时萨珊内部斗争更为严重，阶级斗争异常尖锐，许多奴隶放弃工作，反抗奴隶主们。5世纪初，长期灾荒，瘟疫流行，人民遭受各种灾祸，加速马兹达克的运动兴起。

马兹达克生于呼罗珊，他看到被压迫者的苦痛、贵族与僧侣的专横，主张废除私有制，因为私有制是人民灾祸的根源。原始公社是美好时代，必须重建公社所有制，人在经济与政治上也就平等了。马兹达克的理论吸引广大人民，甚至也吸引了国王喀瓦特本人。这不是由于国王的进步，而是他想借这种新力量削弱贵族的专横。到国王的反动势力巩固后，转而又迫害马兹达克运动。

事实正是如此。马兹达克运动以宗教形式出现，始于488年。伊朗北部势力较强，占领贵族土地，捣毁富室财产，重建农业公社，得到广大人民的拥护。这是新时代，虽然带有复古的彩色，实质是反抗奴隶制的。马兹达克是摩尼的继续者。殆奴隶制最后破毁，波斯转入封建时代。

科斯洛埃斯(513—579)鉴于马兹达克势力强大，采取高压政策，于528年底开始残杀马兹达克教徒。被杀害者大约有几千人，马兹达克也牺牲了。在大屠杀后，科斯洛埃斯实行税制改革，清查耕地，确定一年两次征收；在军事上，建立铁甲骑兵与正规步兵，加强中央集权制。波斯由奴隶制过渡到隶农制，这就是封建制的形成。

另一方面，中国丝绢输出，无论是经陆路与海路，完全由波斯垄断。拜占庭不放弃商业利益，它避开波斯，由也门获取中国丝绸。当突厥兴起后，康居利用突厥实力，迫使波斯放弃丝业的垄断，波斯拒绝。突厥转而与拜占庭勾结，怂恿拜占庭攻击波斯，遂产生二十年战争（571—590），双方损失是惨重的。此后波斯内部混乱，最后的波斯帝王为伊嗣俟三世（Yazdigird Ⅲ，632—651）。其时阿拉伯进攻波斯，于638年陷泰西封。642年又战于尼哈温，波斯失败。伊斯特洛德欲求康居援助，而木鹿省长马哈，于651年，将他暗杀了。随着，波斯古史也便这样结束了。

笈多王朝

当贵霜王国衰落时，于公元4世纪，旃陀罗笈多一世（320—335年在位）与梨车族联姻，“继承了以前为他妻子的亲属所握有的权力”，建立起笈多王朝。从此两个小王国得到合并，占据了整个摩揭陀与孟加拉的一部分。继后，其子沙摩陀罗笈多（335—380年在位）即位，力求印度政治的统一，征服恒河上游与中印度小国。由于这种威力，许多部落“支付各种捐税，服从他的命令”。笈多王朝威信逐渐提高，贵霜与锡兰可能成为同盟者。

旃陀罗笈多二世（380—413年在位）时，笈多王朝到极盛时代，高僧法显便是在这时候到印度的。笈多王朝实行中央集权制，下设省与县，行政单位是村，村长有实权，受县与省官吏的领导。法显说“王之侍卫左右，皆有供禄”。国王是世袭的，官吏是国王任命的，高级者多为皇族的亲王，文武职官是没有分别的。

在笈多时代，奴隶制已不适应社会的需要，封建因素逐渐增加，如封建的依附与土地集中。国王将土地赠送给高级官吏与寺院，作为食邑，食邑具有永久世袭性质。国王赐赠田宅、园圃、民户、牛犊，“并书铁券，王王相传，无敢废者”，这是《佛国记》中所提到的。铁券载明封地的四至及其他有关事项。但是，这是封建发展萌芽时期，法显说：“唯耕王地者，乃输地利；欲去便去，欲住便住。”种地者尚未附着在地上，只交纳赋税而已。

笈多王朝经济是繁荣的，有乘坐百人的大船，定期远程航行，海陆两方面与中国已有接触。冶金术很发达，可以树立七米多高的铁柱，至今未生锈。在农业上已实行轮作制，出现较大规模的灌溉工程。

公元5世纪中叶，印度开始受　哒进攻，笈多王朝疲于奔命。西印度各部落相继脱离，成为独立的小国家。塞建陀笈多(455—467年在位)死后，笈多王朝仅维持摩揭陀一小部分，成为偏安局面，到6世纪便完全结束了。再过百年，玄奘到印度，封建制度已成为主导的生产关系。

二、西亚与埃及

塞琉古

在亚历山大死后，经过部将们互相争夺，公元前312年，塞琉古建立起新的王朝，称塞琉古，承袭了马其顿帝国最大的部分，包括部分小亚细亚、叙利亚、巴勒斯坦、两河流域、伊朗与巴克特里亚等地。这个新国家貌似强大，却是十分复杂与软弱的。每个地区有自己传统历史、风俗习惯，而最重要的，不能减轻劳动者的负担，经常激起暴动。

当塞琉古(前312—前280年在位)即位后，着手进行改革，划全国为七十二个省区，有谓至多二十五个，统一货币，统一历法。这些措施，因为经济上没有统一的基础，起的作用也便微不足道了。

为了巩固东方的地位，塞琉古举兵侵印度，旃陀罗笈多王朝强盛，抗拒塞琉古，结果双方谈判五十年之久，放弃旧日马其顿所占地带，换取五百头战象。由于反希腊人的活动，约于公元前250年，大夏总督狄奥多杜斯独立，脱离塞琉古。安提奥古二世(Antiochus Ⅱ，前261—前246年在位)虽进军镇压，因为大夏与帕提亚联合抵抗，塞琉古遭受严重的打击。到安提奥古三世（前 223—前 187 年在位）时，为了控制商道，约于公元前 210 年，向东方进攻，欲征服大夏，反为大夏所击退，放弃侵略的企图。

在西方，从公元前 226 年起，长期进行叙利亚战争，前后经历五次，与埃及争夺东地中海地区。第四次（前 221—前 217），塞琉古失败，埃及占有叙利大部滨海地区。第五次，塞琉古利用埃及内部动荡，报复前次的失败，深入爱琴海。公元前 190 年，罗马正向东发展，击败塞琉古。从此塞琉古衰落了。

西亚经过长期战争，罗马虎视眈眈，塞琉古王朝无论是政治上还是经济上都陷入困境，居民不堪忍受苛捐杂税、高利贷剥削。公元前 168 年，耶路撒冷掀起马卡比父子领导的暴动，经过将近四十年的斗争，巴勒斯坦宣告独立。罗马支持反塞琉古的活动。安提奥古七世（前138—前 127 年在位）做复国的尝试，在与安息战斗中，全军覆没，自己也牺牲了。塞琉古疆土日蹙，处于瘫痪状态。公元前 64 年，罗马举兵侵入西亚，庞培未用很大的力量，便将塞琉古征服了。对居民来说，塞琉古代替波斯，而今罗马又代替塞琉古，不管更换多少统治者，他们都是受奴隶主剥削的。

此时，小亚细亚地区尚有许多小国，帕加曼即其一。公元前 301 年，伊普索斯战后，这个小国属于李西马克统治，公元前 284 年分裂出来，独立自主有一百五十余年。阿塔罗斯（前 241—前 197 年在位）统治时，利用国际有利局势，脱离塞琉古的统治。但是他又采取亲罗马政策，保持苟延残喘的局面。到阿塔罗斯三世统治时（前 138—前 133），完全依靠罗马，阿塔罗斯三世死时竟留遗嘱，将国家由罗马统治了。帕加曼是小国，在古代文化史上，由于所产的羊皮纸非常有名，便以帕加曼名羊皮纸了。此外，帕加曼图书馆藏有珍本二十多万部，成为古文化的中心，其收藏之富，仅次于埃及亚历山大博物馆。

托勒密时期的埃及

亚历山大死后，经过部将们的斗争，公元前305年，托勒密(Ptolemy I)正式即位,在埃及建立起新的王朝,一直到被罗马灭亡(前30年)。托勒密取得政权后,埃及成为海上的强国,保存了旧有的政治机构,笼络埃及贵族与僧侣,强化奴隶主的剥削。国王是最高的统治者,他的命令是神圣的,臣民必须服从。埃及的政治、神权与武力相结合,不允许任何人有所怀疑。财政大臣有特殊的地位,除财务外,掌管一切行政职务。

埃及土地是国家所有的。私有制是存在的,但是执行起来,却受国王限制,即国家干预一切活动。埃及的居民基本是王室的佃农,通过公社,政府管理他们的劳动,没有选择的自由,更没有退出公社的权利。埃及有多少土地是很难说清楚的,但是在一种文献中,于一千二百三十公顷中,王室占有七百公顷土地,余者为官吏与寺庙所占有。士兵的份地,质量低劣,面积亦小,不能与贵族相比拟。劳动人民生活很困难。公元前2世纪,埃及中部和尼罗河流域,除起义者外,许多农民避免苛捐杂税,抛弃家园,逃亡于荒漠。这种抵抗是发生了很好效果的。

在手工业与商业方面,埃及有很高的水平。造船业很发达,有的可容数千人[①]。对外贸易很发达,到处有兑换所,输出织物、纸草、玻璃、粮食等物品,输入多为奢侈品,如中国的丝绸与印度的象牙。对于工业与商业,国家采取专制制度,如榨油业为国家垄断,不准私人经营,价格亦由政府规定,其他日用重要商品,国家亦垄断专制,每年榨取到一万五千达朗。这是很重的剥削。

托勒密是埃及传统的保护者,希腊的影响是微不足道的。将近三世纪统治的时间,除纳克拉底斯与托勒密两城外,埃及没有城邦

①托勒密二世下令造一艘40桨战舰,长85.4米,宽11.59米,船头高14.64米。全船可容数千人。

式的城市。亚历山大城是新建的，也是古代最知名的，那是政治中心，埃及的首都，也是文化中心，云集各地的诗人与学者，其图书馆藏书有七十万卷，学术得到发展。亚历山大城有豪华的建筑、宽阔的街道、博物馆、体育馆等，港口建有著名的灯塔，吸收了各族人民的优秀传统。这是埃及人民的美德，愿与外族友好的。

在对外政策上，托勒密向外扩张，向地中海及叙利亚发展。这种政策引起塞琉古的抵抗，发生了多次战争。埃及有时取得成功，如公元前217年拉斐亚胜利，托勒密四世（前221—前203年在位）却付出重大的代价。

不仅只此，埃及人受外族与阶级双重剥削，不断逃亡，根据发雍一个乡的资料，由于农民逃亡，国王土地收入在五十年内减少一半。另一方面，埃及人民不断反抗，在托勒密六世（前181—前145年在位）时，于公元前165至前164年间，亚历山大城发生大暴动，领导者为帕托萨拉庇索，形势严峻，埃及人群起进攻。在亚历山大城失败后，在上埃及继续反抗，大批农民参加。虽然暂时镇压下去，托勒密的统治却削弱了。公元前80年，底比斯爆发起义，坚持三年之久，最后起义人民与历史名城同归于尽，而托勒密的统治已濒于崩溃的地步了。

由于税捐繁重，高利贷加深剥削，人民不断起义，托勒密的统治到灭亡的境地了。在困难情况下，托勒密王朝依靠贵族、军人与僧侣，维持摇摇欲坠的政权。到克娄巴特拉七世（前51—前30年在位）时，因罗马侵略，又因争夺王位，埃及实力削弱，罗马轻而易举地夺取了埃及。亚克兴战争后，克娄巴特拉不肯投降而自杀了，埃及沦陷为罗马帝国的一个行省。

古代罗马

一、古代意大利与罗马的形成

意大利的自然环境与居民

意大利半岛伸入地中海内，三面环海，海岸线长有六千七百公里。东临亚得里亚海；西濒第勒尼安海，较远处有撒丁与科西嘉两岛；南部的港湾，多为希腊人所占据。因此，意大利古代航海事业是发展较晚的。意大利的北部为阿尔卑斯山，有如“牢固的围墙”，借山谷与欧洲大陆相连。

意大利半岛约有三十万平方公里，亚平宁山像一根脊柱，由北向南，形成许多丘陵地带。较大的河流，北部为波河，可以航行，中部为第伯河，近海处兴起罗马城。这个半岛气候温和，土地肥沃，种植谷物、葡萄与橄榄，很早就成为农业国家。

意大利的居民是古老的，这从利古利亚的洞穴，“特拉马拉”、“维兰诺瓦”文化得到证明①。公元前9世纪末，伊达拉里亚人由北方移入，在意大利文化形成中起着重要的作用。由于各民族移动的原因，意大利至少有十二种独立语言。这说明意大利古代的居民是复

①“特拉马拉”，意为肥沃的土地，大约在公元前3000年前后，于波河流域发生的。“维兰诺瓦”系波罗尼亚城附近的地名，是意大利最初制铁的地方。这里所发现的古物与多瑙河流域的相似。

杂的。

伊达拉里亚优势时期

拉丁平原位于意大利半岛的西岸，系火山遗址，土质坚硬，宜于畜牧与农业。居民为拉丁人，治泽排水，顽强地与自然作斗争。他们于山岩或地形优良的地区，建造成简陋的城市，据传说有三十多个，而阿尔巴·隆加为重要城市，系宗教联盟所在地。

拉丁平原的北部，距第伯河入海二十公里处，有分散的七座小山。山上草木丛茂，山下又多池沼。拉丁人与萨宾人各据山头，开发这块地区。架木桥于第伯河上，这是运盐的大路，逐渐形成交易场所。这块场所初名维里亚，继后改名为罗马。

拉丁人占据巴拉丁山，萨宾人占奎利纳山。随着形势的发展，于公元前 8 世纪，拉丁人与萨宾人建立两个公社，进一步组成“七山”联盟，于是产生了罗慕洛与卡西乌斯共治罗马的传说，成为后日两个执政官的起源。罗马学者瓦宏以公元前 754 年为建城的年代，是没有足够的理由的。传说中的七王，除后三者为历史人物外①，其他大都是不可置信的。

当原始公社解体，生产力发展的过程中，拉丁平原南部沿海地带，满布着希腊移民城市，如那不勒斯、达林敦等，接触到希腊各城邦的文化。在拉丁姆的北部（今天的托斯坎纳省），住着伊达拉里亚人，他们在各部族中起着主导作用。伊达拉里亚人来自吕底亚②，工商业发展，远在公元前 7 至公元前 6 世纪间，建立起十二个城市，如

①传说中的七王及其在位时间分别为：1.罗慕洛（前 754—前 716）；2.纽玛（前 715—前 672）；3.杜路斯（前 672—前 640）；4.安古斯（前 640—前 616）；5.老达克文（前 616—前 578）；6.塞尔维·图里阿（前 578—前 534）；7.达克文二世（前 534—前 510）。

②希罗多德《历史》提到是从小亚细亚来的，见一卷九四节。1885 年，在勒摩诺斯岛发现的墓志与伊达拉里亚文字相近，加强了罗马从小亚细亚移入的论证。

爱维、塔奎尼等。他们已经进入阶级社会，称贵族领袖为“卢加蒙”，拥有最高的权力。城市联盟的领袖，享有无上的尊荣，着绛衣朱履，有十二扈从随行。其宗教麻痹广大的群众，僧侣用符咒、鸟飞、兽脏，借以占卜人的吉凶祸福。

公元前7世纪，伊达拉里亚人建立起强大的国家，统治了拉丁平原，罗马就是这个行省的都城，其名称的由来，出于伊达拉里亚的[①]。所谓王政时代，实质上是伊达拉里亚人掌握政权，统治了有一百多年。最后的三个国王都是历史性的人物。老达克文，罗马传说称他是“卢加蒙”；其继承者瑟维厄斯·塔利厄斯，根据1857年发现的壁画，他是伊达拉里亚人，推翻达克文的勇士马斯达尔纳。达克文二世为伊达拉里亚最后统治者，他以暴力迫害人民，人民不堪负担苛捐劳役，大约在公元前500年前后，将他逐走了。

传说中所谓“瑟维厄斯·塔利厄斯的改革”是伊达拉里亚人统治时，不同措施的综合。在氏族社会解体过程中，每五年举行居民财产登记，按五种财产“级别”划分，占二十犹格（五公顷）土地者为第一级，以此为准，有四分之三者为第二级，二分之一者为第三级，四分之一者为第四级，八分之一者为第五级。居民没有土地者只按“人头”来计算。城市与郊区划为四部分，按财产与地区分配兵役与劳役，没有土地者充任非战斗性工作。全数为一百九十三个百人团，亦即罗马军队的两个军团。恩格斯对此改革说：“这样，在罗马也是尚在所谓王政废止以前，以个人血统关系为基础的古代社会制度便被破坏了，代之而创立了一个新的，以地区划分及财产差别为基础的真正的国家制度。”[②]

平民与贵族的斗争

当罗马氏族解体的时候，据传说有三十个库里亚，形成库里亚

①罗马（Ruma）原出于伊达拉里亚，与Ruma氏族有关。

②恩格斯：《家庭、私有制和国家的起源》，人民出版社，1954年，125页。

会议,由国王召集,表决重大的事实,非氏族的平民是不准参加的。每个库里亚有十个氏族,总共有三百个氏族。这样整齐划一,似有人为的因素,主要适应军事的需要。氏族首长夺取公有的土地与财富,氏族中的贫困者沦陷到被保护的地位,通称为“食客”。食客与平民不同,食客可用氏族的名字,死后可葬在祖坟;而平民处在公社之外,他们是被征服的居民或自外移来的,既没有氏族组织,又没有集体经济,因而不能参加军队,与贵族是完全分开的。

公元前5世纪初年,罗马奴隶还不多,只承担些家庭工作。所谓罗马人民,实质上为氏族的贵族,他们所压迫的不是奴隶,而是平民。平民没有政治上的保证,因为穷困,随时有沦为债务奴隶的危险。在王政推倒后,罗马十几个贵族家族,如发比阿、发勒略、克劳狄等,力图保持他们原有的地位,占有新获得的公有土地。平民中的富有者,如李锡尼等,竭力要求政治上的平等,担任高级官吏,与贵族通婚。平民中的中下层乐于支持这种要求,展开剧烈的斗争。据传说,在公元前494年,城市平民起来斗争,退居圣山,建立新城与贵族对抗。贵族知道形势严重,被迫妥协,设立两个保民官,有否决权,保护平民的利益,反对贵族的专横。

制订法律是平民与贵族斗争的另一种形式。公元前452年成立十人委员会,经过斗争,由五个平民与五个贵族所组成,阿·克劳狄任主任委员。公元前450年,制订《十二铜表法》,原文没有传到今天,除了罗马法学家引用的个别条文。这个法典是古老的,将习惯法加以系统化,守着“以眼还眼”的原则。公元前445年,卡努优斯为保民官,对《十二铜表法》提出修正,取消与贵族通婚的限制。次年,开始选举具有执政官权力的军事保民官,通常为六个,仍未获得元老院议员的资格。元老院是贵族权力机关,实质上是很保守的。公元前443年起,平民经过斗争,取得如下权利:参加监察官,掌握户籍调查,评定财产,编制元老名单,有权撤销不合格者。权力是非常广泛的。也是在这个时候,为了处理国家特殊局势,罗马可设立独裁官,集权一身，权力无限，但半年必须交卸职权。

由于罗马发生动乱，保民官李锡尼与绥克斯图要求改革，于公元前 376 年提出法案。第一，罗马公民以平等身份使用公地；第二，减轻债务人的负担，所付息金由母金中扣除，余者在三年内还清；第三，恢复两执政官的选举，其中一人应由平民担任。这些法案，经过十年多的斗争，平民始取得胜利。公元前 326 年，罗马通过重要的法律，禁止使罗马公民负债者沦为奴隶。这项法律与梭伦的改革相似。从此罗马奴隶来源主要是俘虏，是外籍人，而不是罗马公民。由此罗马氏族制度受到摧毁，平民与贵族的差别也几乎消失了。

意大利半岛的统一

当伊达拉里亚人被驱逐后，罗马须集聚力进行最残酷的战争，从公元前 447 年起延续到公元前 366 年，征服了伊达拉里亚人。

公元前 4 世纪初年，高卢人越过阿尔卑斯山南下，深入罗马境内，取得辉煌胜利。不得已，罗马予高卢人重金，使之撤退，随后罗马编造了许多传说，粉饰自己的惨败。

在内部斗争的同时，罗马侵略邻邦，创立了最完备的军队。公元前354 年，罗马与萨姆尼特缔结同盟。到公元前 343 年，坎巴尼亚反抗萨姆尼特的侵略，请罗马援助，罗马虽感到左右为难，为了自己的利益，便发动与萨姆尼特的战争。战争前后经过三次（前 343—前 341，前328—前 304，前 298—前 290），最后由执政官顿泰塔斯指挥，取得决定性的胜利。

由于罗马自意大利中部兴起，侵占了坎巴尼亚，逐渐威胁希腊的殖民地，与达林顿发生剧烈的冲突。达林顿鉴于所处的困境，请庇洛斯援助。庇洛斯国王于公元前 280 年率两万重兵，配二十只象，到意大利南部击败罗马军队。次年，第二次会战发生，罗马失败，但是庇洛斯也坦白承认："要再来一次这样胜利，那我就没有军队了！"

庇洛斯得意忘形，渡海征西西里岛。他在西西里停留三年，没有什么成就，而罗马与迦太基联合，积极准备，于公元前 275 年，庇洛斯再返意大利时，罗马人在贝尼温杜姆严阵以待，彻底击败庇洛斯。庇洛斯没有军队，没有钱，不得不逃回希腊。三年后，他死在阿尔哥斯巷战中。罗马自陆地，迦太基自海上，双方合力包围达林顿及庇洛斯的残部，于公元前 272 年，使他们全部投降罗马，结束了意大利半岛的分裂，地中海强大的帝国形成了。

罗马与迦太基的斗争

公元前 3 世纪，罗马人已征服了意大利半岛，北起卢比康河，南至麦西纳海峡。但是，罗马人采取谨慎的态度，建立一种“同盟”关系，即在战争时提供一定数量的军队，在内政上仍保持一定的自主。罗马人力图在海上扩张，争夺市场与奴隶。这时候希腊奴隶制开始瓦解，斯巴达不断发生民主运动，而迦太基在地中海西部与北非，拥有广大的殖民地，成了罗马海上扩张的障碍。迦太基为腓尼基的殖民地，罗马人称腓尼基为“布匿”，所以与迦太基的战争，亦称布匿战争，前后经历三次，罗马建立起西方的世界霸权。

由于西西里岛麦西纳问题，公元前 264 年，第一次布匿战争开始了。罗马经过两年战争的经验，认识到没有足够的海军是不能与迦太基作战的。罗马决心建造一百二十艘战舰，船头装置吊桥，上有扣钩，与敌人接近时，扣在船上，如在陆地战斗。这样于公元前 260 年，罗马取得海上的胜利。战事在海陆进行，双方互有胜负。公元前 241 年，罗马击败迦太基舰队后，第一次布匿战争结束了，罗马占据了西西里岛。

迦太基认识到罗马的危险，准备与罗马作战，公元前 237 年，哈米尔卡率大量军队至西班牙， 建立政治与军事根据地。当公元前 221年，其子汉尼拔掌握军权后，发动第二次布匿战争（前 218—前 201）。他率领迦太基精锐部队（步兵五万，骑兵九千，象三十七头），由西班牙北上，经高卢，越过阿尔卑斯山，到达意大利北部，先后击败罗马军队于特列比亚河与特拉西梅诺湖畔。公元前216年发生了著名的坎尼大战，迦太基以少一倍兵力，善于围攻，消灭了罗马的大军。

汉尼拔虽然取得很多胜利，但是最后的胜利还是属于罗马的。汉尼拔估计意大利各族人民起义，可是内部矛盾尚未到爆发的程度；相反的，迦太基奴隶占有制比罗马更高，矛盾更深，罗马避开汉尼拔常胜的队伍，进攻西班牙，不断取得胜利。公元前205年，西庇阿被举为执政官，次年率军渡海征迦太基。迦太基看到危机，命汉尼拔撤退，于公元前202年，发生剧烈的札玛战争，迦太基失败了，汉尼拔逃往小亚细亚。从此，罗马成为地中海的强国。

不久以后，迦太基重新恢复起来，但已不是罗马的对手。但是，它在商业上却威胁到罗马。伽图决心消灭迦太基，在任何场合下，他讲话的结尾总说："此外，要消灭迦太基！"公元前149年，罗马发动第三次布匿战争。在这次战争中，迦太基人英勇捍卫自己的独立。罗马围困迦太基三年，迫于饥饿，罗马攻陷这所名城，而将他毁灭了，大多数迦太基人变为奴隶，这是一次最残酷与最不义的战争。

二、罗马的扩张及其共和制的颠覆

公元前2世纪的罗马

第二次布匿战争以后，罗马成为西方世界的强国，很顺利地征服了希腊和其他国家。当罗马与迦太基第二次战争时，公元前215年，马其顿国王腓力与汉尼拔缔结同盟，抗拒罗马。罗马利用埃陀利亚亚同盟牵制马其顿。公元前205年，双方结约讲和。

当札玛战争结束后，汉尼拔至小亚细亚，策动反罗马的活动。罗马知马其顿的不可靠，发生第二次战争，于公元前197年利用希腊，击败马其顿，宣布希腊独立。罗马有一定的策略，他们不只使希腊人忠于罗马,更重要的是使希腊人与叙利亚对立起来。

塞琉古国王安提奥古,既不放心埃及,又欲染指希腊,与罗马处于对立的地位。罗马支持希腊的贵族派,反对希腊的民主派,最后使希腊从属于自己。公元前 195 年,汉尼拔依靠安提奥古,直趋小亚细亚,于公元前 189 年,西庇阿击败安提奥古的军队,成为西亚举足轻重的政治力量。

腓力去世后(前 179),其子珀尔修斯继位,又掀起反罗马的活动,结果产生了第三次罗马与马其顿的战争,罗马取得胜利(前 169),马其顿从此灭亡了,成为罗马的一个行省。

经过一百三十多年的扩张,罗马已不是一个城邦,而是地中海奴隶制的强国,奴隶制得到空前的发展,却隐伏着严重的危机,迦太基与希腊是望尘莫及的。每次战争结束后,奴隶商人获得大量的奴隶,德洛斯为有名的奴隶市场,每天出售奴隶几千名。因为奴隶数量的增加,大量使用奴隶劳动,供过于求,奴隶价格低落,因而有“像撒宾人那样便宜”的谚语。罗马人是公民,不准因债务而沦为奴隶,这是平民斗争的结果。但是在罗马征服的地区或殖民地,其居民不完全是罗马的公民,而成为罗马的奴隶。

公元前 2 世纪,由于赔款、掠获、赋税,罗马变成金融集中的国家,实行包税制。这是一种投机事业,承包者预付大宗现款,居民受到残酷的剥削,利息高到百分之四十八。农民地位恶化,常年战争,负债过重,破产者流入城市,变为食客或乞丐了。这时候,罗马的实权掌握在贵族与骑士的手中。公元前 218 年,《克劳狄乌优斯法案》禁止元老院议员经商,骑士阶层稳固地掌握金融,形成社会上强大的力量①。罗马社会的阶级斗争是尖锐的,矛盾重重。罗马有奴隶主与奴隶的矛盾,有罗马人与被征服者的矛盾,又有罗马人与意大利人的矛盾,以及贵族与骑士内部的矛盾。骑士于此时已成统治集团

①普鲁塔克论克拉苏说:“财富的较多部分是从火焰与战争中捞来的,他利用社会灾难,作为大利润的累积手段。”

的成员，仅次于元老院的议员了。罗马社会是非常不安的，奴隶起义已成不可避免的事实。

西西里岛两次起义

公元前137年，西西里岛的叙利亚人，不堪生活的苦困，举攸努斯为领袖，在海纳城掀起大暴动，杀死大奴隶主达摩底勒。同时在岛的西部，克莱温起来响应，组织奴隶与攸努斯会合，挫败罗马的军队。起义者成立"新叙利亚王国"，保护农民。罗马看到形势严重，增派大军镇压，克莱温在战斗中阵亡，攸努斯被俘，随后死于狱中。公元前132年，西西里岛第一次奴隶起义被镇压下去了，但是他的影响却是巨大的。

西西里岛的奴隶起义，加剧了贝加曼的社会危机。国王阿达路斯是亲罗马的，公元前133年，他死时留有遗嘱，将王国传及罗马。这种荒谬的措施，激起阿里士多尼库斯的反抗，他举起反罗马的大旗，建立起太阳国，在这个国度里人都是平等的。公元前130年，罗马为了巩固自己的地位，集聚所有的力量，向贝加曼进军，击败起义的军队，将阿里士多尼库斯处死了。

西西里岛奴隶起义的条件依然存在。公元前104年发生了第二次起义，也是在两个地区爆发。领导中部起义的是叙利亚人萨维斯，奴隶出身，马上聚集到两万多人；领导西部起义的为雅典尼，是小亚细亚出身的奴隶，不久便达到一万多人。两相会合，举萨维斯为王，雅典尼为总指挥，以特里奥卡为都城，经常挫败罗马大军。公元前102年，萨维斯去世，雅典尼独当大局，罗马派大军镇压，雅典尼阵亡后，起义大军始被扑灭。罗马将一千名奴隶运到罗马，要他们做斗兽场的角斗士。他们不愿为罗马人开心而自杀了，这是奴隶起义史上壮丽的一页。

这次西西里岛的起义，影响本都人反罗马的统治。本都是小亚细亚的小国，却做出有声有色的事件。国王米特拉达德利用起义人民，占据小亚细亚，根据他的命令，杀死罗马人有八万多人。他解放奴隶，废除债务，依靠起义的奴隶与贫民，与罗马对抗。公元前 85 年夏天，苏拉远征东方，始缔结了和约，本都被迫退还所占的土地，战争没有结果，意大利仍有许多严重问题，需要解决。

意大利的农民运动与军事独裁的建立

奴隶主沉重的剥削，使意大利的农民负债过重，濒于破产。即使有法律规定，罗马人不能因债多而沦为奴隶，但农民迫切要求土地，以解决生活问题。农民因债务不能服兵役，军队日渐减少，有些贵族明白土地问题的严重性。

公元前 133 年，提比略·格拉古被选为保民官后，提出土地法案。即公田所有者，不得超过五百犹格，所余土地须交还国家，以每份三十犹格分给农民，不得转卖。贵族仇恨他的改革，乘选举保民官时，进行大屠杀，将提比略与三百多同伴杀害了。

改革过了十年，公元前 123 年，提比略之弟盖约·格拉古被选为保民官，继续执行土地改革。由于格拉古兄弟的各种措施，意大利有八万多人得到土地。盖约提出谷物律，使粮价低于市价；又提出裁判律，为骑士阶层夺取裁判权；他希望得到意大利人民的支持，试图赋于罗马的同盟者以公民权。由此盖约引起罗马人的不满，贵族乘机镇压，屠杀三千多人，盖约为了不落在敌人的手中，命令奴隶将他打死了。

盖约死后，份地被允许出卖，许多农民破产，变为流氓无产者，依靠富人的施舍。没有罗马公民权的农民，发动“同盟战争”，于公元前90 年开始，经历两年，有马略与苏拉等的胜利，终于赋予意大利人罗马公民权，加速了罗马化的过程。

在奴隶暴动与农民问题严重的时候，罗马贵族与骑士的矛盾尖锐起来。当北非朱古达起义时，马略以普通身份，骁勇善战，提升为执政官。继后，他参加对森布里与条顿的战争，也参加过同盟战争，由于实际需要,将征兵制改为募兵制,扩大军队的来源。为了巩固自己的地位,他与贵族的女儿结婚。马略第六次被举为执政官,充当骑士的代表,成为特殊人物,遭受贵族的忌恨。于是贵族举苏拉为代表,借以对抗。苏拉出身贵族,受过好的教育。当同盟战争结束后,本都问题发生,贵族与骑士各欲派遣自己的代表,因而苏拉与马略发生冲突。起初,元老院任命苏拉远征,由于骑士的反对,改由马略统帅。苏拉拒绝服从命令,率军占领罗马城。在武力压迫下,苏拉又重新被任命远征,向东方出发了。在此期间,马略宣布奴隶为自由人,组织奴隶占领罗马,第七次被任为执政官。随后马略便去世,西纳掌握罗马政权者有三年,民党又重新抬头了。

公元前 83 年春,苏拉从东方回到罗马,建立起独裁政权,实质上罗马已变成一个君主国家。表面上罗马仍维持着共和制度。元老院误认苏拉的独裁是暂时的,利用他镇压国内的人民。苏拉与贵族关系很深,公元前 79 年,苏拉宣布交卸独裁政权,退出政治舞台,一年后他也就死了,得到贵族的推崇。

斯巴达克起义

苏拉死后不久,罗马国内外形势变得紧张了。小亚细亚与西班牙相继发生暴动,但是,国内斯巴达克的起义,声势浩大,震撼罗马,从公元前 74 年到公元前 71 年,延续了三年之久。

斯巴达克是色雷斯人,在加普亚当角斗士,不堪压迫,他联络高卢人起义。他真做到了登高一呼,四面响应。在短期间,斯巴达克便集聚了七万多人,击溃克劳狄乌优斯的围攻。斯巴达克率领大军北上,由于意见分歧,只好又退返南方。斯巴达克又谋渡海到西西里岛,海盗欺骗他,没有实现运输的诺言。起义军队不能团结,高卢人与日耳曼人分裂出去,意大利人没有消灭奴隶制度的企图,而只想夺回失去的土地。罗马乘这种机会,竭尽全力,派庞培与路库路斯,率领大军,协助克拉苏镇压起义者。经过多次战斗,公元前 71 年春,斯巴达克在战斗中牺牲了。罗马人折磨被俘的奴隶，钉死在加普亚大路上有六千多名。起义被镇压了，但是历史意义却非常重大的。

很多史料说明，斯巴达克是精明的领袖，人格高尚，到处保护人民。因而奴隶主们恐惧万分，被迫改变他们剥削的办法，将土地租给破产者，使农民依附于大奴隶主。这是佃农的由来，佃农便是隶农，这是封建制度的萌芽。

共和政治的颠覆

经过斯巴达克的起义，罗马奴隶主们力图恢复像苏拉那样铁的统治，但是一时很难做到。因为罗马政权操在克拉苏与庞培的手内，他们有矛盾，互相仇视。他们都是贵族，又都是苏拉的将领。

这时候，朱利亚·恺撒声誉渐高，成为罗马的活动家。他虽然是贵族出身，因他姑父马略的关系，将自己扮成民主制度的拥护者。公元前66年，庞培被任出征小亚细亚，取得胜利，而米特里达德全家服毒自杀了。这时候罗马形势动荡，要求废除债务，发生加底利纳的密谋。虽然元老院平定密谋，却怀念强有力的政权。

公元前60年，恺撒从西班牙返回罗马后，看到形势的需要，利用元老院对庞培强硬政策，结合庞培与克拉苏、恺撒，形成三人的密盟，瓜分罗马政权。庞培势力最强，留居罗马；克拉苏出征侵略亚洲，不久在与安息人作战中被消灭了；恺撒被任命征服高卢。从公元前58年秋天起，恺撒向高卢扩张，在七年中，经过多少次征伐，镇压多少次起义，如对高卢民族英雄维桑多利克，终于将高卢并入罗马版图，同时增强了恺撒的政治地位。因此，对庞培来说，恺撒变成严重的威胁。公元前49年，恺撒返回意大利，与庞培发生战争。这次斗争实质上是马略与苏拉斗争的继续，议员们支持庞培，骑士们支持恺撒，斗争的结果，庞培失败了，他逃往埃及，并在那里被杀了。

恺撒是苏拉后第二次建立起独裁政权。在他心目中，共和早已倾覆了。从他致元老院的信中，不自觉间，骄情溢于言辞[①]。公元前47年秋，恺撒返罗马，任十年独裁。随后消灭庞培的党羽，向北非与西班牙进行战斗，取得胜利。公元前 45 年，又被任命为“终身独裁”。他建立行省制，制订税则，改革历法，罗马逐步走上帝国的道路。但是，恺撒的专制太露骨了，他估计自己过高，估计元老院势力不足，结果于公元前44 年，恺撒被一部分议员暗杀了，从此共和政治也便覆灭了。

三、罗马帝国

罗马建立君主专政

恺撒死后，政权又落在武人的手中。公元前 43 年，实力派安敦尼、雷比达与恺撒养子屋大维，结为第二次三人政治。事实上仍是武人的割据，安敦尼取东方，雷比达取北非，屋大维取西方，意大利为三者共管的地方。

塞克斯都·庞培利用他父亲过去的影响和奴隶的支持，发动起义，声势浩大，不论塞克斯都的目的如何，奴隶是主要参加者，可以说是西西里岛的“第三次起义”。屋大维采取镇压方式，公元前 36 年出动大军，击败起义者，塞克斯都逃往东方而为人暗杀了。罗马的奴隶主视屋大维为救星。同时，也便加深了与安敦尼的矛盾。

经过公元前 31 年亚克兴的海战，安敦尼失败，逃往埃及而自杀。公元前 30 年，罗马政权全部掌握在屋大维的手中。屋大维以隐蔽的方式，建立起帝政，采用“奥古斯都”衔，意为“神圣的”，成为罗马的第一人。他处事非常谨慎，表面上尊重罗马法律，采用怀柔政策。

奥古斯都执政时期，罗马帝国兼并了埃及、小亚细亚、北非若干

①恺撒致元老院信中，相传只有三字，其意为：“我回来，我看到，我胜利。”原文为：Vemi，Vidi，Visi。

地区，这是没有重大意义的，因为这些地区早已在他的势力范围内。罗马帝国，在恺撒征服高卢后，又出兵征服日耳曼地区，却遭受严重的挫败。罗马国家是由城邦演变成的。在当时人力与物力条件下，罗马已达到极限而再不能扩张了。奥古斯都统治了四十三年，采取防守政策，维持奴隶制，竭力保存原有的领土与威信。关于继承问题，从罗马传统来说是不存在的，但是在骨子里，奥古斯都却十分重视。公元13年，底柏里优斯被确定为继承者，系李维亚第一次结婚所生之子。从此开始元老院与皇帝之间的斗争。

从奥古斯都到其继承者，骑士等级的概念改变了。骑士们变为帝国的官吏，而元老院的议员却依旧是罗马的贵族。皇帝是大地主，其领地分布在各省，采用隶农制，这是较为先进的生产方式。为了扩大皇帝的社会基础，皇帝依靠的各省贵族，同样也采用了隶农制。但是，议员们却抓住旧传统，沿袭旧的生产方式，保持优势，不愿与各省贵族分享政权。因而，从底柏里优斯继承起，皇帝经常杀害议员，而议员发动阴谋对付皇帝，事实上加利古拉与克劳狄乌优斯都是为阴谋害死的。

在尼禄执政期间（54—68），元老院与皇帝之间的斗争更加尖锐了。尼禄采取高压政策，处死许多议员，哲人辛尼加也是牺牲者之一。经过多年残酷的剥削，流氓无产者充满街关。公元64年夏天，罗马发生大火。大火后，有人谣传是尼禄下令放火的，事实却好说明群众对政府的不满。为了事态不致扩大，政府安定人心，说大火是异教徒放的，借此处死很多异教徒。公元66年，巴勒斯坦犹太人起义，反抗罗马的统治。罗马派韦伯芗远征，占领耶路撒冷。在此期间，各省暴动，尼禄无力应付而自杀了，这是在公元68年。

尼禄死后，野心家企图篡夺政权，开始武装斗争。东方贵族与军队举韦伯芗为皇帝，开始了所谓弗拉维王朝。

韦伯芗即位后（69），留其子提图斯继续镇压犹太人。他整顿军队，紧缩开支；依靠地方贵族，拟订元老院议员名单；坚决与保守派作斗争。他确定帝王的法令与元老院批准是同样的。在其子提图斯继位的那年（79），维苏威火山爆发，造成巨大灾害。81 年，其弟图密善即位后，继续与罗马贵族斗争，斗争很剧烈，而为贵族暗杀了。弗拉维王朝于96 年也便结束了。

继弗拉维王朝而起者，史称安敦尼王朝，统治了将近一个世纪。罗马奴隶社会，表面上繁荣，实质上却隐伏着危机。大地产制，即隶农制得到发展。奈尔瓦高龄，起用西班牙人图拉真，以其战功卓著，作为养子，继承了罗马的元首之位。图拉真（98—117）统治期间，侵略达西亚（今罗马尼亚），将拉丁语传过去。又去侵略两河流域，遭受安息人的抵抗，被迫停止了侵略。到哈德良（117—138）即位后，罗马与安息缔结和约，退出两河流域。这时候，官僚制有所发展，继续与贵族斗争，帝王的意志就是法令。

公元 2 世纪中叶起，罗马发生变化，各省人民起义，埃及就是证例。北方民族移动，威胁帝国的安全。各地城市繁荣，罗马城已不是西方的中心。这些事实，意味着帝国处在崩溃的前夕。到 2 世纪的后半期，马库斯·奥里利厄斯（161—180 年在位）为罗马皇帝，系杰出的人物。但是，帝国矛盾重重，日耳曼人突破边境，侵入意大利北部，形势十分严重。罗马不敢正面抗拒，须自达西亚袭击日耳曼人背后，始暂时解除威胁。公元 180 年，其子科莫德斯继位，更无能为力，192 年安敦尼王朝也便结束了。

在此期间，我国称罗马为大秦，《后汉书》论到时，称其王“常欲通使于汉，而安息欲以汉缯彩与之交市，故遮阂不得自达。至桓帝延熹九年，大秦王安敦尼遣使自日南徼外，献象牙、犀角、玳瑁，始乃一通焉。其所表贡，并无珍异，疑传者过焉”。按，延熹九年为公元 166 年，他们是由海路到中国的。

罗马帝国初期的经济

奥古斯都统治后，生产技术上有改进，如水磨、滑车、割谷器等的使用。工作程序亦较前精细，冶金、陶瓷、玻璃、呢绒都有所发展。但是，在生产方面，仍是使用奴隶来带动。各省经济发展较快，埃及、希腊、西班牙、高卢等地，工商业蓬勃发展，扩大了帝国对外的贸易。

但是，罗马的奴隶主仍然抱着旧观点，剥削奴隶，而柯鲁美拉在《论农务》中指出：奴隶对劳动不感兴趣，农业日趋凋敝了。在罗马帝国扩张到极限的时候，战争俘虏日渐减少，奴隶来源缺少，再用奴隶劳动是不可能的。罗马帝国成立几十年间，大地产制发展很快，奴隶生产已是不可能的。在破产农民增多、奴隶获得份地的情况下，隶农制逐渐占据优势，给封建制度提供了前提。

罗马帝国初期，隶农制是一种过渡的形式，隶农还是自由的佃农。到罗马帝国灭亡时，他们被束缚在土地上，尽管在法律上与奴隶不同，却没有权利可言了。

这时候，在隶农制发展的基础上，罗马帝国各省的经济高涨起来，贸易发展很快，商业城市繁荣，连罗马最痛恨的迦太基也开始复兴了。各省的繁荣远超过罗马，但是这种繁荣，仍属于自然经济范畴。因此，经济的高涨，并不能导致国家的统一，相反地却促成帝国趋于分裂。公元 2 世纪时，隶农已成为主要劳动力，较奴隶制有改善，却比封建农民生活苦痛。实行隶农制的地主们，也希望脱离帝国的统治。罗马帝国的分裂与灭亡是必然的。

罗马的文化

公元前 5 世纪中叶，罗马的《十二铜表法》是奴隶主利益的辩护书。其保护私有制的思想，在资产阶级社会里起的作用是很大的。

在文学方面，无论是喜剧与悲剧，都是模仿希腊。公元前后，散文与诗比较有独特的发展。西塞罗的演说，铿锵有力；恺撒的《高卢战记》，文字简洁。奥古斯都时代，维吉尔（前 70—前 19）作《埃涅阿斯纪》，成为拉丁文学中重要的作品。抒情诗人奥哈斯（前 65—公元 68），系被解放奴隶的儿子，作《颂歌》，充满了风韵。奥维德（前 43—

公元 17)著《变形记》,文辞秀丽,叙述许多神话,成为优秀的作品。

在史学方面,李维(前 59—公元 17)著《罗马史》,现存三十五卷,赞扬古老的传统。1 世纪末,塔西陀(约 55—公元 120)著《日耳曼尼亚志》,正确地叙述了日耳曼人的风俗。又著《编年史》与《历史》,分别记述了奥古斯都与弗拉维王朝,反映出史学的才能。普鲁塔克(46—120)著《传记集》,喜述奇闻逸事,形成心理的描写。

在哲学方面,罗马深受希腊的影响,西塞罗为代表之一。哲学界的突出者为卢克莱斯(前 99—前 55),他著有《自然事物》六卷,反映出朴素的唯物思想,重视劳动工具。辛尼加(前 5—公元 65)崇尚智慧,要人保持精神的安定。在社会暗淡的时候,皇帝马克·奥勒略著《沉思集》,要人克制欲望,做一个道德高尚的人。

罗马人是讲求实用的,所以罗马成为强国后,竭力表彰他的实力,以服务于统治。在建筑上,先后建立政议场、凯旋门、神庙等。韦伯芗的竞技场可容五万人;提图斯的凯旋门,刻着铭文与浮雕;图拉真的纪功柱,表现出当年战争的情形。帝国繁荣时期,在建筑上表现出豪华的风气。

在科学方面,伽图(前 234—前 149)著《农业志》;瓦罗(前 116—前 27)的《农业论》,综合了各种技术与经验。天文学很平常,恺撒的改革是受埃及影响的。老普林尼(23—79)著有《自然史》,包括各种自然科学知识,是古代科学的总汇。总的说,罗马文化实践性多,模仿性较强,创造方面是远逊于希腊的。

四、罗马帝国的分裂与西罗马的灭亡

罗马帝国的危机

由于隶农制的发展,实质上是封建制的关系,罗马贵族力量愈来愈软弱,帝国依靠的支柱愈来愈狭窄了。当安敦尼王朝结束后,边防将领与近卫军长成为政治上的中心人物，视“赠礼”的厚薄，左右政局。在混乱中，伊里利亚军团举西维勒斯为元首，建立起西维勒斯王朝。公元213年，其子加拉加拉在位时，宣布著名的法令：凡住在罗马帝国境内的居民，都是罗马的公民。这个法令反映出一个事实，从此各省居民与罗马人没有差别，这是多年来斗争的结果。也反映出各省不重视中央政权，中央政权显著地削弱了。

西维勒斯王朝结束后（235），罗马没有稳定的政治力量。从公元235年到268年三十三年中，罗马换了二十三个帝王，“蛮族”左右局势，军队决定一切。在帝国境内，兵变、阴谋、瘟疫、劫掠，使人民终日惶惶不安，同百年以前完全不同了。在最严重的时候，各地总督、各省省长都称帝称王，在同一时期达到三十个皇帝。

公元284年，戴克里先即位后，着手改革，以挽救帝国的危机。首先实行征兵制，每个大地产者，必须组织一部分农民服兵役，其结果不是增强帝国，而是增强了大地产者的实力。其次改革税制，将成年男子与土地相结合，按“人头”纳税。五年调查一次，税收增加，农民却让土地满生荒草。第三种改革，将帝国以意大利为界，分为东西两部分，实行四人制，即两个“奥古斯都”，两个“恺撒”，有主有次，分而统治，西部服从于东部，在理论上帝国仍是统一的。

戴克里先为东方奥古斯都，住科米底亚，任命一个恺撒协从治理。西方奥古斯都为马克西米安，住意大利北部米兰，另任恺撒住高卢。为了稳定局面，共同进退，兼加亲属关系。但是戴克里先的改革，实质上是反动的。他竭力巩固奴隶制，阻碍封建生产关系的发展，其结果必然要失败。事实正如此，306年的战争中，君士坦丁取得胜利，被宣布为皇帝。

各地农民的暴动

由于统治者残酷的压迫、不断的战争与饥荒，在西维勒斯王朝后，非洲掀起奴隶与农民的大暴动。大地主们利用这种不安的形势，反抗罗马的统治。公元238年后，经过多次战斗，始残酷地镇压下去，可是问题并没有解决。这时，埃及三角洲发生暴动，农民逃到芦苇丛中，组织部队，袭击行政中心同罗马军队。对埃及来说，罗马的苛捐杂税是苛刻的，实物税在五十种以上，货币税有四百五十多种。罗马对埃及的掠夺是繁重的，每年仅谷物的掠获，就有二千万麦斗。

3世纪70年代，高卢发生著名的巴高达运动。巴高达意为“战士”。农民、隶农、奴隶结为联盟，推举埃里安纳与阿曼德为领袖，反抗罗马的统治。暴动者声势浩大，“农夫变为步兵，牧人变成骑士”，富人只有躲在大城市内。经一个世纪，罗马费很大力量始将这次起义镇压下去。同样，西西里岛也发生暴动。

在罗马帝国混乱的局面中，奴隶与农民欢迎外族入侵，摆脱富豪与官吏的压迫。山区农民带阿拉曼尼人，通过阿尔卑斯山小路到意大利，解放许多奴隶。便是在罗马本土，暴发了铸币工人起义，经过剧烈的战斗，皇家七千多士兵被打死，这说明起义规模是很大的。

3世纪罗马的阶级斗争是十分尖锐的，帝国统治顽固地守着奴隶制，实质上帝国已在瓦解之中。

基督教的兴起与君士坦丁的改革

公元前后，巴勒斯坦经常发生奴隶暴动和人民起义，反抗罗马的统治者，根据1952年于库兰寺院[1]发现的文献，巴勒斯坦有秘密活动的教派，感于亡国的苦痛，反抗奴隶主统治阶级，实行财产公有，对基督教起源是有影响的。

传说耶稣是被压迫者的保护人，宣说人人平等而被钉死在十字架上。事实上，耶稣是不存在的。这个传说是神学家菲伦所创造，他

①1947年、1952年在死海边库兰寺院（Qumnran）发现经卷。经研究，公元68年，罗马人镇压暴动而毁库兰院，这是秘密教派活动地点。埃斯纳（Essene）派实行财产公有，反抗统治的宗教，对基督教兴起有影响。见《光明日报·史学》284号，1964年5月6日。

将希腊哲学与秘密教派结合起来，在被压迫人中间广泛地流传。当尼禄统治时，罗马发生大火，在他镇压的群众中已有基督教徒。基督教徒是罗马社会的下层人民，主要是奴隶。他们于绝望中，将自身的解放置放在未来。他们相信人是平等的，禁止有财产不平均的现象。他们痛恨富人，说富人入天堂比"骆驼穿针孔"还难。这种思想遭受二百多年的迫害。在奴隶时代的晚期，基督教的生命力是强大的，在反对罗马统治上，起了进步的作用。

基督教在群众中广泛地传播，到君士坦丁统治时期，不采取镇压，而采取利用的态度。313 年，君士坦丁给予基督教徒信仰自由，发还没收的财产，基督教变成帝国的精神支柱。到 325 年，在君士坦丁政策的影响下，召开宗教会议，排斥阿里安派，统一教义，从此开始了中古的精神活动。

君士坦丁统一罗马帝国后，修建拜占庭，移来希腊罗马艺术作品，使之成为西方美丽的城市。330 年举行落成典礼，赐名为君士坦丁堡。形势险要，抗拒外敌，持续为十一个世纪的首都。公元 332 年，君士坦丁颁布禁止隶农脱离土地的法令，完成了奴役隶农的过程，从而农村封锁起来。罗马自由人向外族那里逃跑。因为"蛮族"的奴隶有自由，而罗马自由民却变成农奴了。

罗马帝国的分裂及西罗马的灭亡

在奴隶制消灭的过程中，罗马帝国的上层建筑逐渐崩溃，庞大帝国的统一是维持不住的。君士坦丁死后，他的继承者不能掌握社会的趋势，帝国越来越分崩离析了。公元 364 年，帝国又分裂为两部：瓦伦蒂利恩治西方，着其弟维伦兹治东方。东方形势严重，匈奴人与哥德人结为联盟，自里海草原向西移动，侵入多瑙河下游，住在罗马帝国境内，形成一种独立的局面，真成了国家中的国家。这种局面是不能持久的。378 年，西哥特人起义，反抗罗马，得到奴隶的响应。在安德里亚堡附近，发生大规模的战斗，罗马帝国遭受到惨败，而罗马皇帝维伦兹阵亡了。继之而起者为西奥多希厄斯，仅维持局面，帝国时时刻刻在动摇中。395年，西奥多希厄斯死后，帝国永远分裂了，长子阿伽底治东方，次子霍诺里厄斯治西方，在那时候，世袭成为不变的制度。

由于农民暴动，西哥特人侵入西罗马，其领袖阿拉里克解放好几万奴隶。410年，西哥特人进攻罗马城，奴隶开门迎纳，名城受到劫掠，实际上西罗马帝国灭亡了。但是在形式上，西罗马延续到476年。在这年，日耳曼领袖奥多亚克南下到罗马，废幼帝奥古斯都勒，取其衣冠，并得元老院同意，写信给拜占庭帝王柴农说："西方不需要一个特殊帝王，你一人统治就可以了。"这不是帝国统一的恢复，这是西罗马帝国的寿终正寝。这是一件好事情，西方由奴隶社会进入封建社会，展开了新的历史。

论　文

李维史学研究[1]

一

弗林特(Robert Flint)论李维(Titus-Livius)说:"苟其历史主要的目的(好像他所设想的),在乎供给前例和激励美德和爱国心,我们便不应当责备他不顾史家的本职。"[2]史家本职是什么,这不只是难解决的问题,而且是不可能解决的问题。所以李维在史学的贡献,须从他的时代着手,由是看出他所表现的历史,含有何种意义与价值。

屋大维即位后,史称奥古斯都时代,注意内政,充分发展国家思想,享有秩序与和平。罗马是一切的中心,加埃奈(Eneas)初至拉西幼姆(Latium)说:

Hic domus, haec patrias est[3]

公元前29年,安敦尼战败,屋大维返罗马,维吉尔(Virgilius)诵其名著,以彰德威,"在绿野田间,沿着小溪,我建立大理石庙堂,明齐(mincis)河畔,饰以轻柔的芦苇。中间竖立恺撒之像……"[4]

①原载《桂林师范学院丛刊》创刊号,1944年。

②Flint(Robert): *Introduction to History of the philosophy of History*.

③中文意为:这是居停的故乡。Virgilius: *Emeides*, 7.V.122.

④Virgilius: *Georgigues*.3.

这真是一个动人的时代。

二

诗人维吉尔使奥古斯都不朽,可是没有李维的史籍,仍然会留下许多残缺。维吉尔赞美奥古斯都是超时间的——贤主明君应得的褒奖。李维却按照时间,叙述时代逐步的实现,刻绘那一个民族的命运。所以李维的历史观念,完全与现在流行者不同,历史不是科学,而是一种伦理,其目的在有用于政治。

人类精神,单独不能创造科学,因为科学需要资料与工具,它需要必须的准备工作,更需要环境,促成科学精神的发展。奥古斯都时代,视科学为一种博闻强记,伽图(Cato)与老普林尼(Olde Pline)知识渊博,却没有系统与组织。奥古斯都执政后,视历史为政治上最好的工具,政议场两边的竖像与题铭,目的不在"述真"而在"赞扬"。克拉尼(Greniev)说:"将过去复活,与现时一种教育的意义,这是当时最流行的。"①

叙伊东(Suetone)记载奥古斯都,我们更可明白当时对历史的概念:"奥古斯都尝读希腊罗马史学家的著作,寻找陈例,对公私有裨益。他节录许多史事,寄赠家人与官吏,有所资鉴。有时他向元老院,读整本史学著作,如麦德洛(Metellus)论生育重要;茹提利乌斯(Rutilius)反对大兴土木,为着使人明白,他的主张系继续前人的遗训。"②

三

李维的历史观念,便在"适用"。他的《罗马史》③缺点很多,没有

①Grenier(Albert):*Le Genie Romain*, P.395.

②Suetone:*Angustus* 87.

③原书名:*Ab urbe cendita libri*。

严密的方法,时常夹着情感的冲动,可是他能握住史实的重心,用心理分析,使过去的史事再现出来。为此,他在《叙言》中说:“倘使历史知识是有用的,便在静观过去壮丽的遗迹,或者为自己,或者为国家,使众人有所取法……”

李维著《罗马史》的目的有二:第一在与人以教训,第二在赞扬罗马。两者以载道为职志,诚如罗马传统的精神:“做一个好公民,做一个好士兵。”[①]这种理想,并不是孤独的,但是李维却能更进一步。伽图著《述源》一书,教其子明白罗马的伟大;沙吕斯脱(Salustro)的著述,在于反抗贵族,赞扬平民;恺撒《征高卢纪》,即是一种自我的赞扬。而李维在使罗马整个复活,使每个罗马人得到一种政治教育,这与奥古斯都政治理想非常吻合的。

李维的历史作品,富有罗马帝国传统的精神。可是缺少批评,不考究资料的价值。他深知波里比(Polybius)的著述,如关于汉尼拔战争事迹,但是他不喜欢那种严谨史学的精神,那种枯涩的考证,冷酷的博学,完全与李维的精神相违。李维说:“精神淘育在古时,我的灵魂便是古人的。”[②]

李维视历史是一种雄辩,并非求真与探讨因果关系。它是一种艺术,在文辞上庄谐兼有,有类西塞罗(Cicero)。

在希腊罗马作家中,李维敬服者有二:第一是反抗腓利普(Philippe Ⅱ)的德谟斯梯尼(Demosthene),其时雅典执政者[③],怯弱与投降,而德氏焦唇敝舌,以过去之伟大来刺激人民,挽救雅典的独立;第二为西塞罗,公元前63年加地利纳(Cathelina)叛乱,以大勇行为,拯救共和。这种政治行动,李维确定了他对历史的概念[④]。西塞罗说:“史学家不

①拙作:《欧洲文化史论要》,第六章。

②*Tite-live*:43.13.

③如:Schine,Isocrate,Phocion。

④李维致其儿子信中,曾言研究狄、西两氏作品。

仅要叙述人物行动,为着更有声色,须描写风度,性格与生活……”[1]因之,李维把对真的叙述,置放在次要地位。

四

泰纳(H.Taine)论李维说:“李维叙述人物,赞扬善行,顺便提及原因,不善排列史实,许多遗漏,而且也不善选择……他能叙述出意想不到的概念。”[2]大约对李维的评论,有局部是正确的。他受了科学运动影响,将人类活动归纳在时间、环境与种族概念中,以求达到求真的目的。然而李维著《罗马史》,自成一家之言,与其说在阐明过去史实,毋宁说是以史实来佐证自己的思想。李维是典型的罗马人,有类伽图,他憎恶不能代表传统精神者,所以他反对恺撒。

李维在《罗马史》第一卷中,释城市的建立,在不可信征的传说中,流露出一种高傲,不谈罗马城的地理与经济,而只强调城市来历的特殊,他说:“在城市建立先,完全充满了诗意,其根源是可靠的。我不否认,也不赞成,最好让人神相受[3]的传说,使此城建立时更为壮丽。”[4]

到第六卷时,他有宝贵的资料,虽然仍是取舍,却能充分利用。他说:“至此,我所叙述的历史甚为模糊,因为时代久远,如相距太远之物,仅见其存在。次之,史料不足,不能有史实信征。最后因高卢人入寇[5],全城着火,文献焚毁。但是从此后,对内外皆可清确地叙述。”[6]

---

①Cicero(Tullius warcus):*De Orat*,2.15.

②Taine(Hypolite):*Essai sur Tite-live*.1856.P.127.

③指 Rha-Sylvia 与 wars 相合,生 Romulus 与 Rensus 事。

④*Tite-live*,序言。

⑤指公元前 390 年 7 月 18 日,Allia 之战役。

⑥*Tite-live*.6.1.

五

奥古斯都时代,表现升平气象,奥哈斯(Horace)咏歌:

由于你,牛在田间详静吃草;
万物丛生,船可安行海上;
信任吹散了疑云①。

李维以散文表现时代的伟大,他运用古人著述,却不加批评,证明奥古斯都为传统代表。他对史实选择,只要"近似"②,使人"感"到罗马帝国的可爱,他的任务达到了。

李维视史学与文学无大区别,他没有恺撒《高卢战记》的纯朴,也没塔西陀(Tavitus)史学的严谨,可是他善于分析,运用技巧,刻绘出他的心意。

试举一例:在蛮人侵入,中产阶级消灭,罗马感受危险时,他说:

有一不幸的老人到政议场,衣仅蔽体,破烂不堪,苍白,瘦弱,长的发须,呈显出分外难堪的神色。纵使如此,人们却认识他。他曾做过队长,有特殊战绩。群众对他很同情,绕着他,问他何以至此?他说:当与萨宾(Sabins)作战时,敌人毁其田舍,掠走家畜,不幸之上,又有重税负担,须借债,利高无法偿还,失掉祖遗田产,有如毒蛇,侵入自身。债主变为凶手,将他殴打,背上有许多鞭痕……

群众忿怒,准备暴动,要求取消债权,元老院无法,忽传外

---

①Horace:*Carmen*.4.16.

②Grenier 说:"在所有著作中,如开始一样,'像'便是真的标准。"

敌侵入，民众立刻提武器，去与敌人作战。[①]

李维这种描写，宛如小说，夹有许多想象成分。一个史学家可否如此写历史，我们无法加以可否，但是古人如此做，我们觉着分外生动与亲切。

六

我们不能以现代的史学观念，来批评李维的著述，须要了解他的时代与环境，始能明白他的价值。罗马精神寄托在政治上，李维利用传说，表彰过去的史事，将历史变成一种教育的工具，深合时代的要求。为此，加地斯（Cadix）的居民千里特来游罗马，瞻仰李维的仪容，这可看出他的影响，而罗马史也从此有了定型。

奥古斯都时代，版图扩大，李维将罗马介绍给失败者，其态度和平，使误会减少，这方面，李维有很可宝贵的贡献。也是为此，5世纪的高卢诗人纳马地安（Rutilius Namatianus）说：

Fecisti patriam diversis gentibus unam, profuit iniustis te dominante capi.[②]意为：世上不同的民族，将你造成唯一的故乡。

现在研究李维者，只看他是一种史料，那完全是错误的。李维有他历史的观念，并非没有尽史家的职责。

①*Tite-live*.2.23。

②E. Lavisse：*Histoire de la France* t.1.2.

16 世纪经济革命[1]

上　地理发现

一

封建势力衰弱，君主政治奠立，经济机构受到最大的影响。各国有力的君主，深知政治的统一须以经济统一为基础。里昂市场的设立，不只要与日内瓦对抗，而且要争取意大利中北部商业，使法国经济繁荣。路易十一创设路政，英国亨利七世修造桥梁，虽为政治与军事设想，实际受惠者，却是一般商家。

商业是国家经济的命脉，因之，商业的竞争，不是个人，而是国家。盐、谷物、明矾为当时最需要的用品，国家予以一种变相的统治。英法两国，急切注意工业，英国的羊毛与毛织品，法国的丝与地毡，都是国家经济的中心。经济国家化，在欧洲 15 世纪末，成为每个国家的新动向。

这种动向，促成国与国斗争的新工具，每个国家企图在国外扩张经济实力，争取市场，因而现金的需要，变成欧洲急切的问题。

当地理的大发现未实现时，欧洲人首先在本土采矿，中欧成为金银的矿区，军需原料铜的缺乏非常严重，因为炮的使用，已成为战

①原载《广西日报》，1946 年。

争有力的工具。这种矿工业的突然发展,形成一种自然的专利,哈布斯堡的财产建立在矿业上，巨商符若领取地洛（tyrol）采矿权,于1487 年,须付出 23677 金佛罗郎押金,次领取斯瓦池矿权,又付 15万金佛罗郎押金数目。稣伯论到采矿工业发展,指出现金的需要。他说:“在 15 世纪末与16 世纪初，从未感到如是需要现金的流通,而银的购买力最高,这是不可忘掉的。”

欧洲采矿的活动,事实上没有显著的成效,以先天不足故。须特殊努力,冲破埃及与威尼斯在地中海的障碍,另找新矿区,始能解决“欧洲的经济危机”。这有待于地理的大发现。

二

一位诗人叙述葡萄牙的航海者:

> 他们驾轻舟,
> 在无把握的大海上,
> 寻找从未走过的海路,
> 静观天上新的星星,
> 那是他们国家的人从未见过的。

这种惊心动魄的大事件,并非偶然。由于十字军与土耳其西侵,阿拉伯科学知识输入欧洲,西人地理知识有特殊的进步,戴利(P.Dailly)刊行《世界》一书,杂以古人议论,主张西班牙之西与亚洲之东相距不远。取亚里士多德、赛奈加薄利纳诸氏之说:“如有顺风,在几日内,便可达到印度。”这种真伪相半的理论,给人一种强有力的刺激。

航海工具同时亦加改良,意大利首用指北极的磁针,葡人改良航船,每小时可航行十公里。从葡萄牙亲王亨利组织航行工作,经七十二年努力,迪亚士发现“风波角”。

便在迪亚士由海路进发时,高维汉由陆路出发,至非洲东岸,环绕非洲航行的准备,亦已完成了。

三

欧洲向西航行至印度的观念,使哥伦布完成他的大业。这个织工的儿子,身体高大,有鬈发与深蓝色的眼睛。他的性格偏执,坚持欧洲西岸距中国不远的见解,许多人以为他的主张,系受托斯堪内里信中启示的。1474 年,多氏致葡萄牙宗教者说:“较葡国经几内亚更短的航路,便可达到香料地带。”

我们很难想象他们何以如是重爱香料, 可是葡国对抗威尼斯,西班牙又对抗葡萄牙的原因,便是争夺香料。假如再往深处看,现发金银,应付当时经济的演变,实为有力的推动。马可·波罗的游记中,如何称赞中国的富庶!

哥伦布的计划遭葡王拒绝后,1486 年至西班牙, 得平沉助,于 1492 年 8 月 3 日,自巴洛斯起程,经三十三天,至巴哈马。

这次航行,自然是一种冒险,从水手的日记中,可看出发现新大陆时实况:“十月十日礼拜三:所有的人都觉着旅途太远,不愿前进了。船长安慰他们,不要失掉勇气,并说不久便可致富;船长又要他们清楚,一切不能变更他的计划……十月十一日:大海,向西南行,又西进。平达船手新发现芦苇,用刀制的小木棍,还有陆上生的草及一块木板。有的船员看见一棍上有许多花,很快乐。船长下令向西进,平达撑起三帆,前进,做发现大陆的表记,第一个看见大地者,为水手脱利亚纳……船长也看到一点微光,四周密布着黑暗,他还有点怀疑,他举起火把,不时地运动……”十月二十七日至古巴,称之为小西班牙。

次年,三月十五日,西班牙王宣布新发现,庆祝哥伦布的胜利,接着又有第二次航行,以其没有如马可·波罗所言者富庶,哥伦布声誉渐低。这证明渴望黄金,实为有力的推动。

哥伦布死后的次年(1507),地图学者瓦尔德斯姆来,将参加四次航行者亚美利加之名，授与所发现之地，新大陆由是降生。

四

西班牙的统一，加强经营美洲，提高西班牙的地位，使欧洲历史起很大的变化，争夺的范围扩大。对新发现的新地，西班牙特别组织一个委员会，哥伦布第二次出发，有一千五百工人与劳动者随行，十七艘西行的船中，没有一个女子参加，这证明对所发现地尚无一定把握。可是，西人深知新大陆未来的价值，忌妒地不肯放松，而此后的世界，须重新划分，确定发现的主权。

费迪南为虔诚信徒，将哥伦布携回的金子，装饰罗马圣母大教堂。教皇亚历山大，处理西班牙1493年5月4日请求：向西百里外，所发现的土地与岛屿以及由此向印度而未发现者，皆属于西国。是年9月26日，教皇正式承认。

五

中古时期，埃及与威尼斯控制欧洲的对外贸易，到15世纪，这种现象突然改变。第一，穆罕默德二世攻陷君士坦丁堡，阻塞巴尔干甬路，中欧大陆商业城市衰落，使地中海边岸增加重要性。第二，葡萄牙发现好望角后，创立新航路，旧日自红海到开罗的路径，既困难而费用又大，故埃及与威尼斯商业的专利，被葡萄牙夺去了。

从此以后，香料集聚地，不在亚历山大城，而在里斯本。威尼斯去埃及运香料者，在1503年时，空船返回，因为里斯本香料市价，较威尼斯低五倍。自1504年后，里斯本经常有十二艘船向东航行，采购香料与珍宝，而地中海航路，停止利用，一直到苏伊士运河开创的时候，始恢复它的繁荣（1869）。1506年普利尤利写道："近年来失掉对德国商业市场，造成威尼斯的不幸，完全系葡萄牙所致……"

当伽马二世去印度（1502）以240万佛郎货，换取1200万佛郎厚利，阿拉伯人忌之，又受威尼斯推动，战争遂起，葡人败之于地雨。

阿布该克继迪亚士与伽马之后，构成5000海里的航线，1510年取卧亚为开拓殖民地的中心。1513年取亚丁，次年又攻陷奥姆池，葡人封锁了红海波斯海湾航路。威尼斯无法对抗，其商业一落千丈。

六

葡萄牙对于船舶的构造，航路的情况，有如古代腓尼基，秘而不宣。伽马向东出发时，曼纽埃说："由于非洲东岸的发现，我们有了新头衔，新财富，长此努力下去，除过到达威尼斯、热那亚、佛罗伦萨致富的东方外，还有什么期待呢？"事实上，新大陆的发现是偶然的，也可说是错误造成的。但是，好望角的发现，却是经验积累，一种推理与意志的成功，一种渴望致富的要求。

1498年5月18日伽马抵卡里库特后，里斯本与香料地接连的梦现在完全实现了，这些开创者，曾"经过多少恐惧"，始取得东方不可思议的财富，马可·波罗并非是愚人的谎言者！次年，伽马返抵葡京，葡王授与"印度洋上将衔"，虽然损失船一艘，牺牲三分之二的同伴，算起来仍获利六十倍，这是如何致富的捷径！

伽马是一个实利者，并没有政治眼光，也没有合理的宗教精神。当他到了印度后，他对德里蒙古帝国、德康印度王国并没有重视，而只是看作一个空名！他的目的，只想利用地方的纠纷，保持商业的利益，建筑防御工事，离间地方的团结，必要时，便是一种大屠杀，使土人屈服！

这种态度，自然引起反抗，印度、开罗、君士坦丁堡及威尼斯共同联合，结果没有优良的武器、精练的海军，完全失败，印度开始进到灭亡的途程。西方人初次至东方，便留下一种"强盗式"的印象，阻碍了民族合作的路径，这是非常可惜的。

七

1511年，阿布该克由卧亚出发，焚毁与劫掠马六甲（明史作满拉加），报复初次的失败。满拉加为我国藩属，不能拒抗，作有效的援助，仅只一张公事，便以为解决。《明史》中说："后佛郎机强举兵侵夺其地，王苏端妈来出奔……遣使告难。时世宗嗣位，敕责佛郎机，令还其故土。谕暹罗诸国王以救灾恤邻之义，迄无应，满加拉竟为所灭。"

葡人不只不退，马六甲成为东进的基地，入暹罗与中国的足踏石。阿布该克推进，至安孛纳，这真是香料地带，《明史》中说："地有香山，雨后香坠，治流满地，居民拾取不竭。"阿布该克是葡国国家经济建树者，他给欧洲开创了殖民地的坦途，1515 年阿氏之死，在欧洲经济史中，划分了两个时代。

在使人昏迷的 16 世纪初，英法虽步葡西后尘，欲于海上有所发现，却无特殊成就。葡西两国，以其地理环境，多年与阿拉伯人斗争的经验，对地理的发现上，成就特大。1537 年，纽奈斯写道："发现新的岛屿，新的土地，新的海洋，新的人民，特别是新的天空，新的星星。"葡西两国表演一种竞赛，争取香料地带，事实上也便是储蓄黄金。两国维持海岸的出口处，西班牙的爪达桂维、加地斯、西维勒斯，代替了瓦伦斯与巴斯洛纳。

八

当西班牙人到了巴西与中美后，并未见遇如人传说的中国与印度的财富。他们犹疑不决，1512 年，巴尔包亚穿达利英土腰，登其峰顶，始看到"南海"的新大洋。这证明哥伦布所发现者为别一个世界。

西班牙沿着好望角的路径，续令航行，以达香料地带。这种环游世界的伟业，留给不朽的麦哲伦。

麦哲伦系葡萄牙贵族，有学识，确知地球的面积与海洋的统一性。他曾协助亚麦达与阿布该克工作，继以不能与国王合作，入西班牙籍。1517 年向西王查理申言："不经葡人航线，亦可达到香料地带。"查理与之签订十年的合同。这个消息使葡人非常不安。

1519 年 9 月 10 日,麦哲伦起程,同行者二百三十九人,他有精确的科学知识,有必然成功的信念。领航者中,有彼加发达,曾记述这次航行的经过:风波、恐惧、失望、饥饿与发现“太平洋”的狂喜,1520年至关岛,又至列宾,以志发现,遂用西班牙太子之名。1521 年四月与土人冲突,麦哲伦牺牲。

主舰“脱利尼达”毁于海风,由胜利号载之西还,由加纳领导,经好望角,葡人多方阻碍,终于完成使命。当他们回到西班牙时,仅二十二人,其间尚有四个土人。

里德论到航行世界时说:“一个西方人而突然变成东方人了。”这实是一件不可思议的事。麦哲伦西行的成就,系哥伦布发现的结果,从此后,欧洲人再不能保存他们固有的世界观念!近代欧洲史中,世界观念的演变最有趣味的,希腊罗马人的世界,只是一个地中海,中世纪的世界,仅只是基督教,自从马可·波罗的见闻记问世,多少人只认为“神奇的”著作,对日望神长所在地,印度女子有无灵魂,蒙古人的由来,都作一种奇离的解释,不敢违背《圣经》的解释。现在发现了世界的整体,基督教古老的文化外,尚有许多更古老的文化,欧洲只是世界的一部分,基督教只是世界宗教的一种,在中古文化崩溃转变之时,这是如何有力的打击!人类历史须以新的观念去理解。西方人的意识上起了不可估计的变化。

下　资本主义形成

一

中古经济,由于封建制度割据局面,濒于危绝的境地,葡西两国地理的发现,欧洲经济冻结的状态,突然进入革命状态。亚莱斯“语此为文艺复兴的个人主义”。

16 世纪初,西方人的心理与中世纪不同,中古寄托在未来,以刻苦俭约自持，时时在恐惧中。百年战争结束后，随着时代的转变，他们爱生活，重物质，有无穷的欲望、好奇，事事都要尝试，觉着生命的可贵。

16世纪经济革命的特点，首在物价的提高。杜莫森认物价上涨系自1524年，他说："从这年起，一切物价皆提高，那种高涨，不是偶然的，而是经常的。"这种现象，货币论者，咸以缺少抽码流通故，各国囤积现金，不能流通，交易入停滞状态。证据是在16世纪初，为了解决交易停顿的问题，各国有改革币制的发动。

从别一方面看，自新大陆发现后，许多现金流入欧洲。波丹在1568年说："自从六十年来，物价提高在十倍以上。"有人估计自1541年至1544年三年间，新大陆输入欧洲，有1700万金佛郎，这虽不能视为定数，却可说明现金大量输入的现象。到1545年波多西银矿的开发，构成一种过剩的危机，西方人心理上起一种变化。

总之，地理的新发现，加强了国际贸易，原有的经济机构，不能去应付环境，势必加以一种改革。

二

从威尼斯夺取的香料商业，为了推销，从规模较大的组织，施以一种统制，一切要国家化。胡椒一项，系葡王独有的专利。

商业组织扩大，旧有的地中海边的城市，渐次失掉重要性。里斯本为16世纪海外贸易的中心，居民仅有十万，而葡国经济实力又薄弱，不能大规模的开发，武装必需的船舶。不得已，只有借助荷兰的运输，德国的现金始能有所成就。

因此，安特卫普成了欧洲国际贸易的中心。自1499年起，葡王派有半官半商的代表驻此。十一年后，西班牙亦有同样措施。纪西地尼说："安特卫普如是繁荣，始于1503年与1504年。其时葡萄牙得到加利古王特许，将印度香料与药品运回，复后葡国转运于此……"

欧洲经济重心移至大西洋后，安特卫普成了商业重要城市，亦因接近德国南部，那些金融家便于活动。在这个繁荣的城中，德国商家经常驻此者，有富若、魏尔斯、来令若、高生普洛特、伊莫夫、荷斯泰德等，他们有组织，可以与葡王对抗。

这种金融组织，使资金大量流入葡西两国，到查理五世合并荷兰后，德商魏尔斯成为西班牙财政中心。1516 年查理向魏尔斯借巨款27000 金镑，须出百分之十一的利息，由安特卫普城做担保。每次选举时，富若与魏尔斯成了后台策动的人物。

富若也是西班牙重要的债权者，198121 杜加的债务，查理无法偿还，以值 135000 杜加田庄抵押。富若变为西班牙大地主，一直到腓利普二世时代。

三

16 世纪欧洲的国家，就政治言，已有集权的政治组织；就财政言，向受封建传统力量的支配。因为事实的需要，政府与金融家的结合，构成近代化特征之一。

金钱是战争的神经，要作战，便须要金钱，可是封建化的财政组织，不能即刻集聚大量的现金，以供运用，不得已须向外借贷，付以抵押，于是产生了"信用贷款"。马克西米连要参加战争，同盟者与以17万杜加的协助，而解决问题的枢纽，却操在富若的手中。这个金融家允诺半月内支付一半，余者六个礼拜内付清，马克西米连的军队始可动身。

当时欧洲各国中，以法国财政较为健全。可是查理八世、路易十二、弗朗茨一世诸王，所以能够发动意大利战争，是因为得到里昂银行家的支持。里昂为金融活动的中心，那些金融家消息难通，深悉欧洲政治活动的背景，从日纳亚购买，出卖给西班牙与德国，传统的经济活动陷入停止状态，这时欧洲产生一批金融政治家，杜其便是一位最活动的人物。

原始"信用"只是一种工具，现在他本身具有一种价值，金融交易成为一种有力的商业，与货物交易分道扬镳，这已踏上资本主义的路径，旧目的商业机构逐渐被淘汰。1528年，纳瓦若罗写道："每年里昂四次墟集期，从各处流入许多金钱，意大利、西班牙与荷兰金钱交易很活跃。"这是当时普遍的倾向，不只里昂如此，贝桑松、日纳亚都有同样演变的动向。

金钱交易渐次超过货物交易，盈余数目超过人意想以外。中古的货物交易场，渐次含有近代交易所的意味。关于这一点，安特卫普城为很好的证例。1531年，安特卫普新建交易厅，门上刻着："In usun negcaiatorum Cnjus Cum aus nationjs ac linguae." 意为："为各国与各种语言交易而用。"对于这种新的活动，诗人罗锐伊说："说着各种语言，穿着杂色的衣服，这里是世界的缩影。"

四

16世纪经济的演变，带有浓厚的资本主义色彩，其现象之一，即吸收游资，产生一种有款制度。1526年荷斯泰德企图囤积大量的酒麦与木材，首先运用这种方法向民众收资金。对于此事，奥斯堡编年史学者桑德说："王公、侯爵、贵族们，资产阶级的男女之人，都向荷斯泰德投资，受到百分之五的利息。许多佃农们仅有十个佛罗朗的资金，也要参加这种事业。有个时候，荷斯泰德付出的利息，有百万佛罗朗以上。"

纵使桑德的记述有过分夸张的地方，至少我们看出信用存款的发展。教会反对这种生财之道，那些金融家又说此为慈善事业，借此维持那些忠实人们的生计。在亨利二世时，政府也利用这种组织。

经济的演变，形成资本家阶层，在社会上创立许多新事业，富若为最好的例子。其先人自1368年后移居奥斯堡，不久便创设纺织工业，继后收集棉花、丝、香料、铜、水银等货物，垄断欧洲市场，欧洲重要城市都设立富若的汇兑所。桑德写道："富若与其亲属之名，不只全国皆知，便是非基督教的国家都知道。皇帝、王公、贵族派遣使臣，教皇亦向他致敬，认为他是最忠实的信徒。那些枢机主教在他面前，亦须起立。”

五

金融企业的发展，造成许多贵族，富若与威尔斯是当时显赫的代表，有如佛罗伦萨美第奇家族。他们的势力庞大，意大利、法国、西班牙，直至南美洲，到处有他们的机构，他们是当时政治上的重要人物，查理五世与弗朗茨一世的斗争实际上便是他们在背后操纵。

这些金融家成了特殊的阶级，他们也要包养许多艺术家，以装饰新贵的身份。奥斯堡成了艺术的中心，收藏着许多珍贵的物品，豪华生活将中世纪质朴与简陋的生活完全破坏了。

民众仍过着清苦的生活，对这些新贵抱有强烈的反感。新贵们控制着大量的现金与货物，物价上涨，以为他们统制所致，于是民众攻击他们，教会中宣道者批评他们：“一个城中有四五个交易所，则是一种危险，而且是极大的罪恶。违反博爱的道理。他们会囤积全国的酒……任其规定价钱，而且还说：非如此价，我们无法出售。他们将穷人置放在困难的生活中。”纵使教会禁止，其结果仍是徒然的。

物价上涨，经济不景气，构成社会重大问题，经济恐慌，农村破产，虽不像现在这样严重，但在当时已够为政者穷于应付了。法国自路易十一时起，手工业低落，无产阶级的团结，资产阶级的压迫，形成一种斗争。城市代替农村，有组织的工业代替手工业，工人运动现象亦已发生。1509 年埃尔夫，1513 年乌尔母与科隆诸城，都发生过工人的运动。

里昂是工业的中心，是资本家集聚地，罢工风潮层出不穷。在16世纪中叶，欧洲大城市已脱离中古社会，向近代社会演进，其特点乃在经济发生的革命。

意大利文艺复兴的特质①

一、文艺复兴与意大利

15世纪，欧洲的精神上，开始一种新动向，便是直接研究希腊罗马古文物，创立一种新文化。这种大胆的企图，思潮的剧变与影响，被法国史学者米什莱(Jules Michelet)称誉为“文艺复兴”，1855年刊其名著。继后又为布克哈特(Iacof Burckhardt)学者加以一种有力的传播，遂成欧洲史上重要的史实。

这种运动，非特要与中世纪判别，而且要与之断绝。所以文艺复兴的本意，是一种“再生”。“再生”含意非常空泛，可有种种不同的解释。如果“再生”是跳过中世纪，直接与古代相连接，即此种企图，非特不可能，并且与历史与文化演进律相违。每个时代有它自己的生命与特性，但是近代从中古蜕变而出，正如中古来自古代的一样。

欧洲古代文化限于地中海范围，它的活动亦并不阔大。当日耳曼民族侵入后，摧毁古文化缔造成的体系，那并不是古文化的毁灭，而建立一种更广更深的新文化。

基督教取得合法地位后，欧洲人逐渐认识其精神价值，与日耳曼民族性配合，形成大陆欧洲的间展。16世纪精神特征之一，系个人主义的发展，但是个人主义一词，远在圣本笃时代便非常看重，宗

①原载《论坛》杂志创刊号，1947年。

教原则,便以尊重个人意志为起点。倘论到国家的演变,德国历史反映出日耳曼民族上的个人主义,而中古的社会环境,特别是封建制度,更易促进个人主义的发展。

文艺复兴时的个人主义虽非新奇的创造，可是它的本质改变了。这个运动,就宗教言,它是反基督教的;就人性言,它是反理性的;就政治言,它是反割据的。这个个人主义含义非常复杂,批评、好恶、享受等一切须以自己为准则,这是最大的改变。

治欧洲史者,常忽视欧洲大陆的开拓。查理曼大帝统一欧洲后,便是欧洲国家建立的开始,奠立向北与向西发展的基础。神圣罗马日耳曼帝国的成立,步查理曼帝国的后尘,采取同样步骤,向东、北两方发展,罗马成了交付帝王皇冠的场所,而军事、政治与文化的中心,停留在莱茵与塞纳两河畔。欧洲的新动向,由地中海向内地移动,到14世纪,法国与罗马争夺宗教的领导权,在某种意义上,阿维农(Arignon)成了教皇驻跸地,便是那种动向的结果,意大利感到一种孤独。

由于历史的回忆,由于意大利人喜欢活动的性格,意大利人不能忍受这种遗弃,他有领导西方世界的野心,可是没有控制时代的实力,即是说由蛮人侵入造成的“黑暗时代”(Saeculum obs ou rum),分裂局面,致使意大利不能荷负重任,配合当时的要求。他们不甘寂寞,转向过去的历史,梦想成为古代嫡系的继承者,构成文艺复兴时代的特点。

当欧洲北部尚在封建状态中,意大利有类希腊,实行一种城邦制,精神动向高出,领导欧洲走向文艺复兴的坦途。他们蔑视北方人封建与骑士的精神,那种好勇斗狠的个人主义,意大利看作是落后的象征。然而在政治与军事上,北边却统治了南方。

十字军后,意大利意识觉醒,商业发达,城邦经济起了剧烈的变化。阿拉伯统治的地中海,为威尼斯与若诺亚等城市所控制,佛罗伦萨成为银行的中心,所以文艺复兴由此经济繁荣的城市开展,并非是偶然的。

到15世纪后半期，佛罗伦萨望族美第奇，拥有大量的资本，他摧毁了中世纪经济理想：每个人总有极低生活的保障。他们提高物质生活，并趋向艺术的追求，罗马教廷因政治演变，必须与银行家勾结，有如查理五世与富若一样的。结果教皇皇冠落在美第奇族的手中。

意大利承继古代文化，但是那些承继者是商人，他们的精神是计算的。因之，他们对艺术的爱好，必然走到“写实”与“理智”的路上。这种动向，配合上地方传统的背景，形成一种奴隶的复古运动，不只要模仿，而且要近归古代。这条路是走不通的，他们却得到许多宝贵的经验，产生了批评的方法。便是说，从罗马式微后，一切起了质的变化，如对人与社会的观念。便是当时运用的拉丁文工具，也成被讥笑的对象，起始只是形式的对抗，继而成为教会与知识阶级矛盾的交点。

中世纪的知识阶级完全是教会中人物，几乎没有一个例外。到14世纪，因为法律与医学的发达，大学的设立，特别是博洛尼亚与蒙白里，许多普通人亦从事知识的探讨。这种运动产生一重要的结果：信仰与科学的分离。这破坏了中古倡导的统一性。

拉丁与希腊的语言学者，攻击教会传统的方法太旧，不肯努力，致使语言退化。这种批评，教会亦接受，他不肯放弃领导知识的地位，教会中的高级人物，同情新运动，教皇自15世纪中叶，便赞助这种事件。

这些语言学者深受社会敬重。教会拥有文化实力，不能脱离教会的羁绊，结果便是反抗教会。所谓复古运动者，亦只对现时不满采取的策略，并不是爱好真理，予人生一种阐扬，推进人类趋向光明的道路。所不幸者，领导教会人物，追逐世俗的光荣，爱好刺激的美，忘掉他们的本质，倘与那些新人物，以科学与艺术为己任，便判若天渊了。教会处在一种很困难的地位。

意大利的环境，特别有利于这种新动向的发展，在政治上，阿亨斯托芬(Hohenstenfens)与阿亨策隆(Hohenzowller)的斗争，教廷移至阿维农，意大利成了战争的场所，贵族们演出许多阴谋，形成一种混乱的局面，没有皇帝，也没有教皇，意大利不能忍受这种寂寞与遗弃，返折到自身，希望古代伟大精神的降临。

二、复古运动与人文主义

但丁在《君主论》中，表现一种高贵的情感，使罗马脱离教皇的牵制，恢复独立，他梦想新文化的降生。在他的作品内，古罗马帝国的梦，燃烧着国家的情绪。

但丁的作品，给国人一种信念：用自己的方言，可以表现复杂的情绪。《新生》便是利用这种有力的工具写成的。

但丁被逐放后，眷恋着佛罗伦萨故土，著《方言雄辩论》(*De Vulgari eeosuentia*)，指明方言可成为文学的语言，最适宜表现国民的特性。从这个文艺复兴先驱理论中，可看出国家的个人主义意识。

也是在这样的动机下，诗人著成他的《神曲》，这是中古思想的综合，也是新精神的发轫，虽然他把诗与科学置放在地狱内，那只是外形的，作者不是基督教徒。实质上，他推重诗与科学，因为那是高贵的文化代表。

较但丁影响更大者为彼特拉克(Framcesco Petraca)。但他的国家观念很深，自结交的名族高罗纳(Geeonna)身上，他看到古罗马的幽魂。罗马是他的生命，从这个凋零的古城内，他想复兴过去的伟大，这种精神便是文艺复兴。取维吉尔(Virgidius)、西塞罗(Cicero)为法，表现心灵感受到的情绪，收集古代史料，收罗许多古钱与徽章，树立起研究古代文化的道路。彼特拉克研究希腊，并无特殊成就，却创立了一种风气。

彼特拉克追逐一种完美，但是这种完美是形式的，介乎自然与人之间，体念到“美”的情绪，在他感到一快乐。他这种努力，系对基督教禁欲思想的反抗，构成精神的个人主义。可是，彼特拉克与教会关系很密切，对时髦科学，并不若何重视，他曾反对名法学家安得(Giovanni dsnbrea)，责备他没有健全的常识。

彼特拉克是一位热爱知识者，他狂烈的追逐需要一种满足。但是他所要满足的，不是理智，而是感觉。为此，彼特拉克，一位印象者，无论外在与内心所唤起的印象，即刻化为一种现实，从这现实上又引起许多幻想与做梦，这是一种病态的现象。因此，他运用这种敏锐的感觉，施以一种“技巧”的修饰，他的诗含有一种诱惑。也是为此，一方面他启示出新的时代，另一方面又眷恋圣奥古斯丁(St Augustin)，他竭力推重《忏悔录》的这一段:“人们都赞赏山顶、河流、汪洋、天星，可是他们忘掉自己，在自己的前面，却感不到什么惊奇。”他也写忏悔录，含有悲观的情绪，表现一种时代的精神。

复古运动的实例，里恩佐(Caladi Rienzo)最耐人玩味。这个想象丰富的冲动者，于1347年登罗马加彼多(Cedrtole)神殿，宛如恺撒庆祝胜利，宣布为罗马领袖，企图恢复古代罗马共和制度。他要摧毁意大利贵族的统治，对卜尼法斯八世(Bonijace Ⅷ)一种报复。

这种复古运动，绝对不能持久的，他太理想了，不能见容于时代的需要。因此，利英池遭受贵族们猛烈抨击，终于失败。可是他这种戏剧化的动作，与人一种刺激，使人追想罗马失去的伟大。

从薄伽丘的小说集《十日谈》中，更可看出这种新动向。他是怀疑精神的象征，讥笑当时的传统道德，佛罗伦萨布尔乔拍手称快。一切要享受，许多教会中人，也接受这种新动向。薄伽丘约彼拉多(Leontio Pilato)译荷马诗为意文，追逐语言的完美，扩大生活范围，加重社会生活。

佛罗伦萨的资产者，一方面求精神的解放，使罗马成为复古的中心，他方面追逐物质的享受，发展重金的思想。1375年，沙洛达地(Calucio Salutati)成为佛罗伦萨主事后，鼓舞起种精神动向，强调政治不受宗教支配，取古罗马例，那是最好的理想。

这种复古运动，配合地方情感，构成人文主义的先驱，许多热情的少年疯狂地追逐，多米尼琪(Jean Domiuici)认为是思想的危机，对宗教非常不利。多氏在1405年著《暗夜微光》(*Wcula Nocttis*)说："基督教徒们去种地，较研究古书更为有用！"纵使他苦口婆心，无法挽救那时精神的动向，许多少年，集队成群去君士坦丁堡求学，探讨古希腊的光明。

1396年，克莱索洛拉斯(Manuel Chrysoloras)来至佛罗伦萨，这是第一位希腊学者来讲学，有许多弟子随从。

当君士坦斯与巴塞尔两次举有宗教会议，虽是解决宗教纠纷，改革教会，无形中却促进了人文思想的发展。那些参加议会的人物，同情新文化运动，嗜爱古物，着重古代手稿的探讨。布拉乔利尼(Poggio Bracciolini)便是最好的代表。他在圣加尔修院(St. Gall)发现昆体良(Quentilien)全集，又在克吕尼修院，发现西塞罗演说稿，对于人文主义者，并不亚于哥伦布发现新大陆的事业。到1430年左右，拉丁遗留的古作品，大致完全发现了。

对古代作品，人文主义者予以敬重，而语言学家予以批评，研究其真伪，校刊手迹，造成一种求真的风气。教会并不忽视这种工作。尼古拉五世(Ncolas V)出席巴塞尔议会，发现《代尔杜里(Teatullien)全集》，深感到快乐，那是教皇这次议会中最大的收获。

尽管中世纪曲解拉丁著作，西方人并没有忽视过拉丁作品，原始基督教的思想家，如拉克坦斯(Lactance)、代尔杜里、圣若落姆(St. Zerome)、圣奥古斯丁，都对拉丁作家有深刻的认识，中古学者们继承遗产，只是残缺罢了。

真正予西方知识以影响者，系希腊作品的研究，希腊人对人与自然有特殊的认识，正解答当时求知的要求。奥利斯拔(Aurispa)环行希腊，收集古代希腊作品，1423年，带回二百三十八卷希腊稿本，交给威尼斯，这个水城引为无上的光荣。

因为经济与交通关系，意大利猎获希腊作品，成为一种癖性，杜西地德（Thueydide）、色诺芬（Xénophon）、普鲁塔克（Plutarque）、索福克勒斯（Sophocle）等作品，第一次被正式介绍到西方。在 15 世纪，布鲁尼（Lionardo Bruni）翻译柏拉图与亚里士多德著作，西方人始认识这两位大思想家的真面目。

佛罗伦萨举行宗教会议，希腊亦派有代表，试想恢复宗教统一。这种企图虽未成功，对希腊思想的传播，却有重大的关系。若米斯多斯（Georgios Gemistos）倡导柏拉图的思想，希望恢复雅典黄金时代的生活。贝萨里翁（Bessarion）努力收集古希腊珍本，共有 746 种。威尼斯圣马可图书馆，成了人文主义者开辟不尽的田园。

对这些学者，告科西摩·美第奇（Gosme de Medicis）为第一位保护者，自 1434 年后，他以新文化领袖自居，使佛罗伦萨成为艺术的城市，组织柏拉图学会，由费生（M. Ficin）主持，到罗伦佐·美第奇（Lorenzo il Magnifico）时，倾向哲学的研究，佛罗伦萨成为文艺复兴的灵魂。

意大利其他城市对新文化亦有同样的动向，阿尔方斯（Alphonse d' Aragon）治理的那不勒斯（Naples），成了新文化者的乐园。阿尔方斯爱富丽与修饰，以复古为己任，他非常开明，在那不勒斯、瓦拉（Loren fo della Valla）度其大部分时间。

瓦拉在帕维亚（Pavia）大学授修辞学，运用语言学批评的方法，对传统思想施以猛烈的攻击。他倡导享乐思想，抨击基督教伦理，以其偏狭，违反自然的人性，致使古文化堕落。教会人士，不努力学语文，所用的拉丁文多牵强粗陋，造成许多文盲。中世纪落后的观念，是瓦拉等造成的一种意识。

瓦拉攻击教会，也攻击那些时髦的法学家，非特指摘所用的拉丁文，而且讥笑他们没有理想，这样，他在巴威亚树立许多敌人，环境恶劣，须移往那不勒斯。

1440 年，阿尔方斯与教皇欧坚四世（Eugène IV）决裂，瓦拉指出君士坦丁大帝并未给与教皇资产、稳固世权——De jalso credita et emantita Cons Tantini Dondtione Declamatio，教廷憎其狂妄，欲治其罪，得阿尔方斯保护，始免于难。但是他大胆的言论，确高人一等，古埃(de Cues)枢机主教寄以深厚的同情。

瓦拉虽批评苛刻，仍然是一位信仰者，设与比加得里(Antonio Beccadelli)相较，判若天渊。比氏有种变态心理，追逐刺激的享受，托人文主义的外形，赞美古希腊罗马坠落的罪恶，他代表新时代肉欲的动向，使感觉满足。

凡新的运动趋向极端，结果必然失败，因为任何运动脱离不了历史潜势力的支配。所以在人文主义发展时，费尔脱（Vittorino de Feltre)能够握住这个真理，从教育着手，一方面教学生学习古人对事物的理解，另一方面又要学生保存基督教伦理思想，从教学与逻辑用功夫，对新文化运动，实开一新局面。

当时一般人文主义运动者缺乏内心的修养，在初期，犯了许多肤浅的病。他们以新文化人自居，追逐一种虚荣，失掉现实的认识，致使行动不健全。他们的动作，含有宣传的姿态，完全是人工的。外形装作模仿古人，实质上是一种自私的憎恶，采取一种欺诈的手段。

可是，我们并不能忽视他们的功绩。他们的成就，乃在造成一种风气，使后继者有追逐的路径。这些意大利人文主义者，含有高傲的国家观念，企图使意大利居于领导欧洲的地位，他们的逻辑：凡是古代的，都是完美的，因为完美，所以对古代要有认识，利用新方法，便可达到高贵的境地。罗马是古代的代表，所以非罗马的便是野蛮与落后的，应该铲除。意大利为罗马的嫡系继承者，故高于其他国家。这种思想，加强了欧洲国家观念，介乎国与国之间，造成一种对峙，树立起不可超越的篱笆。从这种偏狭的国家观念，反映出个人主义的发展，对中世纪传统的信仰，施以致命的打击。

人文主义发展的初期，英法两国受影响较少，只有德国，在西尔维雨斯(Sneas Silvius)倡导下,有特殊的发展,但是,意大利国家高傲的思想,刺激德人,又加上与罗马教廷的冲突,阻力成为巨流,列于次等地位。

复古运动的结果,造成对古代遗物的重视,罗马古迹林立,成为人文主义者理想的乐园。讲求艺术的美,成了意大利资产阶级的任务,这是从前未有的现象。

新的艺人与鉴赏者,对艺术追求一种形式的美,如当时的诗,不只要丰富,而且要表现新的情绪;他们欣赏古雕刻的美,创造一条新路径,着重姿态。人体的结构,用最小的动作,如手指的方向与微笑,表现强烈的情感和深刻的思想。这样,艺人摔脱了传统的方法与结构,加强意识作用,中古的艺术,整个无条件地投降了。

新艺术的企图,首在造成夺人的印象,艺人观察现实,表现强烈的个性,从那里反映出时代的动向。倘使要用"个人主义"说明这艺术的特征,那我们不能取他恶劣的含意,因为国家思想发展中,脱离陈腐抽象的公式,那不只是一种进步,而且造成一种伟大精神。

我们要革除许多人的错误,以为文艺复兴时的艺术是反中世纪的,这实在不理解当时艺术史的演变,误将别人的宣传当作真理。事实上,当新艺术发动后,许多艺人仍然嗜爱中古的作风,不过他们体验到了新情绪,只想在原有的作风上加添自己的感觉,而且持着一种怯弱的态度,不愿骄矜自己的功绩。证诸当时宗教与政治的演进,是非常吻合的。

三、文艺复兴新艺术运动

意大利是个半岛,对它,海有种独特的作用,尤其是在十字军后。意大利商业发达的城市,那些致富的商人,讲求精神的享受,深知他们的幸福来自远方的异域,对空间的发展,成为他们精神上急切的要求,这在建筑与绘画上尤可看出。13 世纪哥特式的建筑,钟塔林立，指着碧云高表，象征灵魂对天堂的渴望也是立体的。到文艺复兴时代，变成无垠空间的发展，表现一种丰富与辉煌，正像到处遇着快乐的节目。便是在绘画上，虽然谈到自然，但是人物的背景一反中古传统的方式，以树木与天云，衬托出辽阔的空间。假使我们承认"感觉"是这个时代的特点，摒绝抽象，即我们了解这时代的艺术，在使群众有丰富的感觉。

意大利为国际斗争的舞台，西方国际贸易的场所，每个城市非常繁荣，有市政府、宫廷、教堂，每个殷实的富商，有美丽的建筑。佛罗伦萨首先倡导，各城市仿效，成了一种风气。查理八世到那不勒斯后，写给保若（P. de Beaujeu）说："你不能想象，在这个城内，我看着多少美的花园。因为，从未见过奇突的事物，我将向你叙述，倘如要有亚当与夏娃，那便真是地上的乐园了……"

每所建筑物，它的装饰非常自由，反映出时代丰富的背景，人体构成艺术中心的对象，雕刻成了艺人努力的焦点，这是受希腊的影响，是复古运动的结果。

文艺复兴并非突然发生的，乔托（Giotto）虽然生活在哥特式的时代，他已能代表新时代的动向。他在新艺术运动上，和但丁在人文主义发展作用上是一样的。

在表现情感、构图方式上，乔托开创了新的道路。他的方法非常单纯，用手的姿态，头的方向，一切微小与变化的动作，表现最深的情感。他绘画的人物，虽未达到写实地步，表现强烈的个性，可是他的构图，已打破传统的单调，跳出画布规定的范围外。艺人的意识觉醒，能够主动，所谓文艺复兴的特点，乃在艺人能自由地表现他的情感与个性。

比沙公墓（Campo-Santo）最能代表文艺复兴初期的作品。在公墓墙上绘着"死的胜利"、"审判"与"地狱"。就技巧论，有一部分表现新的情感，非常有力。题材虽然陈旧，但假借死的恐惧，表现生的胜利。

1348 年，意大利发生瘟疫，对那种快乐的生活产生有力的打击，作者感到死的恐怖，在画的右角，绘一乡下快乐的女子，与人谈话，正像保加琪小说中描写的人物。画的左边，绘着三个骑士，突然在三个棺前停住了，表现一种恐惧，仿佛第一次发现死的问题。一个隐修者向他们解释死的问题，似乎在读这段：

不久便是你在世上的终结：
看看你做了些什么。
今天活着的人，明天不见了，
当你消逝后，很快为人忘掉，
啊，蠢东西，铁石的心肠，
只顾目前而从不肯想想未来！

贪生的骑士，执迷不知世间的虚荣，泼妇象征死神，手持镰刀，向这一群快乐的人割去。非常写实，使人不能放弃这个问题。

在 15 世纪初，马萨乔（Masaccio）代表新艺术，这个天不永年的艺人——仅二十六岁（1402—1428），首先介绍新写实主义，孛郎就琪（Brancacci）教堂的壁画，分辨阴影，摹拟人体，都有特殊的成就，而亚当与夏娃失望的面孔，尤为稀有的杰作。

利比修士（Fra Filippo lippi）受美第奇推重，亦注意影阴，施浓淡彩色，与人一种自然与清爽的快感。佛罗伦萨成透视学的中心，便是在建筑上，亚尔伯地（Afberti）已运用，佛罗伦萨大堂顶，便是利用透视学建成的。

写实主义的发展，造成许多不朽的作品，勇敢而有者为雕刻家多那太罗（Donateuo），他对古代艺术有深刻的了解，又保持传统的宗教情绪，不忽视自然，从他的《大卫》作品（藏在巴若洛博物馆）去看，表现战斗后，青年胜利的情绪，周身的筋肉尚在震动中。瓦萨里（Vasari）指出多氏艺术的特点，乃在自然的动向。

与多氏写实作品相反者，系安杰利科(Fra Angelico)。这位天才的画家，二十岁(1407)入多明我会修院，虽在新思潮颠荡中，却能握他的动向，融合中古思想，在圣马可修院中，绘了许多作品，引人到天堂的路径。《救主朝山者》，那种圣洁的神态，反映出他内心深刻的修养。他绘每个人物的面孔与动作，都能脱离旧日窠臼，眼睛的表情，类能追逐一种理想，如《圣母加冕》，将那狭小与阴暗的小房间(圣马可修院)中，变成了光明与富丽的教堂。

当文艺复兴巨流形成后，有如一阵狂风，便是那古老保守的罗马教会，亦卷入其中。教皇们为这种景色所迷，有种强烈的信念，要使罗马成为新艺术的中心。

尼古拉五世(Nicolas V)即位后(1447)，取美第奇为法，赞助新运动的发展，不顾教廷经济的实力，要将梵蒂冈变为艺术城。他创立梵蒂冈图书馆，收集许多珍本，请许多作家，翻译古希腊作品。瓦拉译杜西地德，稿费增至五百金埃桂，这是前所未有的。

他希望罗马成为新运动的领导者，恢复古代光荣，但是他并不尊重古迹，为了建筑教堂，毁斗兽场，取出两千五百车大理石，但是这个可怕的剧院并不因此受到致命损害。

庇约二世继位，利用他渊博的学识，著有《宇宙学》(*Cosmographai*)，为当时学者所推重。西克斯特四世(Sixete IV)继之，度着一种豪华的生活。有许多学者与艺人：天文学者莱若蒙达(Legiomontanus)修理历法；供地(Sigigmonddeieonti)著现代史，共十七卷，能与史学一正确的解释。画家云集，如洛西里(Cosmo Rosselli)、波提切利(Sandro Botticelli)、吉兰达约(Domenico Ghirlandaio)、佩鲁吉诺(Pérugin)，而伏尔利(Melozzo da Forli)的《升天图》，尤为不朽的作品。

到英诺森八世(Innocent Ⅷ)时，出卖教廷位置，秘书由六人增至二十四人，继又增至三十人，每个位置为五百金丢加，开教皇黑暗时代。到亚历山大六世(Alexandre Ⅵ)，那真是每况愈下了。他完全失掉宗教的尊严，追逐世俗的虚荣，竭力铺张豪华，在一个建筑物的前题铭上,刻着:“罗马因恺撒光荣,现因亚历山大登上光荣的峰顶,前者是人,后者是神。”

萨伏那洛尔(Savonarole)看到教会的危机,倾全力与之奋斗,但是,这个个人主义时代,沉沦在享受与堕落中。

1513 年,马基雅维里著《君主论》,其目的要引起美第奇注意,对政治产生一种作用。马氏以为政治只论目的,不论手段,无所谓道德。政治外表要装潢,内部却是狡诈,暴力与虚伪,如果为了目的,这些都可运用。他取李维史学者言:“如果为了国家自由与独立,不论手段如何,同情与残酷,行为正与不正,都可采用。”因此,宗教只是一种工具,为了政治的目的,宗教也可变为一种伪,向这方面演进,愈显出宗教的用途。他对基督教持一种憎恶的态度。因为基督教系弱者的宗教,失掉战斗的力量,不会产生如古代政治与军事上的人物。他赞美包锐亚(Oaesar Borgia),因为他将教会世俗化,这在他看来是一条坦途,教皇制度的毁灭,便是古罗马光荣的再生。

这种理论对教会有不利的影响,个人主义(更正确点说自私思想)借此无止境的发展,毁弃是非标准,解脱宗教传统的束缚,这不是革命,而是“智慧的暴动”。

鉴于亚历山大六世的耻辱,教皇朱力二世(Jules Ⅱ)即位后,在那种不利的环境内,他要反抗,反抗包围教廷的势力。他有坚强的意志,善战,人们称他是一个“可怕者”。他仍想恢复中世纪教廷帝国,但是时代不同,他反为时代所控制。集聚许多杰出的艺人,使罗马成为艺术圣地,完成尼古拉五世、西克斯特四世的工作。他墓前米开朗琪罗雕刻的摩西,周身表现强力,孤独静观,正是这位好战教皇的象征。

到利奥十世(Leo X)时,文艺复兴达到峰顶,成为学者与艺人的保护者,而宗教改革的火,也便在此时暴发了。狄柴纳(Sigismond Tizio)说:“普通意见,公认教会到腐败地步,领袖只贪图快乐,戏剧,打猎,并不顾及他的信徒。”

罗马成了新运动的中心，在过去伟大的回忆上，学者与艺人施以新的粉饰。这是一块享乐地带，充满了肉的刺激，教皇阿德利安六世（Adrieu Ⅵ）痛恨万分，以悲天悯人之心，欲加以改革，结果无人赞助，求之于名震一时的埃拉斯姆，他冷淡地拒绝了。

达·芬奇（Leonardo da Vinci）的《最后的晚餐》，完成于1498年，代表文艺复兴的新精神，技巧完美，含有深刻的宗教情绪，每个宗徒的面孔，手的姿态，十三个人物的组合，刻绘出那句凄惨的话："实在说，实在说，我告你们，你们中间的一个要背叛我！"这幕悲剧，以很沉静的布局，反映出无穷的苦痛。

保地舍利所绘《朝觐》一幅，表现当时两位伟大人物，向少年指婴儿者为萨伏那洛尔，少年即罗伦佐·美第奇。但是，能够自成一家，为人赞赏，绘出时代的动向者，为拉斐尔（Rapall）。

拉斐尔绘梵蒂冈宫，有两幅巨大壁画，至今为人赞赏。《雅典学院》，包含诗、法学、哲学与神学。"辩论"由柏拉图、亚里士多德领导，讨论深奥难解的问题。在圣多默（St. Thomas）圣本纳文都（St. Bonananture）旁，可看出但丁·安日利告与萨伏那洛尔。两张壁画主旨，表示科学与信仰的合一，自然与超自然互相映辉，中古思想与新精神的配合。他能在文艺复兴巨潮中，不为沉溺，抓住历史的潜力，以绝伦的技巧，使人感到一种神韵，因为他不走极端，从调和着手，启示出人类智慧的伟大。

代表文艺复兴强烈情绪，行为独特，与拉斐尔等相反者，为米开朗琪罗。

米开朗琪罗自诩为佛罗伦萨贵族，他接受中古传统的精神，有深刻的信仰，秉赋着不安、强烈、偏执的天性。从幼年时，受吉兰达约（Ghirlandaio）与贝尔多岛（Ber Toldo）之教，爱好雕刻与绘画，随着人文主义潮流，追求"美"的真义。1506年，发现希腊著名雕刻"洛贡"（Laocoon），从即悲惨的神态，他明白古人的艺术，表现人类内心的矛盾与苦痛。他爱《神曲》，同情萨伏那洛尔的结局，看到人间的罪恶、古代美的诱惑、末日审判的可怕。他有强倔的个性,介乎“愿意与不愿意之间”,刻绘时代的悲剧。

从1536年起,承教皇保罗三世之命,绘西斯廷(Sixtine)壁画,那是《圣经》与《神曲》的综合,以力的美,启示人类的命运。这像是奥林匹亚大会的竞赛,每个人有他的结局。那幅《末日审判》,基督愤怒的姿态,使慈和的圣母亦感到一种恐惧。

到利奥十世时代,米开朗琪罗登到文艺复兴的峰顶,他着重在雕刻,一反传统的作风,任其幻想引导,将内心的苦痛,表现在美第奇坟墓上。

1527年,佛罗伦萨起革命,米开朗琪罗为家乡观念所迷恋,赞助共和,反对教皇党。两年后,革命失败(1529年9月),米开朗琪罗须服侍他的敌人——克莱芒七世(Clément Ⅶ)。他将内心的苦痛与所受的侮辱,凝集在《早》、《夕》、《日》、《夜》四尊雕刻上,那是他自己的叙述,以石呐喊他内心的感受。对瓦沙利咏夜相的诗,他和着说:

睡眠是柔和的,
更柔和的是石的睡眠。
那时候,罪恶与耻辱存在,
看不见,听不着,
对我是无上的幸福,
所以不要给我唤醒他,
要低声点谈!

米开朗琪罗一生在奋斗中, 他与拉斐尔受幸宠的生活相较,有天渊的差别。他说“千般快乐不若一点痛苦”,作品从未完成,从未满意,永远孤独,从人间得不到一点安慰。

1538年后,他结识女诗人高洛纳(Victoria de Colonna)。当时他已六十三岁了,他们有纯洁的友谊,“如夏夜的繁星”,使他感到人生的可贵，加强他宗教的情绪。他说：“以艺术为偶像的崇拜，现在我明白是如何的错误。雕刻与绘画都不能与我灵魂以休息，须转向圣爱……”罗马圣彼得大堂的圆顶，堂内的“彼也达”（Pieta）雕像，正是他生命的象征。

意大利的人文主义与艺术发展，不久便传播到全欧，他的基调是个人主义，要摒绝一切障碍，使人类的天然秉赋，能够自由地发展。次之，人的整体理性与感觉，须遵守自然的法则，他们不能对峙，而要与以一种调和，证明人类潜在的伟力，无拘禁地向上进展。因之，他们敢大胆地创作，大胆地批评，每个人都有他清醒的意识与自由的意志，欧洲精神教育为之一变。爱好古代，追逐理想，要说自己的话，这是埃拉斯姆的整个神髓，1516 年，他刊印希腊文的《新约》，那真是划时代显明的标帜。

欧洲封建时代的献礼①

欧洲中古初期，社会混乱，陷入孤独与封建途径，呈现一种分裂的状态。法兰克王国的建立，虽保存一部分罗马的国家观念，他的基础却建立在“忠实”上，如伯爵是一个公务员，他的取得却出于“忠实”，按照近代的观念，对人的忠实是反国家的，因为主权随之破裂。

主权分裂系臣属权力的增高，亦即权力个人化，此由于当时内在的因素，并非来自罗马或日耳曼的。因为主臣关系基于“忠实”，每个臣属在其境内，有行使主权的自由，帝王所问者为“忠实”，只要举行“献礼”，其他是不过问的。

为此，在封建时代有“谁的人”术语，这个“人”字的含义，异常现实，即是说他没有独立的人格。由于“谁的人”构成了主臣的关系，不分阶级，一个个体依附在另一个个体身上，须经过献礼的仪式始能成立。

甲乙两人对立，甲愿服侍，乙愿接受，甲并双手置于乙手中，有时跪下，以示服从，宣布愿做乙的“人”。乙将之提起，互相亲脸，表示接受，从此主臣关系确立，甲为“乙的人”，有时更精确自称“乙的口与手人”。此种“献礼”仪式，源出日耳曼，并没有丝毫宗教意味。

自法兰克王国形成后，宗教与政治合作，基督教支配西方社会，于是于献礼之外，又加添宗教仪式，即甲乙举行献礼后，甲复将双手置于《圣经》或圣物之上，以示甲对乙之忠顺。

①原载《中山大学文学院院刊》，1948年。

忠顺仪式与献礼有别，忠顺是附加的，没有保证，最后的制裁是未来，它是伦理的，即是说它既没有强制的力量，又可以多次举行。至于献礼，便不同了，它是一种契约行为，仅能举行一次，只要双方活着，就永远有法律的效力。

到无可奈何中，弱者求人保护，强者喜欢保护人，以增加自己声威，这是一种自然的倾向，同时也是时代的要求，成为生存必备的条件。当弱者感到生命受威胁时，不只将他的人格献与主人，他的产业亦随之呈献。事实异常矛盾，采邑起源，最初系臣属孝敬主人的。强者要有“他的人”，加强实力。自诺曼人与匈牙利人侵入后，私人献礼突然增多，原因非常简单，每个领主要有“他的人”筑碉堡，要有“他的人”守护碉堡。在动乱时代，强力成为支配社会的唯一因素，依附成为生活必然的方式。于是一种依附的方式是世袭的，系通常人举行，对所尽的义务没有选择的自由；别一种是臣属的较高贵者举行，受契约限制，至死为止。

互相依附的动机，不仅由于时代的紊乱，亦由于经济的因素。自7世纪起，为了酬谢臣属者忠诚的服务，主人以赠与方式，与少部分产业。所赠之物，不能转移，不能世袭，倘如服务中止，或中途死亡，随即撤回。此种方式由习惯造成，亦非源于罗马或日耳曼的。

便是查理曼时代，公务人员与官吏，没有薪给制度，土地成为财富，控制社会，帝王将土地赐予将士与臣属，所有权渐趋破裂，不为重视；当时为人所重视者，为时间给与的占有权。主臣关系愈扩大，主人赠与臣属采邑愈增加，“授与”采邑仪式亦愈隆重。封建时代，一切要象征，用实物表现意义，使感觉到一种满足。献礼与忠顺仪式举行后，始举行“授与”仪式。主人首赐一棍，象征财产；继赐一撮土，象征土地；继赐一把枪，象征兵役；最后赐一面旗，象征作战。

武力既为时代的重心，如何增强军事设施，变成每个领主基本问题，在消极方面，建设坚固的碉堡，防御盗匪，防御仇敌，便是说凭借他有限的实力与整个宇宙来搏斗。在积极方面，建设骑兵，因阿兰人与哥特人侵入欧洲后，马蹬与马掌传入，骑兵可跋涉山路，便于作战，威力大增，查理马特是以骑兵败萨拉森人（732 年），亨利四世亦以骑兵败萨克逊人（1075 年），骑兵遂成为主力。

但是，建设骑兵是不容易的，首先要有长期的练习。“年少不为骑士，则永无成骑士的希望了”。次之，要有雄厚的资产，始能有一匹马及服装与武器。据 9 世纪的价格，一匹马可换六头牛，一套甲的价值与一匹马相等，一顶盔等于半匹马，这样除生活与武器外，极基本的装备须有二十头牛的价值，此非特殊富有者不能为。“献礼”变成资产活动的方式，主臣所构成的军队是终身的，理由非常简单，臣属的土地系主人赐予故。此种动向，可从当时术语中看出，11 世纪文献中，“臣属”（vassal）一词与“军士”（miles）通用，“军士”一词，又可以“骑士”（chevalier）代之，这说明时代的需要，习用的字尚未确定他的面貌。

献礼保障“忠实”，建立主臣关系，其基础便是“一人不事二主”。加洛林王朝，虽无明文规定，却能保持这种精神。迨至封建制度极盛时，不健全的现象发生，一人事多主的现象非常普遍。李奇南（Reichenan）著《军律》（1160 年）说：“倘如一个骑士为采邑而事多主，上帝是不喜欢的。”尽管苦口婆心，不能阻止时代动向，13 世纪末，德国一子爵可有四十三个主人，于是纠纷百出，破坏了人与人的联系，而原始创立的“献礼”，亦须贬值，以迁就事实。

最普遍而最不易解决的问题，乃是二主发生战争，臣属所取的态度。为避免扩大纠纷，确立三个原则：

一、按照献礼时期的先后，臣属当从最初者；

二、按照给与采邑的多寡，臣属当从赐与最多者；

三、按照亲属关系，臣属当从近亲受压迫者。

这三种原则，基于法律、经济与血统，仍然不能消除纠纷，问题不在原则的不善，而现在社会已变了。反抗主人已为道德与法律不许，为人指摘；为采邑而反抗（封建时代最多的），“献礼”渐失其作用。于是为补救缺陷，创立“绝对献礼”（Hommage Lige），即一人可有多主，择其一为绝对主人，自己亦为绝对臣属，加强忠实的关系。

“献礼”是契约，“献礼”而加以绝对，正说明主臣关系不健全了。见业主教，养骑士百人，如其绝对主人发生战争，他只出二十人，如帝王发生战争，他只出十人，他要保存自己实力，不轻于牺牲。这是一个伦理时代，“献礼”已难发生积极作用，却仍保持着神圣的姿态，不能毁弃，如毁弃，视为不忠实。英王阿尔弗雷德（Alfred）异常慎刑，对犯罪者从轻发落，却要“除过背叛主人者，对此种人，不能怜悯……杀害主人者，永不得救”。

主臣关系在心理上所生的力量，封建时代留下许多矛盾的资料。臣属如朋友，第一种情感为忠诚。主人如家长，慈爱为先，有如父子的关系。如战事诗咏纪合尔（Girart）：

> 假如主人被杀，我愿为人杀死；
> 绞死呢？我亦绞死。
> 烧死呢？我亦烧死。
> 溺死呢？我亦投水。

模范臣属第一个任务，是手执宝剑为主人死去。教会对此亦加鼓励，里莫若（Limoges）宗教会议（1031）宣布：“在危险下，骑士当为主人死去，其忠诚有如为上帝的殉道者。”

我们感到这里有许多悖理、矛盾及野蛮的地方，但在当时却是很自然与很合理的。中世纪，一个人没有主人，亲属又不负责，按英国10世纪法律，此人不为法律保护的。腓特烈大帝的组织中说：“放火者逃在堡垒内，如果不是逃入者的主人、臣属、近亲，即堡主须将之交出。”从此可知主臣关系的重要，“献礼”成为生存的条件。

通常骑士子弟养在主人的宫中，学习战斗，随主人行猎，体念主人的恩典，加尔尼（Garnier de Nanteuil）对查理曼，深能表现此种情绪：

帝王去森林，我持弓扶蹬随行；
帝王去河边，我带雕鹰与猎品；
帝王去睡眠，我唱歌、奏乐与解闷。

封建情绪支配了人的实际生活，社会组织随之变化，如婚姻问题，并没有个人自由。父权至上，婚姻由父亲决定，父亲去世即由主人决定。此种情形，导源颇古，西哥特律中："如果士兵留一女，主人抚养，与之配一同等的丈夫。如她自己选择，不从主人意志，即须将其父所受主人财物退还。"（Codex Euricianus C.310）主人为臣属决定婚姻系正常的，如是与实利始相符，流弊很多，到13世纪，"献礼"失其作用时，主人解决臣属子女婚姻，亦须征求家中同意了，这是很耐人玩味的。

封建制度不是创造的体制，而是社会演进的结果，一种自然现象，它不是突然的，而是逐渐形成的。"献礼"为封建制度中具体的表现，构成个体的依附，自社会演进言，形成一种立体的体制，政治与经济都失掉正常的关系。到社会起变化，此种制度不能维持原状时，便是神圣的"献礼"，亦可毁弃，却须举行仪式。

毁弃"献礼"的发动者，首先投掷树枝或外衣皮毛于对方园内，象征一种挑战，然后找两个证人，提出书面的拒绝。出自臣属者，退还采邑；出自主人者，停止臣属所负的义务。就普通言，出自臣属者较多，如是"献礼"便毁弃了。封建时代作家保马纳（Beaumanoir）说："臣属如何遵守信约，主人如何尽其义务。"此13世纪人物，提出对峙，人的关系，不再依附而趋向合作了。平等合作愈扩张，则"献礼"愈失其约束性，到最后变为讥笑的资料。

欧洲封建时代社会之动向①

欧洲封建制度,并非突然形成。当萨拉森人封锁地中海后,莱茵与多瑙两河以北,渐次成为政治活动的中心,文化与经济亦随时代所趋,起一种质的变化,特别是9世纪至11世纪。因此,分析这期间的社会动向,使人感到时间强力的可怕,并许多事实的面目。

封建时代的生活与古希腊罗马相比较,首先是接近"自然"。新开拓的日耳曼地带,到处是森林与池沼。荒野的田间,野兽时常流窜,猎狩成为重要的生活手段,其原因不仅是自卫与娱乐,而且是经济的,生活上所必需的。封建时代的生活,有如原始时代一样,系自然经济的。采山果、猎野兽、割蜂蜜,便是日用的器具,又多半是木制的。生活简陋,却很质朴,含有原始的成分。环境粗野,影响到精神上是一种横蛮与暴躁。

因为穷困,没有卫生设备,公共卫生更谈不到,所以健康没有保障,死亡率很高,特别是儿童死亡率。王公贵族们虽有较好的物质生活,却不注意养生之道,不洗澡,吃得太饱,疾病随生,只看当时帝王们的年龄,便知这个传奇式的时代,人是如何很快地衰老。亨利一世活了五十二岁;路易六世与腓利普一世,各人是五十六岁;萨克逊系初期四个帝王,平均仅四十岁又六个月。我们看出政治生涯是如何耗费他们的生命,同时又可看出一种矛盾现象:原始与古老的封建社会中,其统治者却完全是一群青年。

①原载《民主时代》第2卷第1期,1948年。

因为死亡率高，“死”的观念激起一种不安的情绪，失望与恐惧控制了人心，死不是生物自然的现象，而是一种生的变形，从一个不定的世界达到永恒的世界，他是神秘的，却非常现实的。纳曼人用骷髅浮雕装饰门楣；比萨公墓的骷髅舞，都启示人“生”的不永。这个时代，信仰含有积极的意义，它是一种生活，不能予以逻辑的解释。迨至 12 世纪后，信仰始成为研究的对象，运用理智去说明，逐渐养成一种新感觉，播散文艺复兴的萌芽。

为此在中古时代，时间观念异常薄弱，不为人重视。只有过去与未来，却没有现在，便是史学家，亦不注意时间。桑拔尼伯爵夫人，将继承加贝王朝，却须首先确定她的生年是否为 1284 年，由是引起许多争执。通常生活上，计算时间的工具亦不完善，普通运用者为水漏与沙漏，却不准确；公共场所与修道院，大半为日晷，因天气变化，常受限制。约至 14 世纪，始有摆钟发明。发明缘于需要，这说明时间观念的重要，逐渐进入人心，而社会亦从封建中蜕变，转向新方向。亚尔佛来王欲有准确时间，将蜡烛切成许多等段，到处点着，也够愚笨与有耐心了。

没有时间观念，系精神不正确的表现，习惯代替了观察，想象代替了理智，所以人们的生活上，特别是宗教的，含有浓厚成分的迷信。现实的生活，只是长而无尽途程中的一段，或者竟可说是一层帐幕，背后藏有更深刻的事实，而为人不能理解。人失掉主动，幻变中寓有不变的意志，暴风雨降临，系魔兵魔将的过境；彗星出现，必有战争；鬼的活动，使人忧虑；尊重圣物，朝山进香，成为社会生活的基础。虔诚的罗贝尔，奥托三世，视这些迷信与作战同样的重要。所以奥托说：“宗教的发展，便是保证帝国的安全。”

中古宗教情绪，与希腊罗马时代截然不同，我们现在很难体会的。所谓知识阶级，用拉丁文表现感情与思想，但是这种语文，杂有方言，文法错误，并非西塞罗典范时代所用的。然以教会故，非常流行，变为西方国际语言，到处可通行。

拉丁文虽普遍，却不能表现新感觉。自9世纪起，方言渐取得社会基层力量，日耳曼语与拉丁语对峙，842年斯脱堡盟约文，便是语言紊乱的说明。语言文字的紊乱，实社会不安的反映，欲有系统与高深的知识，几乎是不可能的。纳任（Nogent）以十字军史著称，他写回忆时（1115）说："在我幼年时，非常缺乏教员，乡间简直找不到，城中是可遇不可求，他们知识有限，与现在流浪的小神职者相等。"

自9世纪至11世纪末，求学实在是严重问题，须冒险至各处游走，始能有所进益。吉伯特·奥里亚克（Gerbert d'Aurillac）到西班牙学数学，来姆士学哲学，交通困难，每日步行三十公里左右，宿于教会提供的住处，将途中见闻，传播四方，辗转演为一种神话，所以中古是谣言最多的时代，亦最易相信谣言的时代。原因很简单，知识不发达。

知识不发达，当时并不以为可耻的。开国元勋的奥托一世，三十岁时始开始识字；龚合德二世，一生不知写自己之名。中上等名人，只有经验，没有学识，称之为"Idiota"，意为不能读圣书者，倘与希腊拜里克来斯、罗马奥古斯都两时代相较，其差真不知几万里也。我们所说，系指一般风尚，并非没有例外，如奥托三世，其母为拜占庭公主，可以用拉丁文与希腊文表达思想。威廉三世，亚奎登公爵，有藏书丰富的图书馆，常读书至深夜。

知识不发达，系社会割裂的现象，生活困难的结果。一切陷于混乱与停顿的状态，社会起一种变化，走向孤独与不安的途中。这是日耳曼迁入后的结果，亦欧洲重心北移必然的现象，与其说封建阻碍了进步，毋宁说，欧洲大陆起始开拓，新民族吸收旧文化，必然的现象，似乎更近事实。

罗马注意路政，却在南欧洲，以意大利半岛为中心。经蛮人侵入，法兰克王国未能安定西方社会，公共设备渐次倾毁，而为人赞誉的罗马道路，亦随之破坏，特别是桥梁。以故交通困难，城外无安全的保障。沿路居民甚少，盗匪横行。1061年，托斯地侯爵，英国最有实力者，在罗马城外为人劫走，须出高价始赎回。秃头查理，看到由南方送来的衣服，途中未被劫走，认为是意外的。此时政权分裂，执政者无论大小，须策马各处巡行，因此于中途牺牲者非常多。

路政既废，道路混乱，任其自然发展，没有计划与组织。墟场、修院、碉堡为确定道路的因素。道路变为附属者，愈小愈狭，桥梁愈草率，愈易破坏，行人失掉安全。每段有势力范围，必须有"关系"，始可通行。除威尼斯至君士坦丁堡外，传递信件已不可能。如果有重大与急切的事件，即差人专送，所以既不经济，消息又不灵通，即使是宫中的编年者，亦多道听途说，弄许多笑话。如匈牙利人西侵时，以拉丁作家未曾提及，故不知其由来。汤伯尔(Tombert de Hersfeld)为博闻之人，对日耳曼帝国边界，亦有错误。

倘加这样推论，确定欧洲中古是锁闭的，那与事实便不相符。如西班牙与阿拉伯关系至为密切，比利牛斯山北，有阿拉伯金币的流行。威尼斯取道海路，至拜占庭首都。或由巴尔干至基辅，转向黑海与里海，与中亚及远东有交易，西方输出者为奴隶，输入者为香料与奢侈品。经济并不发达，却能继罗马之后，未停止贸易，只是作用太微弱了。须要在十字军进行后，夺回地中海上的航权。蒙古西进，摧毁陆上的障碍，那种自然经济始开始转变。

11 世纪后半期，教皇格里高利七世改革，新生的欧洲统一告成，至少是意识上如此，以故向东进发，产生一百七十五年长的十字军东征，究其意味，并非是宗教的。当此长期冒险的战争发动时，正是封建制度达到顶点，这时候人口增加，骑士制度已形成一种生活的典型，而人与人的关系，亦较前密切。加佩王朝，从事军事与政治建设。自巴黎至奥尔良的道路，路易六世可以控制。桥梁设备，增加警兵，使重车可以通行。商旅可以安全，工商业逐渐有起色，至少土地支配生活的强力为之一弛。这不是农业生产降低，而是土地制度固定、耕种方法改良、生产增加的结果。当十字军进行时，威尼斯取海上霸权，其输出商品亦多，如毛织物与棉花，一般社会生活水平得以提高。由是,吸收现金与实物,成为金融活动的趋向,而非封建初期专事收藏所可比拟。我们可看出两种结果:第一,工资制度渐次取得地位;第二,商人逐渐有组织,构成新势力。社会又向前演进一步。

封建时代社会动向,就表面言,它接近自然,想象代替理智,使个人生活与新社会生活脱节,知识落后,形成分裂与孤独状态。但是,往深处着眼,即发现这个时代,拥有一种活力,追逐一种理想,每个人都有一种个性,不断地反省,分析内心,如《罗兰之歌》,克利坚(Chretien de Troyes)的小说,不重视行动,却能有深刻的分析。这是一种新动向,其结果便是个人意识的觉醒。

从查理曼帝国分裂后(843),新旧社会人为的统一,虽不能说终止——教会犹继续推动,但是时与事异,没有人敢于尝试,近代欧洲的国家便于此时肇生。当封建制度稳定后,即向外发展,十字军并非专为耶路撒冷的圣地,实步希腊罗马的后尘,向东进发,政治与经济的动机远超过宗教与文化的。十字军没有结果而结束,随着封建主潮消逝,却从未忘掉东方的。只是蒙古蹂躏于前,奥托曼崛起于后,由于地中海商业的复兴,西方从海上进发,抛弃传统的道路,这是很自然的,其结果为地理的发现。中古时代的社会动向亦开始变质。

论欧洲封建时代的法律[1]

一

紊乱中产生秩序，这是人性基本的要求，封建初期的不安与苦痛，由教会与查理曼帝国的努力，意识逐渐觉醒，开始眷恋过去希腊罗马的文物，追求幻渺无穷的未来。此种变化中，法律的研究，予以一种确定的力量。因为法律是维持人与人及人与物关系最有效的工具，它是应用的，却不断演变，含有一种哲理与历史的背景。

封建初期，完全是习惯支配，这是一个习惯的时代。在9世纪前，一个欧洲的法官审判案件，是非常困难的。当时通行的法律很多，有罗马法、日耳曼法，帝王对蛮人颁布的旨谕，各地的习惯法，形成一种混乱的局面。如果有事发生，没有一本书可以解答，以应付现实的需要。加之人与人的关系，除习惯规定外，成文法并不适用。因之，在封建制度确定时，习惯法的力量最大，支配一切社会生活。

蛮人侵入后，西欧失掉政治统治力量，成文法不能通行；又因为失掉法律教育，拉丁文为知识阶级语言，群众不能了解；那些法学家对条文解释不忠实，常与曲解，使人对成文法失掉信任。领导社会的宗教团体，组织自己的法律，凡不关于教会者，即不为学校所教授，结果只有习惯法取而代之。按照人物、时间与地方的不同，习惯法愈

①原载《民主时代》第2卷第2期，1948年。

为分歧。没有律师，审判官是万能的，成文法自然难以维持它的地位。

从 11 世纪起，意大利又重视法律，继续久远的遗传，魏波(Wipo)说："青年们到学校中，法律使他们出汗。"在英国亦然，阿尔弗雷德王竭力倡导，吸收许多习惯法，自纳曼人侵入后，同样重视，可是形式虽然是拉丁文，内容却是盎格鲁萨克逊，而自成一系统。

二

封建欧洲对法律重视的成分不同，本质上却是一样的，即每个地方抛弃了成文法，代替口传的法律，形成一种习惯。即有运用成文法者，因时代变迁，又须以习惯法补足，习惯法成为支配时代唯一的法律。

习惯法的发展，势必改变原有的司法制度，每个人要遵守他祖先所遗留的法律，在每一块小地方，很可找出许多不同的人，如罗马人、法兰克人、日耳曼人、西哥特人、布尔贡人等，旧有的法律不足应付这样复杂的局面，蛮人的习惯法，逐渐演为成文法，其对抗与磨擦的力量更大。

自 9 世纪起，民族对峙问题减少，封建制度亦形成，无论在政治上或社会上，需要新秩序，那些特殊的法律，渐次失掉地方性，变为团体的，因而每个团体想发展自己的法律。亨利二世时，格兰维尔(Granville)著《英国法律论》说："民众是那么复杂，要想将现在王国中实行的法律写出，那是不可能的……"

习惯法有特殊性，含有许多细微的节目与微妙的含义，有类每家的家规，其目的相同，运用起来，却有无穷的变化，含有深长的意味。中古封建时代，始终没有脱离艺术性的成分。

三

也如当时的文化,封建初期的法律是因袭的。继后教会改革,领导当时文化,对传统力量加以抨击。在1092年,教皇乌尔班二世(Urbain Ⅱ)写给佛兰德尔伯爵说:“你以为你的所作所为合乎世界上最古老的习惯吗?你该明白,你的救主说:我的名字是真理;他没有说:我的名字是习惯。”虽然如此倡导,一般人拒绝“新的事件”,因为“新的是可憎的”。习惯与维新相冲突,凡有所争执,须提出更古的成例始为有效。

此种法律没有写出,完全凭借记忆,遇有事件发生,向长者叩问:是否曾有此事,前人如何解决?证人是最重要的,土地转移,两方当事人将自己的孩子带去,为着记忆延长,记契约的转移,证人为谁,经过情状。当事情完结后,将许微实物分散,使大家记得有这么一回事。

习惯法的特点在回忆,而人类的记忆当是幻变的。家族集体的回忆,往往因偏执与利益,常有错误,世代相传,错误上更有错误。法律学不只是一种知识,而且要应付事实的需要,他们以为模仿过去,却托过去以解决现实,以故法学不发达,自是当然的。为此,在封建时代,有研究法律者是偶然的。

习惯法与时演进,同样事件举行三四次,即改变原初的面目,于是流弊业生,即使一种新事件,经几次举行而变为习惯了。如圣东尼(St Denis)修士,在11世纪,请危尔(Ver)送两百桶酒,以救急用,结果成为一种惯例,每年须纳酒,以后用皇室命令始取消。如主教向修士借款,贵族向所属告贷,两方社会地位相差不远,仍须写出“此事不能成为法律”,即不能成为习惯。然而双方地位相差太远,不敢提出,很可能成为一种法律。

封建时代对土地所有权的争执,除意大利外,可为完全不存在的。人们不谈所有权，所谈者为“Saisine”（Gewere），便是说：非权益的占有，而是时间给与的占有。如甲乙争一块地，不问此地属于何人，只问何人种此较久，如不能解决，或取决斗，或求神判决，或找人证明何人种此久远，因而所有权失掉意义，法律虽多，不涉及所有权，因为所有权是属于罗马法系统的。在封建制度发展中，人与地相关联，层层相属，每个人都可说：“这块土地是我的。”因此，有些学者语此为“法权分享”（Participation Juridique）。

四

意大利始终未忽视过罗马法的研究，到11世纪末，研究罗马法成为一种风气，博洛尼亚（Bologna）在伊尔奈利（Irnerius）领导下，成了罗马法的光明。便在此时，法律教材亦改变，“会典”成为研究的中心。

这种法学运动，并非孤独发展的。罗马教皇克来芒七世，以其坚毅精神，推动改革，不只在宗教上有所成就，而政治与法律亦受其影响。波罗尼法学运动与教会法典编纂相距不远，他们代表两种动向：一种是复古运动，别一种是逻辑的分析。

贵族们亦逐渐感到法律的需要。自1096年后，布鲁瓦哇（Blois）子爵宫中的法学者，加有“法学博士”衔。当时研究法学者并不精确，非常浮浅，自足使法律学术复兴，可是他们形成一种宣传，使罗马法普遍化，鼓励那些真正的学者与作家，给波罗尼法学运动有力的推动。腓特烈大帝征意大利，带去许多法学家。

这种运动使教会感到不安，那些帝王们，如法国的腓力奥古斯都（Philippe-Auguste）及其后继者，与以一种保护，因为罗马法保障人权，就政治言，他是中央集权的。这与教会处在对立的局面，证明法学运动的重要。

法国南部，保存着罗马的影响，自12世纪起，他们便知《优士丁尼法典》的存在，曾用方言作一种归纳。这些事实，提高成文法的地位。“永留在人的记忆”中的祖先遗规，自非几个法学者的意志而能动摇，但是那种蛮野的决斗习惯法，不能再存在，需借更古的法律，加以修正，补其缺点。

就政治言，自 12 世纪后，王权加强，社会有种新动向，纵使法学家不能推翻社会制度，却可使意识觉醒，知道有“我”的存在。

在封建时代后期，受罗马法教育者，努力摧毁不精确与矛盾的现象，习惯法逐渐失其支配力，王权实力加强，使特殊法律消灭，相因相成，法律统一又加强政治的统一。到 13 世纪，欧洲经济发达，城市居民要求将法规确定，不使人滥用，这种倾向与当时智慧发展配合，构成独特的欧洲文化，加强了推理与分析，封建制度已濒于崩溃的地步了。

关于赫梯——军事奴隶所有者[1]

两河流域远古灌溉时期的社会，系早期奴隶社会较为典型的例子，其发展是缓慢的。约公元前 2000 年时，在欧亚草原上出现了游牧民族，因而也就产生了特别迅速的人种结合，对东方早期奴隶社会是一种危机。危机的原因，一方面剥削加强，引起内部尖锐的矛盾；他方面，游牧民族侵入，与当地实际结合，引此种游牧者原始公社制的崩溃，进入奴隶社会。此种变化较速，范围扩大，引起了掠夺战争，一再征服与对抗早期奴隶国家，形成最早的军政统一，亦即军事奴隶所有者。赫梯便是最早的军事奴隶所有者。

一

赫梯部族原始的情况，我们知道很少，便是一二点滴的知识，亦不很精确。依据斯脱鲁威渊博的研究，赫梯自身历史的发展，为远古草原游牧部族之一，其特点为军事的侵略与掠夺。赫梯所居地带亦难确定，就其移动所提出的情况，当居于古俄罗斯的南部。继续移动经里海北，越高加索，南下入前亚细亚，散居于阿利斯河流域。移动时间约在公元前 2000 年前后，其方式是和平的。至于侵入前亚细亚的途径，有谓经伊朗北部。揆诸实际，尚须斟酌，当时似不可能，而以

①原载《山西师范学院学报》1958 年第 1 期。

取道高加索为宜。[1]

前亚细亚系海陆交通的要径，欧亚交通的桥梁。其地多为山区，不宜大规模的耕种，宜于畜牧与园艺，富有银矿，冶金术发达较早。亚加德王萨尔贡西征至此，即有“银山”之称。依据斯脱鲁威意见，“赫梯”（Hittites）一词与埃及“银”字有关，因埃及人称银为Khat，赫梯居银山地区，名由此得亦属自然。

由于波加凯伊古迹的发现[2]，经捷克学者克罗西尼的研究，初步掌握了赫梯的语文，丰富了关于赫梯的知识。就赫梯文字说，有用亚西安语者，即当地原有的文字；有用印欧语者，即字形以部位变化，类似希腊文。至于资料中有巴比伦文字的资料，属于楔形文系统，因为巴比伦语系古代国际语言。

由此我们得出两个认识：一、赫梯部族的构成至为复杂，含有印欧、高加索、小亚细亚元素；二、赫梯移入前亚细亚后，已有许多不同部落，经久发展，赫梯取得主导地位，掌握了政治与经济实权。[3]

埃及发现的古物，在石刻上所表现的赫梯人：体格魁梧、肩宽、鼻直、多须，有类蒙古人。初期衣服为仅至膝的短袍，戴尖帽，穿长腰靴，佩短剑，持长枪或双刃斧，驾战车，勇于战斗。就其艺术言，含有质朴与粗野的性格，不若亚述富于写实、埃及富于生动。

---

①理由是这样：一、亚述先已兴起，横于东，赫梯难于通过，亦无文献记述；二、赫梯初为亚述殖民地，不可能经亚述后，再行拓殖；三、赫梯文字部分与西徐亚相似，而西徐亚居黑海之北；四、赫梯侵入巴比伦，取道西北，如来自伊朗，自当由查格洛斯直入；五、赫梯冶金术，非获自亚述，而获自高加索……

②波加凯伊距今土耳其首都安哥拉约150公里，于1906年由德国人汪克来（1863—1913）发现，有五个王宫，两万泥板。

③孔得纳论赫梯说，赫梯人种构成至为复杂，由亚美尼亚来，含有高加索及小亚细亚元素……（又莫来：《近东古代史》，译本328页）

二

赫梯国家建立的经过,我们知道有限,只知移入前亚细亚时,仍处于氏族晚期阶段,有农业知识,种植谷物。当时亚述商人,由于武力支持,向赫梯进行殖民地活动,遭受居民强烈的反抗。亚述为了自己的利益,曾求萨尔贡出兵,镇压叛乱。巨商经营货物转移,进行高利贷,利息高至百分之一百六十,不能偿还者便沦为债奴。继后,腓尼基沿海城市兴起,埃及与黑海商业由其掌握;巴比伦向北发展,驻军亚述,以故亚述殖民地逐渐衰落,给赫梯人兴起的机会。从这段历史说,亚述殖民地所起的作用,即通过农村公社形式,赫梯氏族社会加速了它的解体。

赫梯初创立国家,在古沙拉区,由塔巴尔那领导,他团结部族,组织武力,向外扩张领土,占领里亚西亚。其子继位后,军事奴隶社会向前推一步,移都至哈杜什[①],向叙利亚发展,攻亚莱普负伤而亡。

遵照前王遗志,幼王慕锐尔立,奴隶暴动,但贵族们团结,政权赖以巩固。约于公元前1595年,赫梯侵入巴比伦,大肆劫掠,带回许多财物及俘虏,《以西结》谤语中有“汝父乃一阿摩利人,汝母乃一赫梯人”,可能是此次事实的遗留。

赫梯侵入巴比伦,使其社会受到有力的破坏,因而衰落。赫梯自身受巴比伦早期奴隶制的影响,加速公社残余的削弱,使赫梯奴隶制发展,建立起最早的军政统一。但是,赫梯的军事奴隶制,有其不可克服的困难,自由人为武士,一切劳动完全是依赖奴隶。一方面奴隶如畜牲,以“头”计算;他方面从掠夺战争中取得的俘虏,数以万计。以故赫梯贵族争夺王位,发生内乱,奴隶必然乘机起来暴动。最古文献有:“王子的奴隶暴动起来了,开始毁坏王子的宫室,背叛自

①城周三英里半,石砌,设望楼,门有守室,门前有守城石狮。

己的主人,并令他们流血。”在阶级斗争中,为了维护自己的利益,奴隶主们又团结一致,镇压敌人。事实也是如此,在奴隶暴动时,“太子、皇兄、内弟的亲属以及战士们都联合起来”。此种情况,几成赫梯史上的规律:奴隶暴动,贵族团结;危险过后,向外掠夺;战争完结,斗争又起;随而奴隶又叛乱。国家常处于战争中,慕锐尔后,赫梯内争所付的代价是叙利亚的丧失。

约于公元前1535年,铁列平主政,镇压内乱,使秩序恢复。随即施行有力的改革,创立贵族会议,使会议拥有特权,可处决王子。虽限制血亲复仇,但是此种会议仍为氏族制的残迹。在另一方面,为了加强国王权力,除监督王政的议会外,又规定长子继承权,如无子嗣,由长女婿继承。由于铁列平的改革,赫梯国家形成的过程中基本上始告完成。关于赫梯知识,于铁列平后又不确切了。

三

赫梯为军事奴隶社会①,以战争为生产基础,掠夺奴隶与畜牲。约于公元前15世纪末,喀杜西尔一世组织武力,统率各部族,形成中亚强力。苏彼鲁力玛(前1400—前1360)在此基础上,更加发展,成为一强大的军事霸国。领导核心由贵族、僧侣及高利贷商人组成。一切军事为第一,便是所尊之代舒布神,于其像上亦要加战斧与军盔,国王托其庇怙,称代舒布之子。②

苏彼鲁力玛挟其武力,南下侵入纳哈林,与米达尼冲突。米达尼王杜斯拉达受埃及支持,拒抗赫梯,取得一时的胜利。但赫梯用挑拨政策,激起米达尼内战,杜斯拉达阵亡。赫梯谋之已久,今已实现,赫梯王说:“在整整一年中,我将此国洗劫,并将一切东西解到赫梯。”

①“赫梯为军事寄生的联合体”。参看斯脱鲁威:《古代东方社会》,焦敏之译,6页。

②见B.H伙稚可夫及H.M.尼科尔斯基合编:《古代世界史》,日知译,159页。

随着赫梯支持王子马地雨查，败其从兄苏达那。恢复王位，娶赫梯公主，从此米达尼王国脱离埃及而变为赫梯臣属，亚来普要津又入其掌握。次之，腓尼基内战起，地尔倾向埃及，西顿倾向赫梯，赫梯借此作反埃及运动，其势力发展至希伯来。

赫梯以剑创造财富，以“占有敌人武器而自傲”，慕锐尔二世（前1345—前1320）推进霸国侵略，扩张领土。东接亚述；北滨黑海；西至爱琴海，取希腊财富；南入巴列斯坦，控制战略地带，给埃及严重的威胁。在编年史中说：“趁他们在睡梦之中，攻入皮加纳尔什，突然把它和它的牛羊执为俘虏。我把这一切当做战利品运走，而皮加纳尔什国，则付之一炬。”[①]此种焚烧劫掠造成一种恐怖，破毁商业与贸易，埃及利益受到打击。这些事实说明，在公元前14世纪末埃及与赫梯的冲突已至无法避免的境地。

四

埃及第十九王朝创武人专政，拉美西斯二世（前1279—前1212年在位）推行侵略政策，其目的在恢复叙利亚统治实力，给赫梯与其同盟以打击。为征伐赫梯，拉美西斯于主政第四年，组织近三万的队伍，分为四个军团。赫梯王穆瓦达里（前1320—前1307）征集同盟军队，组织二千五百余辆战车，于卡叠什周密布置，使埃及陷入困境。埃及幸赖少年兵团挽救，免于覆没，绝非如铭刻中所言“奇迹胜利”，因埃及在此战役后（前1312），既未占领卡叠什据点，又不能巩固西亚局势，证据是叙利亚于次年便厉兵秣马进攻埃及，此说明埃及并未取得正面的结果。

经郑重的布置，小心的安排，埃及在五年复入叙利亚，取得一定的胜利。但是也应指出：赫梯北部受伽兹齐亚人压迫，内部又有王位

①见斯脱鲁威：《古代东方社会》，译本，20—21页。

的争夺，不能与埃及竞争了。

战争使双方削弱，又无确实胜利的信念，亚述自东兴起，威胁赫梯。赫梯王哈杜西尔三世（前 1307—前 1272）持互相让步的精神，于公元前 1296 年，与埃及签订友好条约[①]。根据和约，双方放弃侵略行为，结军事防守同盟，不谕任何侵犯双方敌人，互相协作，以保安全。双方保证惩罚罪犯，互予帮助。双方国界未定，从赫梯文件判断，赫梯仍保有叙利亚北部。拉美西斯娶赫梯公主，借联婚方式将同盟巩固起来。

此约是国际法上最古的文献，由导言、正文、结论三部分组成，共十九条，立誓不作毁约的举动，雕于银板之上。此形式成为以后各种条约的模型，希腊罗马即以此体例制订。条约反映出两种精神：一、在互不侵犯的原则下，为了镇内乱，巩固统治者的政权，可以互相干涉内政；二、条约制订系以帝王名义进行，帝王与国家混而为一，等量齐观，此又为古代东方国家的特点。

五

赫梯移入小亚细亚后，与亚述、巴比伦、腓尼基及埃及等地发生关系，逐渐放弃它久远的畜牧生活，这是一方面；在另一方面，因阿利斯河不能大规模地进行灌溉，小亚细亚又是不肥沃的草原，以故虽有农业上一定的知识，却不能走古巴比伦的道路。这便是为何赫梯初进入奴隶社会，原始商业发展，继后变为“军事寄生联合体”，此在公元前15 世纪，便定型了。

---

①共十九条：一、总纲；二、名称；三、以前条约；四、现在条约；五、互不侵犯；六、军事同盟；七、对付叛民之共同行动；八、九、十三条规定互相援助；十一、重要犯之引渡；十二、平民之引渡；十三、十四、关于赫梯逃犯；十五、赫梯与埃及神之见证；十六、背约的罚则；十七、被引渡者之大赦；十八、关于引渡赫梯人条款；十九、银板形式。

国王是军事奴隶主的代表,也是最高的僧侣,寺庙经济是公有的,也是国王的,因为国王领导着一切寺庙的僧侣。在赫梯发展为霸国后,只有武士是自由的,他们的职业就是战争,战争为生产的基础,以夺取战利品为目的。所有的劳动,置放在奴隶肩上,而奴隶来源,绝大多部分是俘虏。为此,赫梯形容一个国家的康乐:“人畜皆增,俘虏生活亦好,没有死亡。”

赫梯对待奴隶与巴比伦有所不同, 巴比伦以人工灌溉为主,须注意到劳动单位的需要;而赫梯却是军事掠夺,奴隶价廉,为数又多,故对奴隶亦苛刻。奴隶逃亡受惩罚很重,法律规定侦缉在逃的奴隶,如在盟国,必须交还;如在敌国,始算失掉。如果“奴隶暴动反对主人,则必处死奴隶”,死刑通常为斩首。但是巴比伦对暴动的奴隶,仅限于割掉耳朵。在赫梯社会,如果奴隶拐走自由人,处罚很重,须将全家交出。杀一自由人须以四个奴隶抵命,其重可知了。关于婚姻,一般说奴隶不能与自由人结婚,斯特鲁威引《赫梯法典》三七条:“如若奴隶予自由的少女买妻的价格,同时欲使她成为自己的伴侣,那么谁都不应该命令她嫁给他。”这里可看出阶级的对立。

从许多文件中,奴隶是属于国家的,因为战争的俘虏,王公与武士可分享一部分。国王既为奴隶制集体经济的代表,他可以随心赠送予人。阿尔弩曼达二世赐给贵妇的清单中,有两个厨夫,一个鞋匠,两个成衣匠,一个马夫,五个兵器制造者。奴隶有家属,妇孺在内,总共一百一十人。当奴隶主们需要时,可以自行处理奴隶,赫梯允许自由人以奴隶换取粮食。

赫梯社会是典型军事奴隶所有者,一切取决武力,造成恐怖,这是世界古代史上最早的类型,做了亚述的范例。奴隶起义是经常的,残酷的剥削便是它特殊的原因。

六

喀杜西尔三世死后，其继承者如杜达里亚及阿尔努曼达均无作为，波加凯伊文献已不提及他们了。赫梯不可一世的霸国已至衰亡的境地，由于奴隶的暴动，同盟的冲突，军事奴隶制掠夺的基础动摇，而东地中海阿卡亚人兴起，向小亚细亚及埃及袭击，赫梯在内外夹攻下瓦解了。所分裂成的小公国，同化于新起民族之中，其不同化而能坚持者，至公元前 8 世纪亦为亚述所灭。事实上从赫梯分裂后，亚述已为赫梯的继承人。

古代波斯及其与中国的关系[①]

关于波斯的自然环境及其他

古代波斯的疆域,随着历史的发展,自然与今天的伊朗王国有所不同,但是伊朗高原总是它的核心。

伊朗高原是一块广大与干燥的地区,介乎底格里斯河与印度河隆起的高地,有 260 万平方公里的面积,今日伊朗约占它的五分之三,四周环山,有许多峡谷,不少的河水在沙漠中绝迹了。

伊朗中部系一片大荒原,在池沼地区涸汲后,炎日蒸晒,逐渐化为盐卤。细砂流碛经常自行移动,不断地有巨大的暴风,居民与商旅队感到极度的困难。南界波斯海湾,温度较红海尤高,冬寒夏热,有104度到零下 40 度的差额。中国关于波斯记述“地多沙碛,引水灌溉”[②],又说“气候暑热,土地宽平”[③],都是很正确的。

由于雨量少,波斯自古便组织复杂的人工灌溉,借以发展农业。暗井系最著名的水利工程。暗井是地下水渠,每隔十米,有口露出地面,古波斯人称之为“Kariz”,新疆的坎儿井即 Kariz 的译音。这种工程巨大的暗井对农业生产发生重要作用。假使水道壅塞,居民须移居他处谋生。波利比乌斯(Polybius)说:“当波斯人取得亚洲时,将土

①原载《山西师范学院学报》1958 年第 2 期。

②《魏书》一〇二卷。

③《旧唐书》一九八卷。

地分配给居民，为了修建水渠，使瘠地增加产量，补偿居民所付引水工程的代价，在五世内不纳租税，享受土地的生产”[①]。

波斯境内的风向非常规则，从大西洋吹来的西风，经地中海到达波斯，从印度吹来相反的东风，多在春夏两季。塞伊斯坦有四个月的风速很快，每小时为 72 英里。利用这种自然条件，奥玛尔(Omar)发明了风车，设在查格洛斯(Zagros)山区[②]。

伊朗为高原地区，景色单调，春短，树少，山丘多野花。到初夏，便很快地凋谢了。山谷内开满了野玫瑰、山楂花，茉莉与丁香特别著名。灌溉事业发达，水渠遍布田野，沿堤种植杨柳枫榆等树。水果丰富，名产甚多，千年枣特别驰名。波斯马、单峰驼自古即以行走快速见称。

公元前 2000 年时，伊朗高原的西部山区，住着加喜特人(Kassites)，曾多次侵入两河流域下游。约在 1700 年，古巴比伦王国颠覆，在两河流域古史上引起了变化。希腊人称加喜特人为喀斯比(Caspi)，里海便以此得名。山区南部为埃朗人，居住在喀尔加(Kerka)河畔，经1891 年摩尔根的发掘，证明埃朗地区的文化是很古老的，那些沥青与琉璃都是从伊朗地区传入的。山区北部为路路贝人(Louloube)，在哈马丹(Hamaden)所发现的浮雕，刻着女神将俘虏送给国王[③]，从那上面看出曾受了苏美尔人的影响。米底人与波斯人属于这个范围，操印欧语言，他们的范围很广，在和阗与米兰所发现的绘画，有波斯类型“高鼻、黑须”[④]。在东部伊朗地区，依照古波斯的铭文，住着萨迦人(Saka)，里海以东住着达赫人(Dahai)，便是他们挫败了居鲁士。阿姆河以西住着花剌子模人，马沙吉特人住在锡尔河流域，靠近咸海为粟特人，再往南便是大夏人了，这是一个民族复杂

①波利比乌斯:《通史》卷十。

②胡亚尔引金草地中所述《波斯古代史》，4—5 页。

③阿甫基耶夫:《古代东方史》，576 页。

④《西域考古记》，86 页。

的地带。

古波斯的语言属于印欧语言系流，有如吠陀经所用者。地方语言有受亚拉米语的影响，近巴比伦的地方，亦有采用楔形文的，有三十六个字母。古波斯语保存在阿昧斯（Avesta）经中的葛都（Gatha）篇内，袄教传播，波斯语亦推广，故《唐书》中说："文字同于诸胡。"[1]

米底建国及其与亚述的关系

米底与波斯最初的历史，我们知道的并不多，只知他们不是土著，而是从伊朗高原东北部移入的。关于此，《阿维斯塔》中保存了久远的回忆，如对狗和牛的敬重。希罗多德著《居鲁士传》中，提及牧羊人抚育居鲁士的故事，当系远古时代传说的反映。

米底人自外移入，停居在伊朗高原后，希罗多德指出有六个部族，他们过着游牧生活。他们驾上马车，随着猎犬向外移动，生活很简朴。他们实行一夫多妻制，经常劫夺族外的女子。他们有粗浅的冶金知识，制造极简陋的工具。继后放弃了游牧，定居下来，采取了农业生活，实行一种联盟制度。苏联科学家在花剌子模地区的发掘，证明古代畜牧业与农业很发达，有山羊及牛的骨骼，石制的打谷器，铜制的生活日用品[2]。

由于冶金技术的提高，如路里斯坦的青铜加工；又由于布哈尔巨大的灌溉工程，农业生产提高。为此，米底部落联盟不能保持原有的形式，财产分化，氏族制度解体，变为农村公社，大约是在公元前1000年。《阿维斯陀经》中，畜牧豪富称为"畜群富有者"，圣火的司祭者由氏族显贵者充任，贵族由于财富累积，逐渐分化出来。从此农村公社成了社会主要的结构，农业劳动是最光荣的。火袄教教人：播种者就是善人，驱除害虫者就是正直人。灌溉事业很发达，到处有暗

---

①《旧唐书》：一九八卷。

②阿甫基耶夫：《古代东方史》，580—582 页。

井、水渠，契尔门—稚布水渠长达二百多公里。

最早提到米底与波斯的文献，是亚述国王沙尔马那沙三世的石刻。他侵入伊朗高原，大肆劫掠，为了颂扬他的武功，于公元前837年树立石刻。石刻有“Parsua”，即波斯，统属27个首长；又有“A-madai”，即米底，居于伊朗高原。此后米底与波斯变成了亚述掠夺的对象。提格拉特帕拉沙尔三世（前746—前727年在位），乘米底内部分裂，向米底进攻，俘获了六万多奴隶及大量的牛马，米底变成了亚述的属地。公元前722年，亚述王萨尔贡二世攻陷以色列后，移其居民于米底；前715年，又俘获米底同盟者达犹古（Dayaukku），米底二十二个部族的首长，必须宣誓，服从亚述的统治。

拘禁的达犹古便是希腊人所称的台奥赛斯（Dejoces，前728—前675），他熟悉亚述情况，竭力争取亚述的欢心，逐步进行米底的统一。他模仿亚述建立军队，强迫米底人建筑埃克巴登城（Ec-batana），在莫沙拉山的东边，可能便是今天的哈马丹。他组织米底人结成联盟，推行军事民主制度，其最高领袖便是在会议上选出的弗拉奥提斯（Phraortes，前655—前633），他继其父志，保持亚述的信任，忠实地交纳税赋，同时又积极巩固米底部落的联盟。他曾南下征服波斯，获取意外的成功，因而也就滋长了轻敌的心理，企图推翻亚述的统治。但是，米底实力不足，时机未到，在埃朗进行战斗，结果伏拉尔特牺牲了。

米底贵族基亚克萨里斯（Cyaxares，前633—前584）鉴于前王的失败，措施非常谨慎。他着重建立军队，取亚述为例，首先统一武器，建成长枪与箭手队，施以严格的纪律，又建一支骑兵，曾挫败骄横的亚述。但是西徐亚人南移，威胁米底的安全，挽救了亚述的危机。公元前615年，米底北部稳定后，与巴比伦结盟，夹攻亚述，前612年陷尼尼微。从此米底变为中亚的强国。

米底据有亚述西部土地，向西推进，攻吕底亚王国。战争七年（前592—前585），由于吕底亚的坚决抵抗，也由于前585年5月28

日的日全食,以为天怒双方,不取继续战争,双方缔结和平。基亚克萨里斯死,其子阿斯底若(Astyages,前584—前550)无能,溺于畋猎,竞尚豪华,居民生活苦痛。波斯北上,居鲁士(Cyrus,前558—前529)于550年,没有用特殊力量,便将米底灭亡了。

阿黑内尼德时代

伊朗高原西南部的波斯地区,住着自东方移入、操印欧语言的部族。他们的来源极为复杂。关于他们的数目,希罗多德以为有十种,柴纳芬(Xonophon)以为有十二种。他们移入的时间先后不同,逐渐由游牧转为定居,发展到西南部埃朗地区,苏撒(Susa)为波斯中心的城市。

当米底强盛的时候,波斯部族已形成二十七个,阿黑内尼德(Hakhamanich)族渐次居领导地位,发展成部落联盟,传说中最初有三位国王:查失毕(Tchaichpich)、居鲁士(Kurach)、冈比西斯(Kambu-jiya)。我们仅知三个名字,没有更多的事实可以叙述。

公元前558年,居鲁士建立波斯。关于居鲁士,有冗长的神话,并不可靠。比较近乎事实的是巴比伦王那波尼德(Nabonide)的编年:“论到阿斯底若,他的军队叛乱,将他俘虏了,交给居鲁士。居鲁士随即向埃克巴登进军,劫掠金银财物,带至安长(Anzen)地区。”①记述真实,公元前549年居鲁士有“安长王”衔,三年后即有“波斯王”衔,并包括了米底的地区。

波斯国王居鲁士在外交上与巴比伦友好,解除西南边的忧虑。对西边的吕底亚,波斯继续采取米底的进攻政策。吕底亚国王克莱苏斯(Cresus),虽有埃及与斯巴达的援助,又拥有精锐的骑兵,但是,当米底陷落后,深感到新局势的不安。为了争取主动,便向东进发,

①胡亚尔:《波斯古代史》,44页所引,按安长即埃朗。

占据哈利斯（Halys）河流域。公元前546年，居鲁士率军北上，进攻吕底亚，战于波加凯伊（Bograz-Keui），胜负未决。克莱苏斯因冬雪已降，按照古代惯例即停止战争，乘夜撤军，退至沙尔德城。居鲁士突破惯例，立即跟踪追击，深入黑尔姆斯（Hermus）平原，骆驼前行，吕底亚马队与之相遇，惊而败溃，克莱苏斯被俘虏，吕底亚因而灭亡。

自公元前535至公元前529年之间，居鲁士向东方远征，进军至大夏区域，陷巴尔克（Balkh）城，即《北史》所称的薄罗，并臣服康居。东进至药杀水，建乌拉杜普城（Oura-tube），即汉之贰师城"居鲁（Cyra）系居鲁士所建，位于药杀水岸边，系波斯帝国的边界"，[1]希腊人称之为居鲁士城。继后南下入俾路支，在沙漠中曾散失一军。

波斯于东西两边胜利后，中亚所余者仅巴比伦王国而已。那波尼德沉于逸乐，其子巴尔达查（Balthazar）执行政事，重征赋税，人民苦困，激起怨怒。神职者与贵族商人相结，通过巴比伦总督古巴鲁（Koubarou），居鲁士没有用特殊力量，于公元前539年10月陷此名城，和平地开入巴比伦。次年三月，居鲁士拥有巴比伦王衔。他采取怀柔政策，崇敬马尔杜克（Mardouk）神，以结巴比伦人的欢心。释放四万两千犹太人，使他们重返故土。居鲁士晚年，传说不一，最可靠的是在公元前529年，征东北边游牧民族，波斯军队阵亡了大半，居鲁士也牺牲了。

居鲁士的长子冈比西斯（前529—前522年在位）继位，他的性格粗暴易怒，又多疑。他统治了波斯，波斯并不太平，各地暴动，用四年的时间才镇压下去。其弟巴尔地亚（Bardya，希腊人称斯麦底斯，"Smerdis"）深得人心，这样引起了他的戒惧，乘机将巴尔地亚暗杀，托言他远征印度去了。

埃及在阿玛西斯（Amasis）统治时，曾有一度繁荣，与塞浦路斯

①《斯脱拉波集》，第二卷。

及沙莫斯(Samos)联合,拒抗波斯。冈比西斯得柏杜因(Bedouins)人之助,有了运输的骆驼,便发动侵略埃及的战争,穿过沙漠进据喀沙(Gaza)。埃及王普沙麦底克三世(Psammeticus)方即位,仓促应战,败于拜吕斯(Peluse),迫使放弃了三角洲。公元前525年,波斯攻陷孟斐斯,俘获普沙麦底克,移至苏撒,随即自杀了。康波斯任命阿里扬德斯(Aryandes)为埃及总督,埃及变为波斯的一个行省。

冈比西斯统治埃及的政策,古代资料极不一致。希罗多德谓冈比西斯性格卤莽,破毁埃及神庙,埃及遭受前所未有的惨祸。依据石刻(瓦底—哈尔—来斯奈“Wadj-her-resent”石像,现存在梵蒂冈博物馆中),他能执行怀柔政策,尊重地方风俗习惯。但是根据以后的史事,冈比西斯的作风,大致暴力多于宽宏,破坏多于建设。

波斯向北非进攻,不战而降;因腓尼基为波斯的联盟,放弃了对迦太基的侵略。北部安定后,冈比西斯向南发展,分两路进军。一军经撒哈拉沙漠,因炎热缺水,全军死于途中。一军征伐产黄金的纽比亚,拟毁那巴达(Napata)的统治者,但是,军至柯洛斯柯(Korosko),因缺少给养,不能前进,只好无结果而还。便在撤还途中,获得波斯政变的消息,于公元前522年,急返波斯,行至叙利亚,冈比西斯坠马而死。

高墨达(Gaumata)政变,反映了被征服者不满于波斯的侵略政策。借冈比西斯外出的机会,米底术士高墨达伪装巴尔地亚,推翻冈比西斯的统治。米底贵族与宗教神职者结合,企图恢复米底的独立,巩固贵族的经济地位,也结合了群众不满的情绪。因而废除兵役制,免征三年赋税。各地响应,声势浩大。波斯贵族鉴于冈比西斯之死,互相团结,以大流士(Darius)为首,进行战斗。高墨达为仆役暗杀,在公元前521年,大流士扑灭了这次政变,重新巩固了亚奇麦尼德王朝的统治。关于这次政变最重要的记述,便是贝伊斯顿(Behistoun)石刻,在高约1500英尺直剖岩石上,刻着浮雕,国王手执弓箭,足踏俘虏,旁边有九个俘虏,伏在地上,用三种文字刻着大流士的生活情景。“大流士王即位时所为,先居鲁士长子冈比西斯治理此土,杀其弟巴尔地亚，国人不知，随后出征埃及，波斯与米底谣言四起，群起暴动……高墨达伪装巴尔地亚，从冈比西斯手夺取波斯与米底，自称为王，人民畏其暴，不敢揭其伪，大流士挺身而起，……杀此伪王，旋奉神意而即位……须与叛者决战，连战连捷，凡十九战，降九君。”

当大流士即位后，波斯的局面是非常混乱的。“当我在巴比伦的时候，下列的地方叛离了我：波斯、埃兰、米底、亚述、埃及、帕提亚、玛尔吉亚那、撒塔吉地亚、西提亚”（贝伊斯顿石刻）。经过七年的战斗，十九次的大战，镇压了五万五千多起义者，并俘虏了九个国王，波斯帝国始重新恢复起来。他卫护了波斯贵族们的利益，却也放弃了亚述残暴的办法：成万地移民。虽然这个帝国缺少内在的经济联系，却树立起中央集权制，结合自然区域与历史的特点，将帝国划国为行省（希罗多德以为是二十省，柏舍波里石刻为二十三省）。设置省长，掌握地方政权，以国王名义审判。设置总督，负治安责任，总管军事。设置秘书，称国王耳目，汇集情报。三者各自独立，互相制约，而秘书权力最大，以示国王权力的绝对性。

埃及统治者阿里扬德斯，或由于北非进军失败，或由铸币成色较高，招致大流士的疑忌，被处死。公元前517年，大流士亲临埃及，采取怀柔政策，尊重贵族与僧侣，除军队占领地外，余皆归埃及的奴隶主们统治。他完成奈高（Nechao）所修的运河，沟通红海与尼罗河，“船舶便循着这条运河从埃及开到波斯了”（古波斯铭文保存在埃及苏伊士地区）。外表虽说繁荣，实质上居民苦痛不堪，贵族与僧侣被扶植。

公元前513年，大流士北上，侵入多瑙河流域，进攻西徐亚人。丹吉尔斯英勇有为，坚壁清野，采用游击战术，挫败波斯人①，大流士溃退，顺路却征服了色雷斯及马其顿，这样，波斯从海陆两方面将希

①司徒卢威编：《古代的东方》，译本，222—233页。

腊包围起来了。

希腊工商业的发达，在小亚细亚与波斯有尖锐的矛盾。米利都暴君阿里斯多哥拉斯（Aristogoras）参预攻纳克索斯（Naxos）岛失败后，一方面怕波斯惩罚，另一方面利用反波斯情绪，得雅典与攸卑亚之助，于公元前 498 年，沿哈尔姆斯河（Hermus），焚毁沙尔德城。大流士怒，积极准备，两年后战于拉代岛（Lade），波斯胜利，随即攻陷米利都，移其居民于两河流域下游。公元前 494 年，伊奥尼亚海的暴动虽平息，希腊却仍在拒抗波斯。

公元前 492 年，大流士决定征希腊，但海军为暴风毁于阿多斯（Athos）海峡。两年后，又组织第二次进攻，取道海上，在马拉松（Marathon）登陆，雅典以极少的队伍，迅速进攻，击溃波斯的侵略。在公元前 486 年，埃及人民受了希腊的影响，又发生暴动。就在这年的秋天，大流士在苦恼中去世了，他统治了波斯帝国三十六年。

薛西斯（Xerxes，前 486—前 465 年在位）即位后，他的处境是非常困难的。埃及的暴动，希腊的敌视，情形十分严重。薛西斯性格暴躁，处理问题又多偏执。首先出兵征埃及，争取贵族与僧侣的协助，于前484 年，败加彼沙（Khabbicha）。叛乱镇压后，委任其兄亚克麦奈（Akhemenes）统治。次年，巴比伦由夏马希尔巴（Chamachirba）领导，进行反波斯的活动，宣布独立。薛西斯返回埃及，迅速围攻，陷巴比伦城，为了惩罚他的不忠实，大肆劫掠，俘其居民，巴比伦遭受难以复兴的破毁。

经过长久的准备，公元前 481 年秋，波斯在吕底亚驻有约二十万人。次年，波斯海陆两军，齐头并进，由北向南再一次侵入希腊。斯巴达少数的军队，坚守狄尔摩彼山谷，挫败波斯，不得逾越，最后斯巴达全部英勇牺牲。波斯直驱南下，侵入亚地克，焚烧雅典城，雅典人逃到萨拉米（Salamis）岛上，由强大的舰队保护。前 480 年，发生了沙洛米斯战争，雅典取得了辉煌的胜利。这次战争解除了波斯对希腊的威胁，不得侵入地中海，雅典变为海上强国。前 465 年，薛西斯被暗杀于宫中。薛西斯死后的继承者，百余年间，一方面争夺王位，皇族内部自相斗争；另一方面，随着希腊历史的演变，对希腊采取各种方式的进击。

在波斯希腊战争中，雅典起着特别作用，初收复色雷斯，继后又取得塞浦路斯岛的胜利。前 449 年，波斯被迫与雅典缔结和约，波斯承认希腊各城邦的独立，结束了五十年的斗争。

当伯罗奔尼撒战争剧烈进行时，大流士二世（Darius Ⅱ，前424—前 404）继位，他密切注视希腊战争的发展，予斯巴达经济与军事的援助，使其成为自己的同盟者。雅典经济衰落，处在极困难的地位。公元前404 年，亚尔沙克（Arsakes）与其弟小居鲁士（Cyrus）争夺王位，小居鲁士虽然得希腊人的援助，但于前 401 年，于库纳克萨（Cunaxa）阵亡。

波斯稳定后，对希腊仍执行分而统治的传统政策。在伯罗奔尼撒内战中，斯巴达虽取得胜利，却异常衰弱，在波斯压迫下，于公元前 387 年，缔结安达西德（Antalcidas）和约。从此小亚细亚与希腊的殖民地，又落在波斯帝国之手，波斯希腊的斗争，又转变一新的形势。

公元前 358年，奥高斯（Okhos）继位，凡亲属中可与之争夺者，悉置之死地，以根绝后患。小亚细亚得雅典之助，曾掀起暴动，随即被扑灭。对埃及与西顿的反抗，自前 353 至前 345 年，先后采取镇压政策，孟多（Mentor de Rhodes）的军队予以有力的协助。但是，马其顿兴起，希腊局面有所改变，使波斯感到不安。公元前 337 年，奥高斯在戒惧马其顿的准备中，佞臣巴革亚（Bagoas）将之毒死，立其幼子奥尔塞（Oares），随而巴革亚又以其不能受命，将之毒死，于前 335 年，立大流士三世（Darius Ⅲ Codoman，前 335—前 330 年在位）。大流士三世深悉内幕，憎巴革亚专横，以其道而还其身，将他毒死。但是前 334 年春，亚历山大率军渡韃靼海峡，向亚洲进攻，节节胜利。埃及遣使求盟，亚历山大直入埃及，尊重埃及的传统，敬阿彼斯

(Apis)神,取"法老"衔,成为埃及的国王。于三角洲西部拉柯底(Rakoti)地区,建亚历山大城(Alexandria),成为地中海经济文化的中心,这是在公元前332年。

大流士知力不可抗,欲与讲和,亚历山大拒绝。前331年春,离孟斐斯,向东进军,与波斯战于高加美拉(Gaugameles),大败波斯。随即跟踪追击,陷苏撒、柏舍波里(Persepolis),大流士北遁,入米底而为当地省长所杀,阿黑内尼德王朝亦由此告终。

亚历山大进据米底后,即向东侵略,进攻大夏与康居,曾遭受当地居民坚决的抵抗,打击希腊侵略的军队。经艰苦的战争,亚历山大军队至药杀水,占据居鲁士城。继后又率军南下,至印度河流域,保路斯(Porus)虽英勇抵抗,却遭受失败。自前330至前326年间,亚历山大所到的地方有限,所付出的人力却很大,而所收的效果却又很小,士兵厌战,居民反抗,不得已分三路撤退军队,于公元前325年秋,退到巴比伦。

马其顿侵入波斯,对波斯社会经济起着重大作用,新建了许多城市,旧有的经济遭到破坏,而城市奴隶制得到进一步的发展。苏撒与塞琉古的石刻证明了这一点。亚历山大正准备进攻阿拉伯,却得了恶性疟疾,发高热,于前323年6月13日,死在那布甲尼撒宫中,今日称"埃尔喀沙"(El-Qacar),遗体葬于亚历山大城。

阿黑内尼德王朝统治波斯二百多年,吸取了亚述与巴比伦的经验,形成了庞大的帝国,但是这个"帝国不曾有自己的经济基础,而是暂时的不巩固的军事行政的联合"①,缺乏内在的联系与统一的经济基础。这个帝国最初划分为二十三个省,完全为贵族所统治。这是早期奴隶社会、氏族制度的残余,无论从哪一方面,都体现出来。政治是家长式的专制君主。土地为贵族所掌握,如波斯的亚奇麦尼德、米底的卡里尼德、塞迦的苏林、德黑兰平原的米赫兰。这些大氏族拥

①斯大林:《马克思主义与语言学问题》,10页。

有广大的土地,修筑堤坝,进行复杂的水利工程。当波斯向外扩张,战争频起,掠获战俘,波斯即用战俘代替本氏族的奴隶。波斯奴隶称"般达加"(Pandak),非波斯奴隶称"安沙赫利加"(Anshahrik)。这时候的波斯奴隶社会有两种结构形式:一为农村公社,一为未充分发展的奴隶制。马其顿侵入后,奴隶制受到推动,在发达的城市内,也有了希腊式的城邦类型,议会制度建立,也曾有民众议会。

波斯氏族社会解体后,形成奴隶制的国家,税赋很重,税赋按地区与产物征收,数量亦不一致,有现金,亦有实物。赋税包出去,"尼布尔包税者的搜刮如抢劫人一样"。

米底每年进贡羊十万只,驴四千头,马三千匹。

伊奥尼亚等城市年纳银四百达郎。

吕底亚等城市年纳银五百达郎。

伏利锐亚年纳银三百六十达郎。

腓尼基及塞浦路斯年纳银三百五十达郎。

埃及与北非年纳银七百达郎。又折合军粮银六百一十达郎。法雍为产鱼区,年纳专供给皇后用的银二百四十达郎。

亚比西尼亚每三年须进贡金子、象、乌木及儿童百人。

阿拉伯须年纳香料一千斤。

亚美尼亚年纳小马三万匹。

巴比伦除纳实物外,还须选送五百人供宫廷使用。

依据残缺的资料,波斯帝国在繁荣的时候,除实物外,每年入国库的赋税,约有14560达郎,合3400万金卢布。这样财富的发展,大流士取法吕底亚,铸金币,称"大流克",重8.4克,只一面有箭手射击的图案。

波斯帝国内外侵略后,大流士使希腊航海家斯基拉克(Skylax)率舟,自普克拉(Peukela)入海,沿俾路支海岸,航行两年半,直至埃及,著有《海程记行》,亚里士多德曾读过这部名著。为了军事与商业,大流士修建"皇家大路",自苏撒至沙尔德城,长二千四百公里,沿途有一百一十驿站,“信差在路上跑得比仙鹤还要快”,配置舒适的旅店,有军队保护,步行需时三个月。

波斯古代的宗教是原始的与多神的,赞美山神与水神,崇拜牛和马,反映了畜牧业与农业长期的发展。继后受其他民族的影响,以日月为对象,敬重“光明”。阿呼拉马兹达(Ahura-mazda)为光明的象征,天地的创造者,无形象,无庙堂,以火为代表,受国王敬重,并秉其意志统治国家。有神职者专司仪式,阳光下照着的圣火已是改进后的形象。贝伊斯顿石刻标志着大流士建立了皇家宗教。这种宗教也就是火祆教。

祆教神职者出自米底部族,深悉仪式,掌握宗教知识,保存了远古传说,可以追述至部族移动的时代。米脱拉(Mithra)为伊朗人所敬重的神,始见于亚达薛西斯石刻,至公元前 5 世纪时成为帝王崇拜的对象(因为米脱拉系光明与黑暗的居间者),亦为宣誓的证神。

传说曹赫斯脱(Zoroastre)为祆教的创立者,但很难确定他的历史性。据葛都(Gathu)经文的记载,曹赫斯脱可能是公元前 7 世纪人。他虽生在亚特巴登(Atropatane),事业的发展却在大夏。他幼年经过苦难,二十岁时隐居潜思,经十年努力,形成了祆教的理论。约四十岁时,向大夏总督维达斯巴(Vichtaspa)宣教,发展很快,伊朗居民虔诚地接受他的理论。曹赫斯脱创立宗教的二元论。光明与黑暗经常斗争,宇宙分裂为二:善神为霍尔米兹德(Ormuzda),恶神为阿里曼(Ahrieman)。现实的世界将经历一万二千年,每三千年为一阶段。第一阶段,阿里曼由黑暗中出现,受光的照耀,拒绝了奥尔母池和平的提议,展开了光明与黑暗的战斗。第二阶段,霍尔米兹德创造了天、水、地、植物、动物与人,阿里曼创造了鬼魅、疾病与罪恶。第三阶段系人类善恶的斗争,势均力敌。第四阶段,曹赫斯脱主持末日审判,善神得到最后的胜利。

信祆者以为灵魂不灭。人死后三日,灵魂随风飘荡,苦乐如生前一样。继后至“奈何桥”(Tchinval)畔,有三人组织成的法庭,衡量生前行为。善者过桥，桥愈宽；恶者过桥，桥愈窄，沉入无底深渊。以故死后初采取山腰埋葬，继后建“静塔”，露天，环形，陈尸于上，任鸟啄兽吃。[①]到末日时，溶液洗静大地，亦即善神与恶神决斗光明胜利之时。

安息王朝

亚历山大死后，帝国由他的部将分割，拜地加（Pirdicas）统治亚洲部分，梦想恢复马其顿帝国。但是在亚洲争夺的结果，塞琉古（Seleucus，前 312—前 280 年在位）获取胜利，于公元前 312 年，建立起塞琉古王国。

自前 301 年伊普苏斯（Ipssus）战争后，塞琉古及其继承者向西发展，初居巴比伦，继而移至塞琉古城，终而移至安都（Antioche），以便控制西方，进一步与埃及争夺。至于东方，以塞琉古为核心，维持与印度及中国的贸易，争取旃陀罗笈多的友谊。当安提奥古二世（Antiochus II，前261—前 240）时，大夏脱离塞琉古，恢复独立，所铸的货币已是大夏国王狄奥多多（Diodotoss）了。版图约自木鹿至撒马尔干，因受希腊影响，兴起了优美的犍陀罗艺术。

安息克（Arsakes）为游牧者领袖，系帕提亚人（依据贝伊斯顿石刻，帕提亚人所居地变为省名，在里海与咸海之南。帕提亚人来自西徐亚人居地，约今苏联南部，与伊朗居民混居，仍保持游牧的习尚）。初受塞琉古统治，于公元前 250 年脱离其独立，向外扩张，可能是在与大夏战斗中牺牲了。其弟底里达脱（Iiridat，前 248—前 214 年在位）立，乘塞琉古抵抗高卢人的侵略、埃及人的压迫，不能东顾之时，进据伊尔加尼（Hyrcanie），于公元前 247 年 4 月 14 日，创立安息王朝。将其兄安息克神化，铸像于币，并渲染先世出自阿黑内尼德（自

①希腊古地理学家斯脱拉波（Strabo）说：尸体任野兽吃，系帕米尔山民的习惯，在 1 世纪时传入大夏，胡亚尔引《波斯古代史》101 页注 3。

以其父伏利亚彼脱系亚达、薛西斯二世之子)，使波斯人不以异族歧视，加强统治，建达拉(Dara)宫，安息因而巩固。其子阿尔达班(Artaban，前 211—前 191 年在位)，攻陷埃克已登，复为塞琉古驱逐，退守伊尔加尼。后之继者(弗里阿帕提乌斯<Phriapite，前 191—前 176 年在位>，弗拉斯特<Phraates，前 176—前171 年在位>)，因塞琉古有事于西，大夏有事于东，国内能保持和平，臣属陀拔斯坦(Tapouristan)，守里海门户，控制由呼罗珊至米底的要津。

米特拉达梯(Mithradastes，前 171—前 138 年在位)立，使安息强大，夺取大夏的木鹿，任命巴加西(Bacasis)统治米底，向南部发展，伸入巴比伦及苏撒地区。此时安息以骑兵见著，塞琉古转弱，渐与罗马接触，争夺中亚。

前 138 年，弗拉斯特二世(Phraates)继其父志，拒抗塞琉古，先后击败狄米脱利(Demetrius)，并俘护安底古。是时西徐亚人南下，安息用粟特人作战，随而暴动，弗拉特斯在战斗中牺牲了。安息政事由其叔父阿尔班二世领导，但大月氏向西移动，侵入大夏，于前 124年，阿尔达班抵抗月氏，受伤而死。此即汉书所言：“大月氏西君大夏，而塞王南君罽宾。”[1]

米特拉达梯二世(前 124—前 87 年在位)立，扑灭与之争夺王位者，依据所留的货币考证，便在公元前 124 年将敌人镇压。巩固东方边界，不使月氏移入；积极向西发展，进至幼发拉底河畔及亚美尼亚。

公元前 76 年，亚美尼亚王底格朗纳(Iigrane)与罗马斗争，安息王萨纳特鲁斯(Sanatroike)老而弱，无所作为，不能阻止亚美尼亚向两河流城的发展。迨至弗拉特斯三世立(前 70)，利用庞培与底格朗纳的矛盾，协助亚美尼亚，收复两河流域的失地。公元前 60 年，内争起，弗拉特斯两子——米特拉达梯三世与奥洛德(Orodes)联合，毒

①《汉书》卷九十六上。

死其父，随而兄弟斗争，奥洛德又杀其兄（前 56），进军并占据巴比伦。

公元前 53 年，罗马三头政治的克拉苏（Crassus），被任为叙利亚总督，他步庞培后尘，梦想东方财富，率军征安息。公元前 53 年 6 月 9 日，战于加来（Carrhae），即今之哈兰（Harran），罗马大败，两万人战死，一万人被俘，移至木鹿，克拉苏于战斗中牺牲，其头被割，作为道具（奥洛德正看攸利彼德的巴西德斯“Bacchides”，剧进行中，突然将克拉苏头当做道具，掷在台上，产生一种惊奇的感觉）。

安息变为强国，奥洛德选择泰西封（Ctesiphon）为都城，据底格里斯河畔。此时罗马沉于内战，安息向西进发，攻叙利亚安都城，于公元前 51 年，损其大将奥沙克斯（Osakes）。九年后安息将巴哥洛（Pacorus）始破安都。公元前 44 年，恺撒被刺，卡西乌斯（Cassius）虽得安息之助，却为屋大维与安敦尼击败了。安敦尼进据亚洲，其部将巴苏斯（Bassus）善战，在北叙利亚山区，于公元前 38 年，击败安息军，巴哥洛亦在此战役中牺牲。

公元前 37 年，奥洛德倦于政事，使其子弗拉特斯四世继位。他性格果断残酷，弑其父，杀其兄弟，整军以待罗马，大败安敦尼于幼发拉底河畔。罗马内战结束，奥古斯都改变对安息的策略，选送美女莫沙（Musa），借此增加罗马的影响。安息王派其子到罗马略学，度着豪华的生活。莫沙乘机毒死其夫，使其子弗拉特斯五世即位，以摄政的姿态执行政权。两年后，内乱又起，王位不定，最后由亚尔达班三世统治安息，为时约三十年。但是，亚尔达班死后，其子瓦尔达奈（Vardanes）与高达尔柴（Gotarzes）互相争夺，互相残杀。

沃洛吉（Vologese，51—75 年在位）立，与罗马展开斗争，控制亚美尼亚，但安息坚持抵抗，取阿沙摩沙达（Arsamosta）胜利，声威复震，变为强国。当时所铸货币，除祆教神外，尚有希腊与印度神像。

此后内部不和，常有内战，复予罗马进攻的机会。图拉真在底格里斯河上，接连获取胜利。迨至图拉真死后（112），亚得利安

(Adrienus)继位,安息王奥斯洛(Osroes)知大局困难,123 年与罗马缔结和约。奥斯洛死后七年,沃洛吉斯二世立,统治十八年(130—148),随之继位者为沃洛吉斯三世,统治四十三年(148—191)。安息在困难中维持,罗马予以压力,攻陷泰西封(199),大肆劫掠,不得已,安息以重金求和,已濒于灭亡的境地。在 224 年,安息为萨珊所灭。

安息的衰弱与灭亡是和生产关系的落后分不开的。当马其顿帝国解体后,留下深刻的希腊影响,但这仍是表面的。居民仍有氏族深厚的残余,奴隶仍属国王及贵族,土地保持了国有的形式,地方分裂,缺乏强大的中央政府。这种情况很显明地反映在波斯此时宗教上,国王便是神王,反希腊的世界精神而趋于地方化,萨珊王朝将承其遗惠,使祆教加以改进,这是一方面;而另一方面,不能与西方脱离,米脱拉(Mithra)宗教向罗马传播,形成了安息时代的特点。

当塞琉古衰弱后,波斯南部几近独立,由祆教神职者统治,政教混而为一。所铸货币,国王持弓,旁竖旌旗,立于圣火祭台之前。阿黑内尼德古远的传统,赖此等边缘地区保存。安息帝王,多系武人,即借此种宗教力量,拒抗克拉苏与安敦尼。最后的帝王们曾收集祆教的残经逸卷,却未能完成。是在萨珊王朝时代,阿尔达希尔一世(Adechir)始成此巨业,集成《阿维斯塔》经典。

安息时代,米脱拉的宗教向两河流域传播,又发展至小亚细亚,本都国王米脱拉达德(Mithradate)便以此得名。米脱拉的神职者,没有经典,只有口授仪式。经长期发展,波斯与闪族因素相结合,含有占卜的特点。在临水地区,修建祠庙,英勇果断,克服困难,成为武人崇拜的对象。罗马向东发展,军人信崇者甚多,2 世纪末,罗马帝王孔莫杜斯(Commodus)秘密参加,成为米脱拉的信奉者。戴克里先曾重修加农顿(Carnuntum)米脱拉神庙。波斯因祆教的发展,其势发展较弱。有尼姆洛达(Nimrouddagh)浮雕,秋风节称“米脱拉加纳”(Mithrakana),为米脱拉的遗迹。

萨珊时代及其奴隶社会的解体

萨珊(Sasan)系柏舍波里城阿那伊达(Anahita)庙的神职者,与安息的地方官吏有密切关系。其子巴巴克(Papak)为基尔城的郡主。其孙阿尔达希尔(226—242 年在位)为达拉纪德(Darabggerd)的城防司令。萨珊王朝即以此发展成功的。

阿尔达希尔依靠僧侣与贵族军事集团,于 224 年对安息发动战争。次年,击败亚尔达班五世,标志着安息王朝的终了。226 年,攻陷泰西封,除亚美尼亚与乔治亚外,波斯版图悉入其掌握。阿尔达希尔实行中央集权制,因安息地方统治者,系世袭贵族,与国王仅臣属关系而已(阿尔达希尔先后臣服的主要地区,有苏撒、伊斯发汗、麦塞纳、奥曼)。

他继承安息政策,坚决拒抗罗马的侵略。237 年,阿尔达希尔夺取尼西班(Nisibin)与哈兰(Haran)两城,罗马气焰为之一挫。在内部,阿尔达希尔借祆教实力,团结居民,使之有坚固的自信。曾命僧人唐瓦沙尔 (Ianvasar)编纂《阿维斯塔》(*Avesta*),对萨珊王朝起非常重要的作用。所编《阿维斯塔》分两部分:一为雅胥资篇,意为“颂歌”;一为葛都篇,意为“训辞”。又收集天文、医药等文,附于经后,共二十一卷,书于一万二千张牛皮之上,以金线装订。迨至 643 年,阿拉伯侵入波斯,祆教受摧残,《阿维斯塔》亦焚毁。曹赫斯脱的著作并未传世,其学说由门徒们记录,散见于《阿维斯塔》中。通常于“阿维斯塔”前,冠以“增德”(Zend),意为增德语所写,实际是不正确的,因增德语系萨珊王朝书体的发展,较“碧尔维” (Pethevi)语更复杂。丹麦学者拉斯克(Rask),于1819—1822 年间,在波斯与印度旅行,得《阿维斯塔》最完整的手稿,现存在哥本哈克大学。此后研究者继起,逐渐深入,达尔麦斯德(Darmester)收集各种译文,加以校刊,做出完善的注释。

241 年，沙普尔（Chahpuhr，241—272 年在位）即位，波斯与罗马的战争，在叙利亚继续进行。于埃德斯战役中，俘获罗马皇帝瓦勒良（Valerien），利用罗马的俘虏，修建巨大蓄水池，施行灌溉。此种工程称为"沙拉汪"（Chadh－iRavan），意为"乐流"，随即变为喷泉的别名（柏舍波里附近纳吉伊洛斯代姆<Nageh－iRoustem>的浮雕，即记此大事）。沙普尔死于 272 年，其继承者，初为霍尔米兹德（Ormuzd），继为巴赫拉姆（Bahram），仅在位三年，随又为巴赫拉姆二世夺取。波斯与罗马的争夺，异常剧烈，283 年罗马皇帝卡鲁斯（Carus，282—283 年在位）为叛军所杀。

在沙普尔统治之时，摩尼（Manes）宣道，倡议宗教改革。

摩尼于 215 年，生在马尔底努（Mardinou）村，属于巴比伦的那尔古达（Nahr Khoutha）乡。其父名巴巴克，戒荤酒，摩尼受其影响，自十三岁至二十五岁间，有两次感到迫切的使命，改革宗教。

沙普尔感其理论，虔心敬服，追随十年。继后为现实需要，尊尚传统，转向祆教。摩尼即离开波斯，至喀什米尔与中亚细亚，广为宣传，拥有不少的群众。272 年，沙普尔死，次年巴赫拉姆即位，其门徒以为情况改变，敦促摩尼返故土，但是祆教神职者憎其理论，密切监视其行动，275年 3 月，将摩尼逮捕，判为异端，处以死刑，将之解体剥皮。

摩尼死后，门徒四散，一部分传入叙利亚、埃及、迦太基，汪达尔人也受其影响。4 世纪末传入西班牙。另一部分由里海至中亚细亚，传入中国。

摩尼的理论是二元论。宇宙间善恶、明暗，永远对立，不能相容。也如宇宙一样，每个人受两种相反的精神支配，属于善的如慈爱、智慧与忍耐，属于恶的如仇恨、发怒与愚蠢。善恶各有神鬼，经常战斗。为了去恶就善，须戒杀生、禁荤食、断色欲。一般群众，不作过高的要求，只要不说谎、戒贪吝、禁杀人便够了。宇宙最后遭受大劫，福善惩淫，结束这一阶段是非，而善恶又恢复原状，互相斗争，永无止境。这是一种奴隶解体时没落的意识，反抗现实，又无坚决的斗争意志，群众容易接受，只安心承受，反映出深厚的悲观情绪。

沙普尔二世统治了 69 年（310—379），在此悠久的期间，波斯经济有特殊的繁荣。一方面受罗马东方诸省的影响，地中海隶农制的发展，波斯亦在转变。他方面与东方联系，开辟有名的丝路，运输中国丝绸，波斯居间掠取利润。这时波斯依靠贵族，团结僧侣与军人，扩大了统治的基础。

波斯与罗马的关系，有种新的转变。当君士坦丁皈依基督教后，借口保护宗教，向波斯进攻。而罗马禁止的聂思多派，又受萨珊王朝的保护。此种复杂的关系，表现在长期争夺亚美尼亚的战争上。波斯为了占有亚美尼亚，坚持不懈地反罗马变成他的传统政策。340 年，沙普尔进攻尼西班，扶植阿夏克（Archak）为王，便是为了扩大波斯在亚美尼亚的影响。

罗马也同样，朱利安（Julien）立，即向东进军，侵入波斯，沿幼发拉底河南下，至泰西封，继后知难而退，转攻米底地区，于 363 年死在标枪之下。若维安（Jovien）被士兵举为皇帝，即刻与波斯缔结和约，将军队撤退。此时萨珊与罗马在剧烈争夺中，贵霜王朝在东方的演变已成次要的问题了。

沙普尔二世死后，其继承者多数庸弱。初由其内兄阿尔达希尔二世，（Ardechir Ⅱ，379—383），继而为贵族废弃，立沙普尔三世，统治五年，死于军中。其后由巴赫拉姆四世（Behram）继位，统治了十一年。此时罗马正在东西分裂之时，蛮人南下，对波斯采取守势。伊斯特格德一世（Yezdeguerd Ⅰ，399—420）是正直者，反对宗教，招致保守者不满，改善与罗马的关系，波斯有暂时的安定。（依据东罗马史学家普罗戈扑<Procope>，伊斯特格德受波斯人爱护，东罗马帝王亚尔加底<Arcadius>将其子弟委托波斯国王监护）

到巴赫拉姆（Behram）五世即位后，东北边境动摇，不断为哌哒袭击。哌哒陷大夏，大月氏濒于灭亡。巴赫拉姆奋勇抵抗，战于木鹿，取得暂时的安定。在西方边界,因宗教问题,与罗马关系日趋恶化。战争又起,波斯失利,虽守住尼西班,但被迫与罗马缔结和约(421),承认宗教自由。

438 年,波斯因受㗼哒的威胁,伊斯特格德放弃与罗马的斗争。这时波斯的中心问题是如何加强对亚美尼亚的统治。波斯利用袄教,使亚美尼亚永属波斯,但是亚美尼亚人运用新创造的文字(亚美尼亚文字,于 392 年,由麦斯罗普<Mesrop>创立;麦氏系哈特塞克人<Hatsek>,死于 447 年),无论是思想上与行动上,对波斯强烈地拒抗。伊斯特格德率军征亚美尼亚,予以残酷的镇压,在 451 年,取得亚瓦拉尔(Avarair)的胜利。

伊斯特格德逝世(457)后,因为继承问题,兄弟又起斗争。卑路斯(Peroz)以两城与㗼哒(在大夏的达拉干<Talqan>及底尔米德<Tirmidh>),借其兵力夺取王位,推翻其兄霍尔米兹德三世(457—459 在位)。卑路斯统治二十五年,内有长期的旱灾,须向外购粮;外有㗼哒的压迫,发动了两次不幸的战争:第一次因掌握情况不确,全军在沙漠中丧失;第二次在战争中卑路斯牺牲(484)。有两年波斯帝国受㗼哒的统治。

波斯在困难中,名将查米尔(Zarmihr)果断有为,返自亚美尼亚,立前王之弟巴拉克(Balach),波斯人心逐渐安定。结聚步队,增加实力,与㗼哒进行谈判,迫㗼哒释放波斯俘虏及所质王子加瓦德(Kavadh)。查米尔实力外交的胜利,振奋波斯人心,威信很高,于 488 年废巴拉克而立加瓦德。加瓦德即位后,赞扬摩尼理论的继承者马兹达克(Mazdek),爱护穷人,反贵族的特权,因而激起保守者的仇视。497 年,贵族将他囚禁在吉尔吉德(Guilguird)狱中,政变又起。

加瓦德得查米尔之助,从狱中逃往㗼哒,娶拜洛兹多克公主(Perozdokht),借㗼哒的实力恢复王位。财政紊乱,经济异常困难。503 年,加瓦德进攻两河流域上游,占领亚米达(Amida)及狄奥多西(Theodosipolis)两城。504 年,匈奴自东侵入,形势转紧,迫使放弃与东罗马的斗争。527年，波斯与拜占庭战争又起，贝利沙（Belisaire）最初失利，531年攻陷加林尼克（Callinicum）。波斯建筑城市，准备长期战斗，便在这年，加瓦德去世了。

萨珊王朝不断地向西推进，与东罗马进行战争，固然为了对亚美尼亚及叙利亚的统治，但是掠获俘虏却也是战争的主要原因。波斯经济繁荣，建立了许多新城市，原有的奴隶不能满足需要，为了修建繁重的水利工程，需要罗马及各省的俘虏，从事大规模的劳动。在另一方面，5世纪的波斯受罗马奴隶社会解体的影响，特别是波斯贵族趋于没落，阶级斗争异常尖锐。谭沙尔的信中说，“奴隶们不再服从自己的老爷了”，“抛弃了自己的工作”，离开老爷而跑进了“城市”①。战俘只能缓和当时的阶级斗争，而不能解决波斯的社会危机，因而也就产生了马兹达克的改革。

马兹达克生于呼罗珊尼沙不尔（Nichappour）城，继续摩尼的理论，倡导二元论，但较摩尼更为乐观。他主张宇宙由水火土三种元素构成，明暗两种力量统治。善者纯洁，恶者混浊，每个人秉着精神上的四种力量：辨别、智慧、记忆与快乐，弃恶就善，可以成为完人。马兹达克以为怨恨与战争是最可憎恶的，罪恶是可以克服的。

马兹达克运用宗教形式，进一步推动社会改革。为了达到经济平等，须建立自由公社，恢复原始的财产共有制；为了打破贵族家庭的婚姻，要求恢复群婚制残余的共妻制，冲破当时婚姻的闭塞性。但是他改革的特点，却被史料歪曲。马兹达克的改革是一种复古运动。这种运动具有鲜明的社会性，适合被压迫者的要求。平均分配富者的财产与土地，拒抗租税，利用宗教形式，表现出强烈的社会斗争。由于客观形势的发展，反抗贵族，加瓦德加以保护，剥夺了贵族们的经济。马兹达克的影响日渐扩大。

科斯洛埃斯一世（Khosrau I，513—579）即位，鉴于马兹达克势

①见《封建社会历史译文集》，50页。

力的扩大，威胁他的政权，他放弃了他父亲政策，施以镇压。迨至马兹达克运动失败后，波斯奴隶制也便开始崩溃了。马兹达克及其弟子数千人悉被残杀，一部分信徒，逃往中亚各国。

科斯洛埃斯实行土地与税制改革，建立强大军队，将军权交给四大骑兵将领。那些没落的贵族，隶属宫廷。这些措施，更促进奴隶社会解体，由奴隶制过渡到隶农制，波斯的封建制度逐渐形成。

科斯洛埃斯即位后，深受统治阶级的爱护，因为他恢复了旧秩序，以故称他为“正义者”（Dadgar）。当拜占庭征服汪达尔与东哥特后，贝利沙（Belisaire）转向叙利亚进发，欲毁531年前的局势。科斯洛埃斯知其意图，于540年，进军叙利亚，占据安都，移其居民于新城，位于泰西封之旁（此新建之城，名Beh-Az-Andio-Khosrau，意为“科斯洛埃斯较安都好的城”，阿拉伯称之为罗马城<Roumiyya>）。贝利沙虽坚决抵抗，拜占庭不能解除波斯的威胁，不得已以重金换取暂时的和平。

约在500年，波斯东境又起变化，嚈哒强大，据大夏，“其王都拔底延城，盖王舍城也”（《北史》，卷九七）。拜占庭欲解脱波斯的压力，远结嚈哒，东西夹击波斯。科斯洛埃斯突破这种包围，娶室点密可汗之女，达头可汗之妹，借西突厥实力，于563—567年之间，灭嚈哒，与突厥共分其地。波斯取大夏，以妫水与铁门为界，但是突厥不久即南下，据嚈哒旧壤，这说明波斯已至衰落境地。

中国丝绢输出，无论是经陆路或海路，悉由波斯垄断，拜占庭不甘心放弃商业利润，曾遣使至也门，避开波斯，以取得中国丝绸（尤斯地尼大帝于531年曾遣使也门），这是一方面。另一方面，康居人善于贸易，欲利用室点密之力，使波斯放弃丝业的垄断。波斯不允，多毒死突厥使臣（科斯洛埃斯的宠臣加杜尔夫<Kataulphe>系嚈哒人，熟习丝的贸易。波斯王信其言，拒绝康居使臣马尼亚克<Maniach>的要求）。以故波斯与突厥关系恶化，突厥怂恿拜占庭攻波斯，因而产生了二十年的战争（571—590）。

529年，埃其奥彼亚占据也门，阿拉伯谋求解放，请波斯援助，于570年，科斯洛埃斯遣大将瓦利兹助阿拉伯进攻，占据也门，并充兵于此。科斯洛埃斯长期的统治，完成波斯土地的测量，制成土地册，依照土质、灌溉、作物、树木和劳力逐一登记，按产量确定税额。这是萨珊时代的一件大事。科斯洛埃斯晚年，军事却经常失利。

霍尔米兹德四世继位(579)，系室点密之甥，继其父志，与拜占庭作战。但突厥与拜占庭夹击波斯，大将楚班败突厥于斯瓦奈西(Svanethie)。霍尔米兹德疑楚班，解其职。590年，楚班暴动，进据泰西封，霍尔米兹德逃走，波斯军拥护科斯洛埃斯二世(Khosrou Ⅱ)。科斯洛埃斯依靠拜占庭帝王摩里斯(Maurice)之助，围困楚班。楚班见大势已去，逃往突厥。为了根绝后患，波斯以重金贿赂可敦，暗杀了楚班。

7世纪初，拜占庭起剧烈变化。602年，摩里斯为伏加斯(Phocas)所杀，篡夺帝位。但伏加斯荒淫无度，无力转变帝国危局，于610年又为埃哈克利(Heraclius，610—641年在位)所杀。科斯洛埃斯借口与摩里斯复仇，任命战将巴拉(Chahr-Baraz)向西进攻，节节胜利，取埃德沙、安都、多马色、耶路撒冷及埃及。别一军由萨宾(Chabin)率领，进入小亚细亚，直攻加塞东(Chalcedoine)，与君士坦丁堡隔海遥对。萨宾失宠而死，巴拉代替，攻陷此城，拜占庭处在危急之中。埃哈克利镇静，坚决反抗波斯，624年，收复小亚细亚及亚美尼亚；627年，与突厥联络，战局形势又为一变。628年，科斯洛埃斯病，其子争夺帝位，内讧又起，贵族拥护施罗(Siroes)，而科斯洛埃斯为人暗杀。是年波斯灾情至重，施罗仅统治六个月，死于瘟疫。此后四年之间，易主十二位，局势至为混乱，最后的波斯帝王为伊斯特洛德三世(632—651年在位)，内乱暂告终止。但在638年，因阿拉伯兴起，不得不弃都而走。

奥玛(Omar，634—643年在位)为阿拉伯领袖，既反拜占庭，亦反波斯。637年，万葛斯(Wakkas)率阿拉伯军队向波斯进攻，战于喀地西亚（Kadisiyat），血战三日，阿拉伯得到增援，侧击波斯，波斯主帅罗斯塔姆（Rustam）阵亡，伊朗高原随即沦陷。

波斯国王伊斯特洛德东走，638年泰西封亦为阿拉伯占领，波斯情况恶化，任命拜洛桑（Perozan）组织大军，作最后努力。642年，两军战于尼哈温（Nehawend），复为阿拉伯所败。伊斯特洛德退至木鹿，以期康居予以援助，但是木鹿省长马哈（Mahoi）与突厥相连，首先解除国王卫士，继而于651年将他暗杀，波斯古史也便这样结束了。

萨珊王朝的建立是依靠僧侣与军事贵族集团，在一定的范围内，扩大了剥削阶级的统治基础。僧侣与军人的物质基础主要的是土地占有制。农村公社的存在，奴隶占有制得不到发展，因而必须有战争，俘虏别国人民，以推动生产。不仅只此，波斯内部斗争也异常剧烈。摩尼反抗当时的政治，马兹达克更为尖锐，这是奴隶社会解体的表现。科斯洛埃斯的改革便说明了封建关系的形成，土地馈赠在那时已成为合法的行为。

君主集权制是萨珊王朝的特点。祆教的神长与军队的统帅结成一种强力，左右国家一切的大事。祆教是国家的宗教，拥有大量的土地，形成国家内的国家。科斯洛埃斯与楚班斗争，得僧侣支持，科斯洛埃斯始取得胜利，因而以大量金钱献给祆教神庙。

国家主要的收入赋税。按各地区的产量与土质，征收不同的田赋。科斯洛埃斯一世曾进行一次改革，除习惯计算外，复参照土地面积与所种的植物，虽然计算复杂，却较已往是进步的。人口税每三月交纳一次，继后加以改革，按财产与等级，征收自十八岁至五十岁者。僧侣、贵族及士兵免纳人口税。

税吏权力很大，他们作恶多端，如农作物熟后，不得税吏允许不能收割。虽有司法官监督，却造成很大的困难，因而增加人民的苦痛。赋税重，如遇庆典或灾荒，有局部或全部免除者。关于税收数字，只知科斯洛埃斯二世时，607年的税收的总数为四亿二公里脱加尔

（依据孛洛夏计算，折合六亿“狄拉克姆”。每个狄拉克姆，约合五元人民币，即其总数为三十亿元人民币）。

萨珊时代的工业以纺织著名，畅销全世界，多花卉与奇兽的图案，反映了异乡的风格。阿拉伯占领后，纺织工业仍很发达，杜瓦、夏达、木鹿等厂，在中世纪有很高的信誉。

中国丝绸由海陆两路输入波斯，复由波斯分散到西方各地，而西方的水晶与玻璃又由波斯输入东方，波斯获利至厚。取道陆路者，必经撒马尔干，系当时贸易中心。便是为此，康居人曾与波斯争执，挑起波斯与拜占庭的战争。取道海路，以也门为要津，拜占庭曾遣使联络，以避波斯的垄断。

沙普尔二世利用罗马俘虏在苏撒等城建立纺织厂，产量多，质量高，波斯毡成了中世纪珍贵的礼品。

波斯与中国的关系

古汉语译“Parsa”为波斯。这个名词最初见于《魏书·西域传》[①]，玄奘在《大唐西域记》内，译为波剌斯[②]，《古今图书集成》有百儿西亚国[③]，按照所述方位，在印度河西，都城有园囿，造于空际，下以石柱擎之，当是波斯及古巴比伦。波斯名称的翻译，依照伯希和的意见，不是节译，而是译自窣利语，大约在5世纪的时候[④]。

洛费尔（B. Laufer）著《中国与波斯》，辑中国资料，如《岭外代答》中“西南海上波斯国”，李时珍说，“波斯西南夷国名也”，提出马来亚波斯与中亚波斯有别[⑤]。费琅（G. Ferrand）继续这种说法，在南海中

---

①《魏书》，卷一〇二。

②《大唐西域记》，卷十一。

③《边裔典》，卷八十八。

④伯希和，《吐火罗语考》，73页。

⑤转引自洛费尔著：《中国与波斯》，472页。

找到两个地区，可能是波斯的对音：一个在缅甸，一个在苏门答腊[①]。

不论波斯译名有几，不论波斯有几个，这样提法是值得考虑的。宋云在记述西行时，曾经波斯，他说："境土甚狭，七日行程。"[②]宋云所说的波斯，显然不是萨珊王朝的波斯，而是《北史》中的波知："波知国在钵和西南，土狭人贫，依托山谷，其王不能总摄。"[③]波斯是历史上实际存在的，不能因偶然两三种记述，便将之分裂与混淆。其次同名异地，或一名概括其他，历史上例子很多。前者如"底彼斯"，埃及有，希腊也有。后者如明末"佛郎机"一词，包括了欧洲许多国家。隋唐之时，波斯掌握东西贸易的实权，地位特殊，陆上有丝路，海上直到广州。慧超《往五天竺国传》中说："泛舶汉地，直到广州。"当时地理知识不很精确，举其重要者概括其他，也是可能的。

汉武帝元朔三年，张骞返自西域，向汉廷叙述他的经过，中国初次知道安息。他说："安息在大月氏西可数千里，其俗土著，耕田，田稻麦，蒲陶酒，城邑如大宛，其属大小数百城，地方数千里，最为大国。"[④]安息由米特里达德统治，国势扩张，张骞虽没有亲历其地，但是他的叙述却是正确的。张骞再次出使西域，遣副使至安息，正式发生接触："初汉使至安息，安息王令将二万骑迎于东界。"按此时的安息国王为米特里达德二世，正在东抗大月氏，西拒罗马，争夺亚美尼亚。武帝时，上林苑开始种胡桃，胡桃原系波斯的特产，皮薄肉多，味很可口。

到后汉时，中国与安息往来较少，章帝章和元年，安息"遣使献狮子、符拔，符拔形似麟而无角"[⑤]。到和帝永元九年，班超遣甘英使大秦而至其地。十三年，安息王满屈复献狮子及条支大鸟，时谓之安

---

①《西域南海史地考证译丛续编》，91—109页。

②《洛阳伽蓝记》，卷五。

③《北史》卷九十七，见《西域南海史地考证译丛》六编，30页。

④《史记》，卷一二三。

⑤《后汉书》，卷一一八。

息雀[1]。依据年代推断，满屈应为安息王 Paeorus，如果是这样，满屈当为蒲屈之误，藤田丰八在条支考中亦已提及。

元魏时，东西关系比较密切，《魏书》中有《波斯国传》。"波斯国都宿利城，在忸密西，古条支国也"[2]。宿利城即塞琉古，波斯即安息，亦即西史所称之帕提亚。《魏书》与《北史》将安息与波斯分而并举，自然是不妥当的。但是《隋书》卷八三将安息与安国混淆，亦不应该。"安国，汉时安息国也，王姓昭武氏"。《隋书》所说安国，系今之布哈拉（Boxara），武帝以后，便并入大夏，从未列入安息，以故不能以安国而等安息。但是从这些事实也可看出，元魏时对波斯的知识还不够明确。

波斯与中国的接触，始于后魏，《魏书》说："神龟中，其国遣使上书贡物云：天之所生，愿日出处常为汉中天子，波斯国王居和多，千万敬拜。朝廷嘉纳之，自此每使朝献。"[3]神龟为肃宗孝明帝的年号，接见波斯使臣应在神龟元年七月[4]。也便在这年，宋云、慧生西去求经。此时波斯执政者为科斯洛埃斯二世，与居和多音亦相近。

5 世纪末，波斯东方的边疆受到嚈哒的威胁，484 年，拜洛斯亲征嚈哒而死，波斯有两年受其统治。关于嚈哒的强盛，宋云于神龟二年（519）十月，经过嚈哒说："南至牒罗，北尽敕勒，东被于阗，西及波斯，四十余国，皆来朝贺。"[5]

但是嚈哒盛况，由于突厥的兴起，不久便改变了。

当波斯与拜占庭斗争的时候，拜占庭联合嚈哒，夹击波斯。波斯王科斯洛埃斯为了突破包围，雪他祖父的仇，他娶室点密可汗的女儿[6]。

---

①《后汉书》，卷一一八。

②《魏书》，卷一〇二。

③《魏书》，卷一〇二。

④《册府元龟》，卷九六九。

⑤《洛阳伽蓝记》，卷五。

⑥参看沙畹：《西突厥史料》，译本 160—161 页。

波斯借突厥的实力，于563—567年间，进攻𠸄哒，将它灭亡。波斯与突厥共分𠸄哒的土地，以妫水为界。可是突厥不断南下，进据𠸄哒旧地，形成了隋末唐初，亚洲大部民族的主人[1]。

因丝业的经营，突厥与波斯关系恶化。中国丝绢的输出，波斯为主要主顾，居间操纵价格，谋取厚利。大秦国"常欲通使于中国，而安息图其利不能得过"[2]。《册府元龟》亦提及："大秦王当欲通使于汉，而安息欲以汉缯彩与之交市，故遮阂不得自达。"[3]因此发生拜占庭与波斯及突厥二十年的战争（571—590）。科斯洛埃斯二世时，波斯与拜占庭关系亦不正常，时而和合，时而敌对，波斯几至灭亡。关于此，《旧唐书》中提供了不少的资料："隋大业末，西突厥叶护可汗频击破其国，波斯王库萨和为西突厥所杀，其子施利立，叶护因分其部帅，监统其国，波斯竟臣于叶护。及叶护可汗死，其所令监统者，因自擅于波斯，不复役属于西突厥。"[4]库萨和即科斯洛埃斯二世（590—628年在位），不是由突厥，而是由波斯的贵族所杀。施利即Schiros，即位于628年2月25日。

统叶护可汗于武德元年（618）立，西突厥盛极一时，移汗庭于千泉。贞观三年（629），玄奘西行至其地，有动人的叙述："水土沃润，林树扶疏，暮春之月，杂花若绮，泉池千所，故以为名。"[5]沙畹以玄奘628年在素叶城，显然有时间上的错误。630年，统叶护为其伯父所杀，西突厥已趋于衰颓。

唐高宗任命贺鲁为瑶池都督后，贺鲁随即自立为汗，战事又起。657年，唐军败贺鲁于伊犁河北，又西进，于659年，斩真珠叶护于双河，从此西突厥版图隶属唐室。龙朔元年（661），王名远进《西域图

①参看陈寅恪：《唐代政治史述论稿》，95页。

②《魏书》，卷三十。

③《册府元龟》，卷九九八。

④《旧唐书》，卷一九八。

⑤《大唐西域记》，卷十。

记》，并请于阗以西、波斯以东十六国，分置都督府十六。此十六国的今地，八国在阿富汗，两国在乌兹别克斯坦，五国在塔吉克斯坦，余为波斯，即今之伊朗[①]。

当唐室向西方开拓，巩固关陇的时候，拜占庭在西方却进入困难的时代，蛮族由巴尔干南下，阿拉伯由小亚细亚北上，腹背受敌，处境十分困难。

波斯同样受阿拉伯攻击，无力拒抗。为了挽救局面，波斯不得不请求中国的援助，因为大势所趋，在西突厥衰亡后，只有唐室能左右当时的局势。伊斯特洛德（即《唐书》所言伊嗣候）死，其子卑路斯入吐火罗，于龙朔元年，遣使向唐室告难，高宗十分谨慎，“以远不可师，谢遣”。继后，以疾陵城为波斯都督府，任命卑路斯为都督[②]。咸亨中，卑路斯亲来入贡，高宗倍加恩赐，拜右武卫将军。仪凤二年（677），建祆祠于长安。卑路斯死，其子泥涅师继位，调露元年（679），“诏裴行检将兵护还，将复王其国。以道远，至安西碎叶，行检还。泥涅师因客吐火罗二十年”[③]。当时阿拉伯实力强大，锋不可当，波斯借唐室复国的梦想，已成泡影。景龙初，泥涅师复来朝，授左威卫将军，随即病死。此后波斯来朝者尚多，但已不是波斯的国王了。

阿拉伯灭波斯后，向东进攻，节节胜利。自神龙元年（705）起，安国、俱密国、康国等，怀念往昔唐室的宽大，不断向唐室求援，以抵抗阿拉伯的横征暴敛。但是唐室因吐蕃强大，只能维持现状，而高仙芝的居功狂傲，演成怛逻斯的惨败（751），从此唐朝丧失西方。四年之后，又发生了安史的政变，当时国际大势，唐室所困恼者，自为吐蕃问题。贞元三年（787），德宗问李泌当循之策，李泌说：“愿陛下北和回纥，南通云南，西结大食天竺，如此则吐蕃自困。”[④]大食称霸西方，

①参看岑仲勉：《隋唐史》，95—96 页。

②《新唐书》，卷二二一下。

③《新唐书》，卷二二一下。

④《资治通鉴》，二三三。

地几半天下，而萨珊王朝已变成历史名词，但是，波斯民族却永远存在。

论祆教传入中国者，以为始于北魏。《魏书·波斯传》说："俗事火神天神……神龟中其国遣使上书贡物云。"[1]中国史籍中初次提及祆教，始于《魏书》是正确的；若谓祆教此时才传入中土，似还有斟酌的地方。

认为祆教传入中国始于北魏的说法，是根据毕沅校的《长安志》。关于南布政坊西南隅胡祆祠，毕沅注说："胡祆神始末，是北魏书灵太后时立此寺。"[2]查《魏书·皇后列传》，毕沅所言似指："后幸嵩高山……升于顶中，废诸淫祀，而胡天神不在其列。"[3]

胡天神为外来的神是肯定的，但是否为波斯国所传来的祆神，则很难断言。自太安元年(455)至神龟二年(519)，波斯遣使来华者有十一次之多[4]，其关系仅只是朝贡，并未提及建祠与传教。而神龟前后的萨珊王朝处境困难，困于哌哒，因于拜占庭，居和多上书贡物，也仅只此。但是，波斯与中国的接触实始于此。以故神龟之前所言波斯，实非萨珊之波斯，证诸宋云行记，波斯"境土甚狭，七日行程"(依照藤田丰八的意见，宋云所说的波斯系《魏书·西域传》中之"波知")。这也便是为什么《魏书》始有波斯国传，前此无直接关系的，更没有建祆寺的记述。

论到祆寺为宣武灵太后所立，亦须重新考虑，我们知道太后曾幸华林园，宴群臣于都亭曲水。太后作诗说："化光造物含气贞。"[5]有以"太后诗仅一句，然吉光片羽，已与火祆教光明清洁之旨有合云"(张星烺:《中西交通史料汇编》第四册，103 页)。若就诗意解释，可

①《魏书》，卷一〇二。

②毕沅校的《长安志》，卷第十。

③《魏书》，卷十三。

④《册府元龟》，卷九六九。

⑤《魏志》，卷十三。

此，亦可彼，并没有具体到火祆教。相反的，我们从下列两件事中说明太后与佛教关系。太后的父亲胡国珍，“年虽笃老而雅敬佛法，时事斋洁”。在神龟元年(518)，“步从所建佛像发第至阊阖门四五里”①，胡氏崇尚佛教而无祆教的迹象。神龟元年，宋云与惠生为太后所遣，西去求佛经，得大乘妙典一百七十部。惠生为崇立寺比丘(见《洛阳伽蓝记》卷五)，足征太后为佛教的崇奉者。

火祆教在西域传播很广，慧超说：“大食国已东，并是胡国，即是安国、曹国、史国、石骡国、米国、康国，中虽各有王，并属大食所管，此六国总事火祆，不识佛法。”(慧超《往五天竺国传》)而这些国家的人，多至中国行商，他们“善商贾，好利，丈夫年二十去傍国，利所在无不至”②。若就《魏书》所言胡天神，退一步说，纵然指祆神，亦仅限于西域伊朗系之胡贾。我们知道突厥亦有事之者，以其与之接触较深，唯所祀的方式不同耳。段成式保留了一段有趣的记述：“突厥事祆神，无祠庙，刻毡为形，盛于皮袋，行动之处，以脂酥涂之，或系之竿上，四时祀之。”③

祆教传入中国明确可考的时间，始于唐武德四年(621)。其时萨珊王朝衰弱，唐室强盛，使节来华者渐多。唐职官中设萨宝府祆正。《通典》记述此事：“萨宝，视从七品，萨宝府祆正。武德四年，置祆祠及官，常有群胡奉事，取火咒诅。”④波斯人东来者频繁，“近世有波斯人至扶风逆旅”⑤。

长安有祆祠三处：南布政坊西南隅，善宁坊西北隅，靖恭坊街南之四⑥。此外，醴泉坊街南之东，有波斯胡寺，“仪凤二年(677)，波

①《魏书》，卷八十三下。

②《唐书》，二二一下《西域传》。

③《酉阳杂俎》，卷四。

④《通典》，四十。

⑤岑仲勉：《伊朗之胡与匈奴之胡》，《真理杂志》一卷三期。

⑥宋敏求：《长安志》，卷九及卷十。

斯王卑路斯奏请于此置波斯寺。景龙中幸臣宗楚客筑此寺地入其宅，遂移寺于布政坊之西南隅祆祠之西”①。东都亦有祆祠四处，设在会节坊、南市、西坊及立德坊。

会昌五年（845），武宗受赵归真影响，敕令“废浮屠法，籍僧尼为民二十六万五千人。大秦、穆护、祆二千余人”②。祆教在中国传播，限于伊朗系之胡贾，期待中国予以援助。唐室为便于管理，设萨宝职官专管，亦犹今之领事。后唐室禁止，距萨珊之亡将近二百年矣。

摩尼被处极刑后（275），其教不能容于波斯，遂向中亚传播，影响很大。玄奘过中亚，说到波斯时：“天祠甚多，提那跋外道之徒为所宗也。”③提那跋为太阳神名，沙畹解为摩尼教之“Denavari”④。

依据宋僧人志磐所记：“延载元年，波斯国人拂多诞持二宗经伪教来朝。”（志磐：《佛祖统记》卷三十九）延载为则天武后年号（694），拂多诞非人名，而是碧尔维语的“Fur-sta-dan”译音，意为“知教意者”⑤。

开元七年（719），吐火维支汗那（Djaghanyan）王帝赊（Tesch）上表，“献解天文人大慕阇，其人志专幽深，问无不知……”⑥慕阇为古波斯语“Mage”的译音，作“师”解。但是摩尼教的传入没有任何基础，托佛教传播，因而到开元二十年（732），玄宗倾向道教，遂下令禁止。“末摩尼法，本是邪见，妄称佛法，诳惑黎元，宜严加禁断”。⑦

安史事变起，唐室借回鹘的援助，稳定大局。回鹘居功自傲，苛刻勒索，“乾元后回纥恃功，岁入马取缯，马皆病弱不可用”⑧。康居粟

①《长安志》卷十。

②《新唐书》，卷五十二。

③《大唐西域记》，卷十一。

④沙畹：《摩尼教流行中国考》，译本5页。

⑤沙畹：《摩尼教流行中国考》，6页。

⑥《册府元龟》，卷九九七。卷九七一内亦记述事，大致相同。

⑦《通典》，卷四十。

⑧《新唐书》，卷五十。

特的胡贾，旅居回鹘，结其欢心，传播摩尼教，对于政治与经济起重大的作用。“始回纥至中国，常参以九姓胡，往往留京师，至千人，居赀殖产甚厚。”[1]

广德元年（763），摩尼教传入回鹘，有回鹘可汗纪功碑与摩尼教的突厥文残经[2]为证：“帅将睿思等四僧人入国，阐扬二祀，洞彻三际，况法师妙达明门，精研七部，才高海岳，辩若悬河，故能开正教于回纥。”（纪功碑第八行）“受明教……慕阇徒众，东西循环，往来教化。”（纪功碑第十行）“大王天赋庄严以功绩御国神武庄严幸福光荣贤智回纥可汗摩尼化身。”（突厥文残经）

回鹘既皈依摩尼教，摩尼僧便参与国政。使节至唐者，常有摩尼僧随行。唐因外交关系，借建立寺庙以结欢心，撤销前此之禁令，远至荆扬洪越等地。大历三年（768），敕回纥奉摩尼者建大云光时寺。贞元十五年（799），令摩尼僧祈雨。元和二年（807），“回纥请于河南府太原府置摩尼寺许之”[3]。

贞元三年（787），德宗用李泌和亲之策，合骨咄禄可汗娶咸安大长公主[4]。

公主至回纥，历四可汗，卒于元和三年（808）。继后保义可汗，复遣使求婚。元和八年（813），回纥遣摩尼僧等八人至京，宪宗使有司计算，礼费约五百万贯，未随其请[5]。长庆元年（821）五月，“回纥宰相、都督、公主、摩尼等五百七十三人入朝迎公主，于鸿胪寺安置”[6]。

摩尼教借回纥的实力，始流行中国，其基础是不巩固的。继后回纥失势，摩尼教亦加断禁。会昌三年（843），武宗让刘沔合沙陀等兵

①《新唐书》，卷二一七上。

②沙畹：《摩尼教流行中国考》，27，29页。

③《旧唐书》卷十四《宪宗上》，《册府元龟》卷九九九。

④《旧唐书》卷十四。巴克：《鞑靼千年史》作“咸安天长公主”，译本198页。

⑤参看《旧唐书》卷一九五，而《册府元龟》以此事为元和十二年，误。

⑥《旧唐书》卷一九五。《册府元龟》卷九七九。沙畹引用此文，误为元和八年。《摩尼教流行中国考》，40页。

讨回鹘，“大败回纥于杀胡山，乌介可汗被创而走，迎得太和公主至云州……”①。随即下诏：“摩尼寺庄宅钱物等，并委功德使以御史台及京兆府名差官点检收抽，不得容诸色人影占，如犯者并处极法，钱物纳官，摩尼寺僧委中书门下条疏奏闻。”②东都回纥悉加冠带，配发诸道。

在高昌等处的摩尼教，仍继续奉行。王延德使高昌时说：“复有摩尼寺波斯僧，各持其法，佛经所谓外道者也。”③建隆二年（961），于阗王遣使至宋，有摩尼师随行，“贡琉璃瓶二，胡锦一段”④。大约到元朝，摩尼教在中国始完全绝迹。

册府元龟中有关波斯来华使节的摘录

太安元年（455）十月波斯疏勒国并遣使朝贡。

和平二年（461）八月波斯国遣使朝献。

天安元年（466）三月波斯遣使朝贡。

皇兴二年（468）四月波斯遣使朝贡。

承明元年（476）二月波斯遣使朝献。

正始四年（507）三月波斯遣使朝贡。

熙平二年（517）四月波斯遣使朝献。

神龟元年（518）七月波斯遣使朝贡。

正光元年（520）闰五月波斯遣使朝贡。

正光三年（522）七月波斯遣使朝贡。

以上见《元册府龟》卷九六九。

①《旧唐书》，卷十八上。

②同上。

③王国维：《古行记校录》。

④《宋史》，卷四九〇。

大业中(605—616)波斯遣使朝贡。

贞观十三年(639)波斯遣使贡方物。

贞观二十一年(647)正月波斯贡方物。

贞观二十二年(648)正月波斯遣使朝贡。

乾封二年(667)十月波斯国献方物。

咸亨二年(671)五月波斯遣使来朝贡其方物。

永淳元年(682)五月波斯遣使献方物。

以上见《册府元龟》卷九七〇。

开元七年(719)正月波斯遣使朝贡。同年二月又献方物。

开元十年(722)十月波斯遣使献狮子。

开元十八年(730)正月波斯王子继忽婆来朝并波斯国王遣使贺正。

开元二十五年(737)正月波斯王子继忽娑来朝(记十八年来朝者为继忽娑)。

天宝四年(745)二月波斯遣使献方物。

天宝五年(746)七月波斯遣呼慈国大城主李波达仆献犀牛及象各一。

天宝六年(747)四月波斯遣使献玛璃床,五月波斯国王遣使献豹四。

天宝九年(750)四月波斯献大毛绣舞延长毛绣舞延舞孔真珠。(按此段有误字)

天宝十年(751)九月波斯遣使朝贡。

乾元二年(759)八月波斯进物使李摩日夜来朝。

以上见《册府元龟》卷九七一。

宝应元年(762)六月波斯遣使朝贡。

大历六年(771)九月波斯国遣使献珍珠琥珀等。

以上见《册府元龟》卷九七二。按《册府元龟》卷九七四褒异中，七年“波斯国遣使献方物”,当为开元七年(719)。《册府元龟》卷九七五中,开元十三年来者为穆沙诺,开元十五(727)二月来朝者为阿拔,赐帛百匹。开元二十年(732)波斯使臣为潘那蜜与大德僧及烈。

《本草纲目》所记关于波斯物品

《本草纲目》有关波斯知识,异常丰富。但所记有空泛难定者,兹就书中涉波斯产物与其输入之品物,加以摘录,足征亚洲古代诸国的关系至为密切。

金:李珣引《广州记》:“大食国出金最多。”李时珍即以金有五种,“波斯出紫磨金”。

银:李珣按《南越志》:“波斯国有天生药银,用为试药指环。”李时珍即以外国有银四种,“波斯银并精好”。

锡悋脂:李时珍说:“此乃波斯国银矿也,亦作悉蔺脂。”

密陀僧:苏恭说出波斯国。

铁:李时珍说:“镔铁出波斯,坚利可切金玉。”(以上见卷八)

绿盐:李时珍以方家言,“波斯绿盐色青,阴雨中干而不湿者为真”。

矾石:李时珍以“状如粉扑者为波斯白矾”。

黄矾:李时珍说:“波斯出者,打破中有金丝文,谓之金线矾。”(以上见卷十一)

胡黄连:苏恭说:“胡黄连出波斯国。”(见卷十三)

缩砂蔤:李珣说:“缩砂蔤生西海及西戎波斯诸国。”

华拨:苏恭说:"荜拨生波斯国。"

蒟酱:李珣引广州以其出波斯国。

补骨脂:马志以生岭南诸州及波斯国。

茉莉:李时珍说:"末利原出波斯。"(以上见卷十四)

天名精:李时珍以《宋本草》言出波斯。(见卷十五)

青黛:马志说:"从波斯来。"李时珍以"波斯青黛,亦是外国蓝靛花"。(见卷十六)

莳萝:李珣按《广州记》出自波斯国。(见卷二十六)

菠薐:一名波斯草。(见卷二十七)

无花果:段成式在《酉阳杂俎》中:"阿驵出波斯拂菻,人呼为底珍,即无花果。"

无漏子:陈藏器说:"即波斯枣,生波斯国。"

阿勃勒:李时珍曰:"此即波斯皂荚也。"段成式以波斯皂荚被人呼为忽野檐,拂菻呼为阿梨。(以上见卷三十一)

蒲萄:段成式引《唐书》,波斯者大如鸡卵。

刺密:一称䅟乔。段成式以出波斯国。(以上见卷三十三)

密香:段成式以"没树出波斯国拂菻国"。

没药:马志以没药生波斯国。

安息香:段成式以安息香树出波斯国。李珣以生南海波斯国。

芦荟:李珣以出自波斯国。(以上见卷三十四)

婆罗得:李珣以生"西海波斯国,树似中华柳树"。

乌木:崔豹古今注:"乌木出波斯。"(以上见卷三十五)

龙脑香:亦名元兹勒,陈藏器以其出波斯国。(见卷三十四)

炉甘石:李时珍以为即真鍮石,生波斯,如黄金,烧之赤而不黑(参看卷九)

无名木:状若榛子,波斯家呼为阿月浑子,萧炳论诃黎勒,波斯舶上来者,六路黑色肉厚者良,六路即六棱也。(参看卷三十五)

以上仅就《本草纲目》所涉波斯有关物品,其辑前人所记自异域输入者甚多，有的是波斯所产，有的系假借波斯输入，其名称因时代、地方、语言与译者的不同，更为分歧。若就译名说，体例亦不一致。

结　语

我们概括地叙述了波斯古代的历史，它循着社会发展的规律，也如埃及与巴比伦一样，由氏族社会进入奴隶社会。及至萨珊王朝，加强军事奴隶主的统治，随着奴隶社会逐步解体，阿拉伯的侵入，波斯古代历史也便结束了。

在千余年悠长的奴隶时代，经阿黑内尼德、安息与萨珊王朝，波斯曾建立了庞大的帝国。纵使经济基础脆弱，缺乏内在的联系，发展不平衡，但是它曾树立起强大的专制政权及地方行政组织，这反映了古代波斯的伟大。波斯曾与大月氏、吠哒、突厥争夺中亚的东部，又与希腊、罗马、拜占庭争夺西亚，掠夺奴隶，寻找资源与贡赋，它胜利过，也曾失败过。

波斯古史中，也有过尖锐的阶级斗争、地方的暴动。如马兹达克的改革，破毁财富的不平均，虽然失败，却推动了奴隶制度的崩溃。古波斯人留的著述很少，便是那些帝王们，也只是修建宏伟的宫殿，山崖的石刻。波斯人重视历史杰出的人物，却不很关心这些遗迹。他们喜欢从《阿维斯塔》中，将历史人物，如居鲁士，特殊化，给后人一种心理的鼓舞。在蒙古侵略后，加法维德（Cafavides）王朝（1499—1732）以及近代加地亚（Kadjars）王朝（1799—1832），都受着这种潜力的支配，企图恢复阿黑内尼德的盛况。

当波斯帝国形成后，曾集聚全力进攻希腊，希腊英勇抵抗，保存独立，随后波斯又为马其顿所征服。在另一方面，波斯灭吠哒，实利为突厥所得，但是突厥与拜占庭相联，夹击波斯，波斯英勇奋战，终于三败俱伤，为阿拉伯制造了兴起的机会。波斯垂亡之时，希望寄托在唐室的援助，结果是渺茫的，只维持了疾陵城那么小的局面。

纵使如此，古代世界却是不可分割的，波斯承袭了两河流域的遗产，连接东西两方的国家，通过那些使节、宗教与物品，使各国的人民互相了解，进一步发展，扩大人类文化，它和中国的关系，依然是很密切的。

我们所知波斯古史是十分有限的。除苏撒与柏舍波里外，其他地区的考古工作，尚未有系统地进行。我们只能利用前人所述，结合祖国典籍中的片断记载，作此简略的概述。我们学习了阿甫基耶夫《古代东方史》，也采用了胡亚尔《波斯古史》的资料，这是应该说明的。这是结合教学试作的一种初稿，世界古代史的一种参考资料，请大家多多指正。

匈奴西迁与西罗马帝国的灭亡[①]

公元4世纪末,西罗马帝国的政治危机是十分严重的。由于几世纪以来,帝国社会经济的衰落,造成了普遍的贫穷,人口的减少,城市的凋零,帝国的经济情况已陷于绝望的境地,被压迫的各族人民,长期生活在饥饿与离乱中;帝国中央政权衰落,形成各省的武人专政的局面,使边防力量削弱,为蛮族入侵打开了道路。帝国周近的蛮族,受匈奴西迁的影响,向西大迁移,不断地侵入帝国境内,予帝国的生存以严重的威胁。

奴隶的起义,是和破产的小农的斗争与蛮族进袭罗马相互交织在一起的。罗马帝国受到了一种不可抗拒的袭击。诚如斯大林所说的:"所有一切'野蛮人',都统一起来反对共同的敌人,并轰轰烈烈地把罗马帝国推翻了。"[②]

西罗马的灭亡,结束了古典奴隶制度,是世界古代史上的大事。但是,关于西罗马帝国的灭亡,无论吉本,或者蒙森,都忽视了这种强大的力量。他们只惋惜帝国当时统治者的无能,却忽视奴隶起义的力量,低估了蛮族入侵的重要作用,从而也便忽视了匈奴西迁的重大事实。列夫臣柯说:"匈奴入侵,预先决定了西罗马帝国的命运。"[③]匈奴西迁是蛮族大迁移的主要推动力量,而匈奴向西的几次移动,却又与汉朝对匈奴的战争分不开。历史上没有孤立的事件。汉

①原载《学术通讯》,1962年。

②《列宁主义问题》,574页

③《拜占庭简史》,47页。

朝防御匈奴的措施,影响至深,不能再被忽视。下面仅就祖国典籍中所见的资料,对匈奴西迁与罗马帝国灭亡的关系予以探索。

一

罗马帝国与蛮族的斗争，是经历了相当长的一个历史时期的。三四世纪时,罗马的奴隶社会发生了深刻的危机,两个主要的阶级在剧烈斗争,罗马帝国已至没落的境地。这是帝国不能抗击蛮族入侵的内在原因。自奥古斯都时代,罗马帝国对蛮族的入侵,已处于被动地位。到安敦尼王朝的晚期,蛮族对罗马的压力不断加强,到4世纪,蛮族源源入侵。到410年,罗马曾一度被阿拉利克占领。

在这种内忧外患交迫的情况下，罗马帝国统治者马尔古斯·奥列里尤斯,曾想有所振作。他拍卖自己的产业,筹集军事费用,亲自到前线指挥作战,组织了大批的蛮人,以图实现“以夷制夷”;此后,在处境困难时,又采取羁縻政策。所有这些措施只能对紧张局势暂时缓和一下,并不能也没有可能挽救西罗马帝国的灭亡。推翻帝国的统治机构,摧毁奴隶制度,已成为被压迫人民的迫切要求。这是历史发展的规律,是不可抗拒的法则,因为这是革命的进步的行动。

4世纪末,俄国南部的蛮族,受匈奴西进的推动,越过多瑙河与莱茵河,闯入罗马境内。帝国境内的被压迫阶层,视入侵的蛮族为救星,配合蛮族推倒了罗马帝国,西罗马成了蛮族的猎获物。

西罗马帝国的灭亡(476)结束了那腐朽的奴隶社会,使封建社会得到发展。不言而喻,在这种急剧的革命变革中,罗马社会的经济和文化必然遭到破坏。传统的史学家将这个伟大的变革时代,语之为“黑暗时代”,那是不正确的。5世纪短暂的时间内,由于蛮族侵入罗马帝国辽阔的地区,出现了新形势,形成近代欧洲的雏形。所以,探索匈奴的西迁,便可以了解蛮族入侵罗马的过程,也便说明匈奴西迁与西罗马灭亡的关系。

二

约在公元前2世纪，匈奴开始由部落联盟向奴隶制国家过渡，其成为一个奴隶制国家是从头曼开始的。这个强大的国家，并不是完全逐水草而居，而是随着自然环境的具体情况，有的处于定居，有的继续游牧，两者有很好的配合，促进国家的发展。因此，匈奴发展很快，为要解决劳动力的需要，经常发动掠夺性的战争。

当蒙古草原出现匈奴国家后，亚洲形势随之发生剧烈的变化。匈奴是一种新的力量，迅速向外扩张，东败乌桓，西破月氏，统治了所征服的游牧部落。这种形势的变化予秦汉以严重的威胁。两汉有四百多年的时间，对匈奴采取了一系列的防御战争。在长期斗争中，曾执行"断右臂"的政策，发动攻势，促使匈奴的分裂。因而每次匈奴内部的分裂，其中不依附汉室者，必然随着草原的分布，动荡无已地向西迁移。

中国与欧洲的距离是辽远的，却不是隔绝的。西迁的匈奴具有高度的游牧技术与严密的组织，很容易从蒙古草原，经西伯利亚南部，到哈萨克草原。由此向西移动，越过伏尔加河与顿河，便进入乌克兰草原。再由乌克兰向西移动，入东欧匈牙利草原。匈牙利草原面积虽不宽大，却起着十分重要的作用。因为向西移动的蛮族，常以匈牙利为临时基地，仿佛是一块整休地带。过一定时候，向西方发展，罗马帝国便成为他们侵略的重要对象。

三

匈奴西迁是长期的与复杂的。自汉武帝奋击匈奴之后，匈奴起了剧烈的变化，实力大大削弱。为避开汉朝的压力，向西移动，进据车师，其处境是十分困难的。《汉书》说："丁零乘弱攻其北，乌桓入其东，乌孙击其西。……匈奴大虚弱，诸国羁属者皆瓦解。”[①]

汉宣帝初年，匈奴五单于争位，国内大乱。汉朝接受呼韩邪的投降，甘露三年（前51）入朝汉廷。郅支单于虽遣子侍，但得不到汉室的支持，采取了相反的行动，“遂西破呼偈、坚昆、丁零，兼三国而都之。怨汉拥护呼韩邪而不助己”[②]。借此“右地”，培养实力，作与汉斗争的准备。

郅支单于不得志于汉室，遂要求送还他的质子。汉派谷吉为专使，送其子返匈奴。郅支单于怨汉，杀专使谷吉。继而“自知负汉，又闻呼韩邪益强，恐见袭击，欲远去”[③]。便在此时，康居与乌孙战争失利，欲联合郅支单于，共击乌孙。因为康居这样设想：“今郅支单于困阨在外，可迎置东边，使合兵收乌孙以立之，长无匈奴忧矣。”[④]康居的想法，正符郅支单于的要求，遂由坚昆移至康居，发兵，攻陷乌孙都城赤谷（在今伊斯色克湖南岸）。乌孙损失很大，西部地区竟至空而无人。这是匈奴的第一次向西移动。

郅支单于西移后，日渐骄横，独霸康居，杀康居国王，并遣使责阖苏、大宛诸国纳贡。

郅支单于实力的扩张，影响了汉在西域的地位，代理都护甘延寿与副校尉陈汤考虑所处的环境，须即时行动，始能保卫西域的安全。陈汤态度尤为坚决，遂发兵四万人，进入康居境内，受到康居的欢迎。汉元帝建昭元年（前38），陈汤与康居贵族联合，奋勇攻击郅支单于，郅支死于战争之中，匈奴的第一次移动也便结束了。

①《汉书》，九四上。

②《汉书》，七十《陈汤传》。

③《汉书》，九四下。

④同上。

四

建武二十二年(46),蒙古旱灾与蝗灾严重,蒲奴单于与日逐王比,互争王位,匈奴遂分为南北两部。继后,北匈奴因受丁零、鲜卑与南匈奴的攻击,不能停居漠北,远行而去,欲于准噶尔盆地建立新基地,这便是匈奴第二次的西移。

《后汉书·南匈奴传》中提供了许多资料。元和二年(85),"时北虏衰耗,党众离畔……不复自立,乃远引而去"。[①]永元元年(89),耿秉与窦宪率三万多人,"出朔方,击北虏,大破之,单于奔走"[②]。永元三年(91),"北单于复为右校尉耿夔所破,逃亡不知所在"[③]。金微山(今阿尔泰山)之役,北单于与数骑逃亡,仅以身免。

《窦宪传》[④]曾提及金微山的战役:"宪以北虏微弱,遂灭之。明年,复遣右校尉耿夔,司马任尚、赵博等,将兵击北虏于金微山,大破之。克获甚众,北单于逃走,不知所在。"西汉西域知识,偏重在新疆一带。因而对匈奴的移动,如郅支单于死后的情况,北单于的西移,不是默而无言,便是说不知所在或远引而去。为此,对匈奴这两次的移动,必须结合西方史实的演变加以说明。

五

当郅支单于至康居后,《陈汤传》中说:"又遣使责阖苏大宛诸国岁遗。"[⑤]颜师古根据胡广所注,解释阖苏:"康居北可一千里,有国名

①《后汉书》,八九。

②《后汉书》,八九。

③同上。

④《后汉书》,二三。

⑤《汉书》,七十。

奄蔡，一名阖苏，然则阖苏即奄蔡也。”[1]

关于奄蔡的记述，到后汉便不同了。“奄蔡国改名为阿兰聊国。”[2]对“阿兰聊”一名，历来没有明确的解释。在 1907 年的通报中，法国学者沙畹认为“阿兰聊”是两个国家，“一名阿兰国，一名聊国”。沙畹的解释是不够正确的。“阿兰聊”不是两个国家，而是“聊”为“那”之误。首先，聊国的说法是缺少根据的，奄蔡并未有分裂为聊国的事实。其次，许多国名的语尾为“a”，阿兰那应为 Alana 的译音。最后，杜佑在《通典》中说：“奄蔡汉时通焉。至后汉改名阿兰那国。”[3]

三国时，“奄蔡一名阿兰”[4]。《魏略》作于 3 世纪，那时候阿兰已成了习用的名词。到北魏时，奄蔡的名称又有所改变。《魏书》说：“粟特国在葱岭之西，古之奄蔡，一名温那沙，居于大泽，在康居西北，去代一万六千里。”[5]隋时却仍称奄蔡为阿兰，如《铁勒传》中说：“拂菻东则有恩屈，阿兰……”[6]这样，我们可看出奄蔡随时代的不同，有不同的名称。希腊古地志有“Aorsi-Alani”民族，奄蔡与阖苏系 Aorsi 的译音，阿兰那或阿兰为 Alani 译音。希腊古地志又有“Alani-scythae”民族，译为阿兰—粟特。从奄蔡名称的变更，可得出这样认识：匈奴西迁后，奄蔡受到压迫与推动，向西移动，阿兰—粟特，便是阿兰与粟特人相结合的名称。

公元前 1 世纪末，阿兰人受匈奴压迫，向西移动的事实，从罗马史中也得到证实。当庞培于公元前 65 年出征小亚细亚时，兵至亚美尼亚，与阿兰人有所接触。继后，在尼禄时代，罗马计划建省于里海岸边，为了抵抗西移的阿兰人，组织远征高加索的军队。[7]这些简略

①《汉书》，七十。

②《后汉书》，八八。

③《图书集成》，二一三册。

④《三国志·魏志》，三十。

⑤《魏书》，一〇二。

⑥《隋书》，八四。

⑦参看沙波特：《罗马世界》。

的事实，说明匈奴至中亚后，对蛮族迁移发生了推动作用，蛮族的侵入成为罗马帝国不安的因素之一。

夏德以为“粟特”名称是因克里米亚“Sudak”城而得名的。多马司撤以为此城建立于212年。这也说明奄蔡人西移后，停居在俄罗斯南部，在克里米亚建立城市也是可能的。我们不能把奄蔡理解为原始的民族，他们的经济与文化有高度的发展。《史记正义》中张守节说：“奄蔡，酒国也。”[①]克里米亚以产酒著名，至少可以反映出奄蔡经济的繁荣。

六

匈奴两次西移，使中亚局势起了剧烈的变化，奄蔡的变化更为深刻，也是匈奴西移的关键。《魏略》曾指出：“又有奄蔡国，一名阿兰，皆与康居同俗，西与大秦，东南与康居接，其国多名貂畜牧，逐水草，临大泽，故时羁属康居，今不属也。”[②]奄蔡名称已变为阿兰，政治上脱离康居的役属，其地位与两汉间已不同了。到北魏时，奄蔡变化更大，李光廷于《西域图考》中说，奄蔡于“北魏时为匈奴所灭，改名粟特”。[③]

关于匈奴西移后的情况，《汉书》多次说：“匈奴远走，不知所在。”世界史对此亦作缄默态度。《魏书》却提供了匈奴西移后的精确的资料，使人有进一步的了解。魏收（506—572）生于北魏晚期，其时与西域关系颇深，对中亚有较深刻的知识。《魏书》作于北齐天保初年，依据董琬与高明的见闻，正确记述了匈奴移动及所引起的变化。

《魏书》关于粟特国的记述，肯定粟特为古之奄蔡，并说：“先是，匈奴杀其王而有其国，至忽倪已三世矣。其国商人多诣凉土贩货，及

①《史记》，一二三。

②《三国志·魏志》，三十。

③《西域图考》，卷六。

魏克姑藏，悉见虏。高宗初，粟特王遣使请赎之，诏听焉。自后无使朝献。”[①]这说明匈奴西迁后征服粟特，即奄蔡西移后的变化。忽倪系阿提拉之次子 Hernac，5 世纪中叶伏尔加河畔匈奴的领导者。魏收所说是信而可证的。日人白鸟库吉以《魏书》不可信，坚持粟特与奄蔡为两个国家，他说：“自汉代迄于南北朝诸史中，皆为二地作明晰之分述，而《魏书》竟蹈此显著之错误，岂不怪哉。”[②]白鸟的意见是错误的，奄蔡名称的不同，正标志着奄蔡历史的演变，即向西移动的结果。为此，在《魏略》与《魏志》等史籍中，不论提到阿兰或粟特哪个名称，总要用“奄蔡”为诠注，这正说明我国人治史的严谨。在 3 世纪前，粟特与奄蔡的分述，并不奇怪。

关于匈奴西移后，《魏书》另一种重要资料，是关于悦般国的叙述。“悦般国在乌孙西北，去代一万九百三十里，其先匈奴北单于之部落也。为汉窦宪所逐，度金微山，西走康居，其羸弱不能去者，在龟兹北。地方数千里，众可二十余万，凉州人犹谓之单于王。”[③]按悦般国为唐时的石汉那（Sakaniyan），居 Kafirnagan 水之上流，今之 Denou。

北单于向西迁移，所经的路径，系由巴尔喀什湖，入哈萨克草原，可能与郅支单于所遗留的匈奴人相会合。向西南走者，与康居及贵霜相接触；向西北走者，即与阿兰人相会合。论到粟特人移动时，科瓦略夫指出领导他们的是匈奴人的部落，这一部落显然是于蒙古起源的。2世纪时，匈奴人沿着咸海与里海北部，渡顿河向西推进，“征服了北高加索与伏尔加河沿岸的部落，并把他们团结在自己的周围，匈奴人、阿拉尼人（即阿兰人）、哥特人等的一个联盟便这样形成了”[④]。这个联盟便是民族大迁移的推动力量，亦即西罗马帝国灭

①《魏书》，一〇二。

②白鸟库吉：《康居粟特考》，译本 31 页。

③《魏书》，一〇二。

④科瓦略夫：《古代罗马史》，976 页。

亡的主要原因。

七

4世纪中叶,在里海与黑海的北部,匈奴与阿兰强大联盟的活动,不断地向西推进,搅乱了原有居民的秩序。东哥特人英勇抵抗匈奴人的西进,发生了激烈的战斗,结果失败了。国王爱麦利克及其继承者魏德米尔相继战死,被迫向匈奴—阿兰联盟屈服。

东哥特屈服后,西哥特感到唇亡齿寒,被迫向西移动,便闯入罗马帝国境内。多瑙河流域的形势随即紧张起来,这是民族大迁移的开始。罗马帝国的统治者,深感到局势的严重,采取妥协政策,使四万多西哥特人定居在现今保加利亚境内,以求暂时的安定。但是,罗马官吏专横,横加压迫,并无厌地勒索,激起了西哥特人的暴动。西哥特人实力强大, 矿工与奴隶也加入起义队伍,378年与罗马军队战于安德里亚堡附近,击溃罗马军队,瓦伦斯皇帝阵亡,震撼了罗马帝国。

罗马局势危急,青年将领狄奥多斯采取谈判、妥协与截击的策略,稳定了动荡的局势。罗马割让伊利里亚,西哥特成为罗马帝国的同盟者。

自395年罗马帝国分裂后,西罗马处境更为困难。5世纪初,阿拉利克率领西哥特人,经马其顿、希腊,直入意大利,410年攻陷罗马城,予以可怕的洗劫。那时候,圣若落姆住在巴勒斯坦,写信说:“传来西方可怕的消息,罗马城被围困了。居民尽其所有的金银,不能挽救自己的生命。舌粘于颚,不能成言。曾经侵略世界的城市,而今为人所劫掠,居民变为奴隶,困于饥饿,以至于人吃人,母亲吃她的孩子。”[1]阿拉利克进入意大利,到处有奴隶参加,这不单纯是蛮人

---

①圣若洛姆:《信集》, XXVII。

的侵入，而是被压迫阶级的反抗，这是西罗马灭亡的预兆。

八

5世纪初，匈奴和阿兰人形成一个庞大的联盟。这个联盟以匈牙利为中心，以洛亚（Roua）为首长，声势浩大，威胁着西罗马的安全。最初，这个联盟的态度是慎重的，对西罗马采取合作态度。事实也正如此。383年，罗马将领狄奥多斯借匈奴的力量，战胜了他的敌人马克西姆。在435年，埃西尤斯屯军高卢，借匈奴的力量，镇压了布尔贡人的暴动。但是，不论匈奴人如何帮助罗马，最终匈奴还是西罗马最危险的敌人。

到阿提拉时代（Attila，435—453），匈奴更加强大了。一边向外扩张，占据了罗马的边疆重镇，如辛吉东（即今贝尔格莱德）和尼萨；一边压迫东罗马缴纳沉重的贡税，年付二千一百金镑。

当446年阿提拉掌握最高军政后，即向保加利亚、色雷斯、马其顿与希腊进攻，毁城市堡垒七十余处。东罗马不能抵抗，随即屈服，使西罗马帝国十分恐惧。传言阿提拉马蹄所踏之处，草木不生长。这不是迷信，这说明匈奴破坏力量的强大。马塞兰留心时事，论到匈奴人，说他们“像钉在马上，身体健壮却很丑陋。他们在马上生活，马颈上睡觉。他们不种地，不执犁，没有固定的住处，没有房屋，到处流浪。他们不分善恶，没有信仰，像是失掉理性的动物。”[①]马塞兰对匈奴人的叙述，在憎恨中夹杂着恐惧的心情。

448年，东罗马派遣使团，去匈牙利觐见阿提拉，史学家普利斯珂随行。他观察了匈奴在提斯河畔的宫廷，记述了对阿提拉的印象，这是十分可贵的资料。他说：“我们到了阿提拉所住的地方，宛如一座城市，实际上却是一座军营。这所军营是用木料建筑的，光滑得看

①马塞兰：《历史》，三十一章。

不出隙缝。内外有许多帐幕,井然有秩序,到处可看到门庭。王帐设在中间,高大富丽,侵略者喜爱住在这里,不愿住在美丽的城市。”他这样叙述阿提拉:“阿提拉仪表是庄严的,表现出可怕的神色。他小的眼内,充满了经常在动的火焰,放出使人惊心的有力的光芒。他爱好战斗,非到不得已时却不用武力。他非常谨慎,判断明确,深入了解细微的事实。对屈服与请求者,他采取宽宏的态度,信守诺言,他成为信任者的好朋友。阿提拉的身体较一般人高大,胸宽、头圆,有散乱而秀丽的胡须。鼻低而平,面色黝黑。”①这两段记述反映了当时的情况,西方作家们至今仍歪曲阿提拉的形象,那是不够客观的。

九

448 年后,阿提拉转向西罗马进军。

经两个世纪的蛮族侵入及人民的暴动,西罗马帝国已至垂死阶段。汪达尔人由高卢侵入北非,形成独立的局面,断绝了意大利粮食的来源。高卢地区,由于巴高达暴动,长期陷入混乱状态,大部分地区为蛮族所占领。西罗马经济困难,仅有维持三万军队的能力,帝王瓦伦提尼安又软弱无能,面临着困难,他束手无策。

451 年,阿提拉率领着精锐的骑兵,闯入高卢,直趋奥尔良城。在那里,遇到罗马将领埃西尤斯的抵抗。阿提拉率军回转,进至特洛瓦城附近,发生了会战。西方传统的史学家夸张罗马的胜利,但是事实上,胜负并未决定。次年,阿提拉安全撤退,转向意大利进攻,占领了米兰、巴维亚。在意大利获得重大战果后,由于瘟疫发生,放弃了进攻罗马的计划。453 年,可能因瘟疫关系,阿提拉去世了。

阿提拉的死对匈奴是不利的,国家随着分裂。在 454 年,长子埃拉克在与东哥特人战斗中牺牲了。次子忽倪(Hernac)放弃西方领

①自马来《中古史》,21、22 页译出。

地，退至伏尔加河故地。忽倪便是《魏书》粟特国中所说的“忽倪”，夏德在其《伏尔加河上的匈奴人与匈奴》中已有说明。

当476年西罗马帝国灭亡时，距阿提拉的死仅只二十二年，西方开始了封建的历史。匈奴人与阿兰人紧密结合，停居在顿河与多瑙河之间，不断的发展，形成了匈牙利与保加利亚，这对西方历史所起的作用是十分重大的。

当西罗马帝国快灭亡的时候，阶级斗争变得更为剧烈。奴隶们视蛮族为解放者。高卢作家沙尔维扬说：“被压迫者到不得已时，逃到哥特人中受他们领导，这完全是对的。因为在蛮人中虽是奴隶却尚有自由，比在这里虽是自由，而实质上却是奴隶好得多！过去以高的代价取得罗马公民的资格，而今这个公民变成可怕的名称。”这正说明蛮族侵入的重要意义，奴隶制度必须结束。

匈奴不断的向西移动，促进了蛮族的大迁移，致使西罗马帝国灭亡，其意义十分重要。但是，意义更为重大的是西方奴隶制度的崩溃，奴隶与隶农联合反抗帝国的统治者，他们投到蛮族队伍中，变为农民，取得自由与独立，奴隶主们要想再维持富饶的大庄园是不可能了。蛮族的贵族成为封建领主初期的人物，他们利用广大农民，夺取了奴隶主们的土地与财产，推翻腐朽的西罗马帝国，出现了一个新的局面。这是令人十分鼓舞的，西方历史又向前迈进了一步。

十

欧洲5世纪的变化，使我们得到这样的认识：没有蛮族的入侵，由于西罗马生产关系的矛盾，这个帝国也要灭亡的，只是不会这样迅速，不会采取这样的方式。没有匈奴人两次的西移，蛮族亦要移动的，但不会有那样的强力与那样的庞大。匈奴人所组织的国家，并不是野蛮的，也不是落后的，他们对畜牧事业的发展，在草原作战的经验以及进步的马具，给西方人巨大的影响。当匈奴人与阿兰人结合后，坚守着顿河至多瑙河间的地区，使东方有暂时的安定，西方却遭受到民族大迁移，改变了欧洲的面貌。

这样，我们得到另一种认识：两汉对匈奴的防御战争发生了重大的作用。匈奴人的西迁不是偶然的。汉室与匈奴的长期斗争，使汉室执行“断匈奴右臂”的策略，匈奴中不愿放弃游牧生活者，便向西迁移，引起中亚的变化。更由中亚向西发展，使西罗马帝国灭亡，加速奴隶制度的崩溃，这是应该特别重视的。

关于巴克特里亚古代的历史①

一

中亚细亚为亚洲大陆的中心，系古代游牧民族集聚与转移的地带，对世界古代史起着重要的作用。中亚细亚古代的历史是十分复杂的，涉及许多民族、经济、语言、宗教等问题，至今并未得到有系统的解决。近百年来，经考古学者的发掘，语言学者及史学家的努力，证明了中亚古代的历史与中国新疆及伊朗有密切的联系。

在古代，由中国新疆至伊朗有两种不同的经济类型。在草原地区内，畜牧经济得到发展，牧民经常度着流动的生活。在绿洲地区内，农业经济得到发展，居民过着定居的生活。但是，中亚居民的生活，常受东西两方实力的影响。如果游牧民族移动，遇到绿洲地区实力强大，即游牧者变为定居。反之，如果游牧者夺取绿洲政权，即定居者可能转为游牧。因此中亚的历史，常使人感到变化无常，给人一种混乱的印象。

根据前面的理解，我们试取巴克特里亚为例，予以一种说明。巴克特里亚居中亚细亚的南部，为中国、波斯及印度等文化交流的地区，对世界古代史有着重要的意义。

①原载《学术通讯》，1963 年。

二

巴克特里亚古代的历史，可以上溯到公元前13世纪。当亚述兴起后，向东扩张，侵袭米底居民。巴克特里亚协助米底反抗亚述，曾参加这次战斗，结果失败了，为亚述所征服。从亚述史中所得到的这点叙述，只能说明巴克特里亚的历史是古老的。

巴克特里亚人居于阿姆河上游，即今之阿富汗北部与帕米尔山地。其最初的居民是斯基泰人。罗马史学家庞培·特洛克说："巴克特里亚人是以斯基泰人为基础的。"斯基泰人为中国史中所称的塞人，亦则波斯石刻中所称的Sakas，系中亚东北部不同游牧部族的总称。

较早提到巴克特里亚的典籍是火袄教的《阿维斯达》，称巴克特里亚为"巴克底姆"。据传说：当马兹达（Ahura Mazda）创立了四大名城，伊朗、粟特、木鹿及巴克底姆，而形容第四个城说："巴克底姆是美丽的，旌旗高升。"[①]法国学者哈尔来池注释此语时，以为旌旗高升，是指"首长所居的城市"。但是，巴克底姆建于何时，却没有精确的说明。在《阿维斯达》的第二章中，论到波斯的十六个城市时，没有提到埃克巴登（Ecbatana），而埃克巴登证实建于公元前708年[②]，这样推断，巴克底姆的建立，必早于公元前8世纪了。

为何其词根为"巴尔克"（Balkh）？关于此，米尔孔（Mirkhond）叙述了它的字源。巴尔克城主凯玛尔（Kaiomafs）的长兄住在西方，兄弟相别甚久。其兄远道来访，至德玛温，不见其弟，得知在东方建立新城，便向之而去。凯玛尔见有人自西来，疑是敌人来攻，率其部队，其子相随前往，及至相近时，始知来者为长兄。凯玛尔向其子说：Bal-Akh！意为"切实是我兄"，因此城命名为Balkh。这个传说，不在乎说明巴尔克，即巴克底姆的字源，而在说明这个城市的性质，居于东西

①*Zend-Avesta*, Vendidad 1.7。

②Herodotus：《历史》，1、98。

经济与文化交流的街心，时刻处于警惕的地位。

三

约在公元前1000年后，巴克特里亚居民的生活已至定居的阶段，开始了农村公社，个体家庭成为经济的单位，但是财产的发展是不平衡的。由于财产的集中，战争已变成获得财产的手段。根据希罗多德描述斯基泰部落，“头戴结实与直挺的尖顶毡帽，穿着裤子，持有本地的弓、短剑与特种斧头”①。

巴克特里亚历史创立时，常受波斯的影响。在亚奇麦尼德时代，公元前545至公元前539年间，居鲁士向东方进军，侵占巴克特里亚，列为波斯的一省。段成式在《酉阳杂俎》中论到“缚底野”城时说系“古波斯王乌瑟多习之所筑也”②。缚底野为Bactria的译音，乌瑟多习（Vishtaspa）为波斯帝王大流士之父，曾任巴克特里亚的省长。波斯省区表中，有巴克特里之名，属于第十七省。当波斯与希腊战争时，在薛西斯军中，有巴克特里亚人参加作战。这说明巴克特里亚在公元前5至前4世纪时，成为波斯帝国重要的一部分。1936至1941年间，考古学者在喀布尔城北六十公里处，发掘贝克拉姆（Begram），得到很丰富的成果。城为南北长方形，有城墙，每隔十七米有瞭望楼，城墙前有两道水沟，城内街道为十字形，将城分为四部分，反映出繁荣富强的景象。这所古城建筑约在4世纪时，贵霜王朝衰落后，不知何故被废弃了。

巴克特里亚地区广阔，灌溉较为发达，种植葡萄及各种植物。手工艺有很高的水平，根据苏联学者的研究，属于公元前4至前2世纪的“阿姆河宝库”，有金制的马车，银制的雕像，其衣服与武器也是

①Herodotus:《历史》，VII，64。

②段成式:《酉阳杂俎》，卷十四。

十分细致的[1]。巴克特里亚与中国新疆及俄南部诸民族往来很密切，不只繁荣了自身的经济与文化，更重要的是互相协助，抗拒外来的侵略。

当波斯楔形文字改革后，形成四十个字母，在亚奇麦尼德时代，发展成中亚的各种文字，如粟特文及维吾尔文等。这说明波斯与巴克特里亚等民族的文化关系是很深的。

四

当公元前4世纪的后半叶，巴克特里亚发生很大的变化。马其顿兴起后，亚历山大向东方侵略，征服波斯，巴克特里亚受到严重的威胁。为了抵抗希腊，公元前330年，巴克特里亚总督贝索斯宣布独立，称亚尔达·薛西斯四世。这种正义而勇敢的行动，得到东北部斯基泰人的支持。不屈服于希腊人统治的波斯人，亦乘机反抗亚历山大，以鼓舞贝索斯的斗志。亚历山大了解到情势的严重，被迫撤军，推迟了向巴克特里亚的进军。这年秋天，亚历山大镇压波斯起义的人民，安定了后方，然后越过兴都库什山，从南部包围巴克特里亚，借以孤立贝索斯，使之得不到从南方来的援助。

贝索斯既知所处的困境，也知马其顿强大的实力，他采取坚壁清野的策略，争取北部游牧民族粟特人的支持。希腊包围巴克特里亚，逐步缩小范围，断绝外部的援助。为了长期斗争，贝索斯被迫放弃巴尔克，退于阿姆河北岸，采取机动战术与希腊人决斗。当退的时候，破坏了道路，焚毁了车辆、船舶与粮食。

亚历山大占领巴克特里亚，率军队北上，渡阿姆河。贝索斯为叛徒出卖，成为希腊的俘虏。古希腊史学家阿利安说："亚历山大鞭笞贝索斯，送他到巴克特里亚，并在那里把他处死了。"[2]贝索斯之死，

①《古代中亚史略》，见《世界古代史通讯》，东北师范大学，1957年，26页。

②Arien：《亚历山大远征记》，111，30。

激起中亚居民的抗议,亚历山大苦战两年多,始安定下来。但是,这种安定是不稳固的。随着亚历山大的逝世(前 323),他的部将们发生剧烈的混战,到公元前 312 年,塞琉古(Seleucus)成为东方的主人,巴克特里亚受其统治。从此,巴克特里亚受到希腊的影响。

五

公元前 3 世纪中叶, 巴克特里亚人反塞琉古的统治达到高潮。安提奥克二世(前 261—前 246)治理时期,巴克特里亚总督狄奥多杜斯(Theodotus)利用希腊人的身份,联合军队与当地的贵族,于公元前250 年发动政变,宣布独立,脱离塞琉古的统治。这个希腊化的国家有广阔的领土,却是很不稳定的。这便是我国史籍中所称的大夏。

为了巩固西部的边界,狄奥多杜斯与塞琉古二世联合,反对安息的扩张。安息王亚尔萨克(Arsakez)战死后,底里达特(前 248—前 214)继位,鉴于所处的困境,采取闭关自守政策,稳定山区,争取和平。公元前 230 年时,狄奥多杜斯去世,其子狄奥多杜斯二世继位,改变传统政策,与安息友好,放弃塞琉古的联盟。这种变更是十分明智的,因为安息亡后,巴克特里亚必然遭受塞琉古的袭击。不仅只此,更重要的是,这种变化说明巴克特里亚脱离希腊,转入伊朗系统。

公元前 3 世纪末年, 巴克特里亚内部又发生斗争, 欧提德姆(Euthydcme)利用粟特人的实力,推翻狄奥多杜斯二世,夺取巴克特里亚的政权。便在此时,安提奥古三世(前 223—前 187)即位,图谋恢复塞琉古旧日的光荣,向东方进攻,收复失地。公元前 209 年,占领米底的埃克巴登城,安息被迫讲和。次年即向巴克特里亚进军,击溃巴克特里亚的骑兵。公元前 207 年,围攻首都巴尔克,欧提德姆组织保卫工作,进行英勇战斗。公元前 206 年,安提奥古三世被迫签订和约。双方所以能实现和平的原因，根据波里彼优斯的记述："国境上有威胁双方的牧人与军队，倘若越境，国家必被征服。"[①]欧提德姆虽赔款并给纳粮食，但是巴克特里亚却保持了独立。欧提德姆掌握现实，娶塞琉古的公主，向南方发展，取高附地区，巴克特里亚又到了富强的时候。

欧提德姆去世后，其子德麦特里（Demetrius，前189—前167）继位，向印度发动进攻，深入南部。约于公元前175年，其留守部将欧克拉提德斯（Eueratides）宣布独立。以其实力强大，巴克特里亚遂分为两个国家。这种分裂标志了巴克特里亚的衰弱，也激起安息东侵的野心。安息国王米特拉达梯一世（前171—前138），东侵取木鹿及哈烈（Herat），巴克特里亚受到安息的威胁。公元前155年，欧克拉提德斯又为其子希里克来（Heliokles）推翻，巴克特里亚陷入混乱局面，分裂为许多小国。所以《史记》说到大夏，即巴克特里亚，"无大王长，往往城邑置小长"，[②]这是十分正确的。约在公元前150年，巴克特里亚北部居民、粟特人及自东方移入的大月氏人联合起来，推翻了马其顿的统治，北部巴克特里亚得到解放，这是应该特别重视的。

六

巴克特里亚受希腊影响的时期，由于史料的缺乏，很难有精确的叙述。虽然奴隶制得到发展，但是农村公社仍有强烈的影响。这是游牧与定居衔接的地区，产良马，多水果[③]，手工业非常发达，商业亦很繁荣。

希腊的统治者与当地贵族结合，欺压劳动人民。城市里，他们建有豪华的馆邸，装饰着艺术作品。市民的住宅却非常简朴，多数为石

①Polyhius：《通史》，Ⅺ，34。

②《史记》，卷一二三。

③Strabo：《地理学》说："巴克特里亚除橄榄外，什么果子都出产。"

头修建，涂以泥皮。西方学者过分强调希腊的影响，忽视了地方的彩色。公元前2世纪时，巴克特里亚的艺术，无疑受到希腊的影响，但是却没有受到希腊的束缚，其实质是中亚细亚的。这从两方面可以说明：一是现在保存的许多金银器皿，其图案多为当地猎狩形象和地方风格；二是货币上虽印有阿波罗等神像，希腊宗教并未得到传播，相反的，马其顿却受到火袄教的影响。

七

巴克特里亚的古史是错综复杂的。《史记》记述了巴克特里亚，即大夏，文虽简略，却是张骞亲身的观察，是世界史上最可宝贵的资料。约于公元前128年，张骞至中亚细亚，会见大月氏王于呾密（Termid）。他说大月氏“居妫水之北，其南即大夏”[①]，这说明巴克特里亚尚为一个独立的国家。

张骞称巴克特里亚为大夏，我们觉得不是偶然的。西方学者关于巴克特里亚的研究，给张骞称大夏的原因，作了种种假设。圣马丁以大夏为“Dahae”的对音，可是“Dahae”人居于里海之滨，于张骞西去之前，并未有向巴克特里亚移民的遗迹[②]。何伦（Holoun）以大夏为“大的夏”，由中国夏朝而得名，这显然是不合实际的。[③]但是，《史记·大宛传》说到月氏时，“乃远去过宛，西击大夏而臣之”。《汉书·张骞传》也说：“大月氏复西走，徙大夏。”这些资料说明巴克特里亚称为大夏的原因，须另作解释。

由于我国西北部诸民族的古史，尚未深入研究，作出较有系统的解释，以致对中亚古代的历史，有种种不同的看法。远古中亚民族的特征，并没有确切的记述，但是考古学者证实：自新石器时代起，

①《史记》，第一二三。

②St Martin：*Memoires Sur Les Huns Blancs*，Ⅲ.39.

③Holoun：*Tahia in den chinesischeln von 126 B.C.*

中亚各部落与中国新疆、西伯利亚、乌拉尔、伊朗及印度有着文化与历史的联系。约自公元前1000年后，由于生产的发展，在草原地带，形成了畜牧经济；在绿洲地区，形成了农业经济。因此，经济发展与交换，人口的增长，促成了民族的移动。移动不是偶然的，有客观的因素，是在公社解体的过程中，有了历史条件的准备，只要便于获得生活资料，就进行移动。所以民族移动的原因，要从经济条件与历史发展中寻找。

当公元前3世纪时，中国西北部出现了强大的匈奴帝国，标志着西北部游牧部落深刻的变化，此种变化是与经济发展分不开的。春秋战国时期，我国西北部民族的活动，不只对中国古代史发生了剧烈的影响，而对中亚历史的演变也是十分重要的。即是说中国与中亚古代的历史，同受西北民族活动的影响。为此，我们认为张骞所称巴克特里亚为“大夏”的原因，系吐火罗部族西移的结果。大夏为吐火罗（Tochari）的译音。《新唐书·吐火罗传》中说：“大月氏为乌孙所夺，西过大宛，击大夏臣之，治蓝氏城。大夏即吐火罗也。”①

八

秦汉之前，自甘肃至伊朗一带，地区辽阔，地形复杂，居住着许多不同的部族，随着经济与政治的发展，其交往是频繁的。根据荣祥先生渊博的考证，中国西北部古代的民族，概括为赤狄与白狄两种。“赤狄包括中国西北方的许多民族或部族，白狄包括中国正北方的许多民族或部族”。②大夏系我国西北重要部族之一，在我国古籍中曾多次出现过的。至于吐火罗名称，最初见于《魏书》，这个名称的出现当然晚得多了。

①《新唐书》，卷二二一下。

②荣祥：《蒙古民族起源问题浅探提纲》，20页。

远在周成王的时候，“大会诸侯于成周，大夏入贡”[①]，这说明大夏与周室是有关系的。《逸周书·王会解》提及“禺氏騊駼，大夏兹白牛，犬戎文马”。孔晁注《逸周书》，以大夏为西北之戎。“西北戎”一词，概念虽不很精确，却说明大夏是古老的。大夏同禺氏及犬戎并举，犬戎曾侵袭周室，禺氏居于敦煌、祁连之间，说明大夏居于西北地区。《史记·封禅书》说，桓公“西伐大夏，涉流沙”，由此可见，远古的时候，大夏在甘肃一带，过着游牧的生活。《汉书·地理志》指出陇西有“大夏县”，即兰州府河州地。既以为县名，这不只说明所居过的地带，而且说明大夏在西北的重要性。

关于大夏西移的资料，我国古籍中虽不多见，却也有些线索。《穆天子传》称：“自阳纡西至西夏氏二千又五百里。”郭璞注此：“昔者西夏性仁非兵，城郭不修，武士无位，唐氏伐之，西夏以亡。”不论古地名阳纡有多少解释，总在今之陕西境内。按照郭璞的注释，大夏有城郭，这说明大夏有过定居的一段生活。可能受外族的压力，大夏被迫向西移动。《吕氏春秋·古乐篇》中，提及伶伦作律，“自大夏之西，乃之昆仑之阴，取竹于嶰溪之谷”。王国维解此：“大夏当在流沙之内，昆仑之东，较周初王会时已稍西徙。”[②]

根据前两段的记述，虽未明确指出大夏西移的地点，但从玄奘记述吐火罗的资料，可看出大夏由甘肃移至于阗一带。玄奘叙述瞿萨旦那(kusatana，古称于阗，今称和阗)说：“从此东行，入大流沙。……行四百余里，至睹货逻故国，国久空旷，城皆荒芜。”[③]玄奘所称之睹货逻即古之大夏。法郎克论到大夏说：“远在公元前12世纪时，古代的Tocnari人，居于甘肃西北部及戈壁沙漠之南部。”[④]这种认识是符合中国古籍的记述的。

①《图书集成·边裔典》，四七。

②王国维：《观堂集林》，卷十三。

③《大唐西域记》，卷十二。

④麦高文：《中亚古国史》，271页引用。

九

大夏人进据巴克特里亚是在大月氏移入以前发生的。当大月氏自敦煌、祁连间移至乌孙,复由乌孙“过大宛,西击大夏而臣之”①,这说明大夏的移入是早于大月氏的。

巴克特里亚东北部的游牧民族,经常是流动的。《山海经》证实了大夏的西移,“国在流沙外者大夏、坚沙、居繇、月支之国”②。郭璞解释:“大夏国城方二三百里,分为数十国,地和温,宜五谷。”因在流沙之外,就自然情况言,是指巴克特里亚的。王国维以其与秦汉间故事不符合,系出自汉通西域后之附益,这样的理解似乎是不妥当的。因为大夏不是固定的国家专名,而是西北游牧部族之一,也如匈奴与乌孙等,随着环境的变化,经常由定居转为游牧,复由游牧转为定居的。

灭亡希腊人所建立的巴克特里亚王国,据斯特拉波(Strabo)在《地理志》中的记载,为斯基泰人。其间包括四部分,即 Asu、Pasiani、Tokhari及 Sakaruli。关于 Asu 及 Pasiani,近人有很多的推测及比附,并未有明确的解释。但是,关于 Sakaruli,拟为 Saka,即我国古史中所称之塞种;关于 Tokhari,即汉籍中所称的吐火罗。由此可知中国古籍中所称之塞种,包括的成分很多,而吐火罗为其中之较强者。

公元前 1 世纪中叶,新疆北部民族是动荡的。大月氏向伊犁移动,原居的塞种被迫向南、西迁移。所以《汉书》说:“西击塞王,塞王南走远徙,月氏居其地”③。继后乌孙王昆莫得匈奴之助,进击大月氏,故“大月氏西徙臣大夏,而乌孙昆莫居之,故乌孙氏有塞种,大月氏种云”④。公元前 174 年左右,大月氏移入伊犁,则大夏侵入巴克特

①《汉书》,卷九六上。

②《山海经》,第十三。

③《汉书》,卷六一。

④《汉书》,卷九六下。

里亚，当在公元前170年前后。乌孙进击月氏在公元前160年之后，即月氏移入妫水，当在公元前150年左右了。以故大夏与大月氏不能混而为一，它们在中亚并存了相当的时间。当张骞于公元前128年至中亚，经实地视察，返国后叙述当时的情况：

大月氏在大宛西可二三千里，居妫水北。其南则大夏，西则安息，北则康居，行国也。随畜移徙，与匈奴同俗。控弦者可一二十万。……西击大夏而臣之，遂都妫水北，为王庭[①]。

大夏在大宛西南二千余里，妫水南，其俗土著，有城屋，与大宛同俗。无大王长，往往城邑置小长。其兵弱，畏战，善贾市。及大月氏西徙攻败之，皆臣畜大夏。大夏民多，可百余万，其都曰蓝市城……

从这两段文字，我们看出大夏与大月氏的不同，两国相邻，一在妫水之北，一在妫水之南。大夏虽然臣属于大月氏，并非灭亡。否则，张骞第二次使西域，至乌孙后，《史记》又何必说“分遣副使使大宛、康居、大月氏、大夏、安息、身毒、于寘、扜罙及诸旁国”，大夏与大月氏并举呢？

十

大夏移入中亚后，于安息王弗拉特统治期间（前138—前128），曾助安息击败塞琉古的侵略。随后弗拉特斯攻大夏，死于战争之中。其继者阿尔达班二世执政，又反抗大月氏，于公元前124年亦死于战争。这说明大夏与大月氏移入中亚后所造成混乱的局面。

大月氏在巴克特里亚的发展是缓慢的，却具有重大的意义。大

①《史记》，卷一二三。

月氏南渡妫水，大夏，即塞种，被迫向南逃遁，侵入罽宾。《汉书》说："大月氏西君大夏，而塞王南君罽宾。"[1]由此可知大月氏不是灭亡大夏，只不过臣属而已。

大夏拥有广大的土地。玄奘经羯霜那国（kesh，今之Shahr-i-Sabz）说：出铁门至睹货逻国（旧曰吐火罗，讹也），其地南北千余里，东西三千余里。东厄葱岭，西接波剌斯，南大雪山，北据铁门，缚刍大河中境西流。自数百年王族绝嗣，酋豪力竞，各擅君长，依川据险，分为二十七国。[2]由此可见大夏（吐火罗）疆域的广阔及其不稳定的状态。

是在张骞第二次出使西域后，"大夏无大君长，往往置小君长，有五翕侯"[3]的情况。所谓五翕侯，即休密、双靡、贵霜、肸顿、高附。关于五翕侯的设立，有以为是大月氏设立的。《汉书》说："凡五翕侯位皆属大月氏。"[4]按此语的提法，是指大夏为大月氏所臣属。《后汉书》便不同了，它说："初月氏为匈奴所灭，遂迁于大夏，分其国为休密、双靡、贵霜、肸顿、都密凡五翕侯。"[5]《后汉书》所述五翕侯的设立是模糊的。东汉与西域的交通，始于建武二十一年（45）冬，西域十八国的遣子入侍，对于五翕侯的建立已难说明白了。其次，《汉书》所言之高附，继后为安息统治，"及月氏破安息，始得高附"[6]，这便是五翕侯中提都密的原因。月氏夺取高附，根据波斯的记述，发生于公元45年间，亦即丘就郤攻灭其他四翕侯，建立贵霜王国的时候。

贵霜（Kusana）王国的建立，是巴克特里亚古代史上另一件大事。贵霜受大月氏统治，当贵霜建立政权后，"汉本其故号，言大月氏云"[7]，这便是说贵霜不是大月氏，而是大夏分裂后的一部分。

①《汉书》，卷九六上。

②《大唐西域记》，卷一。

③荀悦：《汉纪》上。

④《汉书》，卷九六上。

⑤《后汉书》，卷一一八。

⑥《后汉书》，卷九六。

⑦《后汉书》，卷一一八。

十 一

丘就郤建立的贵霜王国是繁荣富强的。《水经注》论到大月氏，即贵霜王国，“土地和平，无所不有，金银珍宝，异畜奇物，逾于中夏，大国也”[①]。《万震南州志》也说：“奇玮珍物，被服鲜好，天竺不及也。”这种对贵霜王国的估计，不是逾于中夏，便是天竺所不及，证明巴克特里亚的繁荣，即使有点夸张，也必有一定事实的根据。

贵霜的都城，初在旦义始罗附近，后为弗楼沙，即今之白沙瓦。丘就郤晚年，曾兼并罽宾，“东汉之世，罽宾高附并于月氏”[②]。

丘就郤死后，其子阎膏珍继位。贵霜王国向南发展，进据旁遮普，一直至具拿勒斯。《魏略》说：“罽宾国、大夏国、高附国、天竺国皆并属月氏。”[③]此处所言之月氏，即大夏分裂之贵霜，版图辽阔，居民殷实，形成了大贵霜王国。

约在公元 78 年，伽腻色伽二世立，贵霜王国在国际间起重要的作用。伽腻色伽统治期间（78—102），班超出使西域（73—94）。因疏勒问题，班超遣使至贵霜，我国史中所称的大月氏，以其与康居联盟，愿由贵霜转谕康居毋救疏勒。继后贵霜贪得无厌，欲求汉公主，班超拒绝，贵霜遣副王谢攻击班超，超伏兵大破贵霜军，贵霜向班超请罪。伽腻色伽晚年时说，他臣属了三方面，唯独北方，未能将之屈服，这与班超的西征是有密切关系的。

伽腻色伽统治时期是巴克特里亚繁荣的时代，中国、印度、波斯及希腊文化汇集的地区。贵霜王国成为国际的中心。公元 99 年，曾遣使至罗马。也是在这个时期，贵霜与中国逐步建立起宗教的关系。远在公元前 2 年，《魏略·西戎传》中说：“博士弟子景卢受大月氏王

①《水经注》，卷二。

②《西域图考》，卷六。

③《魏书》，卷三十。

使伊存口授浮屠经。”汉桓帝建和元年(147),月氏僧支类迦谶至洛阳,翻译佛经。后来名僧甚多,支谦即其著者。太和三年(229)十二月癸卯,“大月氏王波调遣使奉献,以调为亲魏大月氏王”[①],按波调为Vasudeva的对音。

公元3世纪时,波斯萨珊王朝兴起,阿尔达希尔(224—241)向东侵略,贵霜王朝受到威胁。贵霜遣使中国,可能有求助的企图,因为贵霜已知处于衰落的境地。293年的柏古里(Paikuli)石刻,虽证实贵霜的独立,却仅限于喀布尔地区。356年柏舍波里(Persepolis)石刻有“塞琉古,喀布尔最高裁判者”,证实贵霜王朝于356年前灭亡了。这样也便结束巴克特里亚古代历史了。

十二

从前边的叙述,我们可看出:

1.巴克特里亚的历史是久远的,可以上溯到公元前13世纪,其民为土著,有古老的文化。

2.波斯与希腊相继占领过巴克特里亚,巴克特里亚即张骞所称的大夏。大夏为Tochai的译音,亦即吐火罗的异称。

3.大夏与大月氏同为我国西北部的游牧部族,亦即古所称之赤狄。大夏居于甘肃一带,继后向西移动,居于阗附近。按大月氏自敦煌、祁连间第一次西移的事实,即大夏亦曾移居于伊犁地区。继后又自伊犁移入巴克特里亚。

4.大月氏受乌孙攻击后,亦向西移动,居妫水北岸,而大夏居妫水南岸,张骞在对中亚的叙述中将大月氏与大夏并举,是从实际观察得来的。

5.巴克特里亚受大夏统治时,曾分裂为五翕侯,贵霜翕侯最强,

①《三国志·魏书》,卷三。

统一其他，建立起贵霜王国，属大夏系统。

6.大月氏南下时，巴克特里亚处于五翕侯统治时，名虽统治巴克特里亚，实质上由贵霜翕侯代替。只是中国典籍中，“汉本其故号，仍言大月氏云”。大夏影响很大，《新唐书》记述吐火罗说：“居葱岭西，乌浒河南，古大夏地。”[①]这说明大夏的重要性。

7.巴克特里亚为古文化交流的地区，波斯的祆教、印度的佛教、希腊的艺术、中国的丝绢，相继经过巴克特里亚输送至各地。

我们试将巴克特里亚一千五百多年历史概括在这样的片段与简略叙述中，其间有错误是难免的。历来研究世界古代史者，忽视巴克特里亚这个重要的地区，纵有叙述者，亦仅不适当地夸张亚历山大的东征，我们不否认他的重要性，但是，巴克特里亚本身有很高的文化，其受波斯、印度及中国兄弟民族的影响，并不次于希腊，这对研究世界古代史是应该记取的，也是这篇文字试图解决的。

①《新唐书》，卷二二一下。

拜占庭与中国的关系[1]

一

自西汉通西域后，中国与拜占庭的往来，亦渐频繁，这是十分自然的。汉武帝初置酒泉郡以通西域，遣使至安息、奄蔡、犛轩等国。《后汉书·西域传》中说："商胡贩客，日款于塞下。"甘英曾"历安息，临西海以望大秦"[2]。甘英出使大秦，虽无结果，却说明班超的雄心壮志了。

在中国史籍中，拜占庭有不同的名称，称为黎轩、大秦与拂菻。这些名称的语意、范围及写法，东西学者聚说纷纭，历来有许多不同的议论。最可靠而近乎史实的，还是岑仲勉先生所作的研究。他说："黎轩、大秦、拂菻任一类名称都无非'西方'、'西域'的意义，不过所指的地域，却因时、因人而广狭不同，又因杂采见闻，同一传记中亦有差异，不能执一相律。大抵最初常用于罗马，往后或专指东罗马，甚而东之叙利亚。如果胶柱鼓瑟，必至矫说难通。"[3]

从中国史籍中说，黎轩之名，始见于《史记·大宛列传》，"北有奄蔡，黎轩"之语。继后，大秦出现，《后汉书》说："大秦国一名犁鞬，以在海西，亦云海西国。"[4]按照岑著："今梵文谓右（申言之为西）为

①原载《阎宗临史学文集》，山西古籍出版社，1998年，第322—333页。

②《后汉书》，卷八八，列传七八。

③岑仲勉：《西突厥史料补阙及考证》，中华书局，1958，222至233页。

④《后汉书》，卷八八，列传七八。

DaKsina……黎轩者，西之音译也；海西者，西之义译也；大秦者，音译而兼取者也。”[①]至于拂𡊨，即为于阗文 Hvaram 之对音，亦为西与右之意。这样的译名，不只不为勉强，亦较为妥当，可谓善于释名者也。

汉时中国与大秦的交通有海陆两路，一自海上，“桓帝延熹九年，大秦王安敦尼遣使自日南徼外，献象牙、犀角、玳瑁”[②]；一自陆上，即西出玉门，至安息，复由安息，“绕海北行，出海西，至大秦”[③]。这说明海陆两路的交通，其真实性是不容置疑的。

东晋孝武帝太元二十年(395)，罗马帝国分裂，拜占庭渐次居领导地位。到北魏时，西罗马亦已灭亡。因之，魏以前称罗马帝国为大秦，魏以后称为拂菻，《旧唐书》记述时，开始便说：“拂菻国一名大秦，在西海之上，东南与波斯接，地方万余里。”[④]《唐书》所记拂菻，较为详实，这说明拜占庭与中国的关系的密切。

二

自公元前 8 世纪，美加拉建立拜占庭后，这个城市由于位置关系，很快地成为亚欧两洲海陆交通的重镇，到中世纪时，君士坦丁堡已成为西方世界的中心。拜占庭与中国的关系是密切的，有许多资料散见在中国典籍之中。大秦初来者，多取道海上。后汉时，大秦王安敦尼的使臣，便是一例，来自日南徼外；三国时黄武五年(226)，大秦商人秦论，取道交趾，觐见孙权[⑤]；晋武帝太康五年(284)，大秦国遣使来献，与林邑并举，自亦取道海上[⑥]。《洛阳伽蓝记》中说：“西域

---

①岑仲勉：《西突厥史料补阙及考证》，中华书局，1958，222、233 页。

②《后汉书》，卷八八，列传七八。

③《后汉书》，卷八八，列传七八。

④《旧唐书》，卷一九八，列传一四八。

⑤《南史》，卷七八，中天竺国。

⑥《晋书》，卷三并卷九七，四夷内大秦国。

远者,乃至大秦国,尽天地之西陲。”又说:“与西域、大秦、安息、身毒诸国交通往来,或三方四方,浮海乘风,百日便至。”[1]

北魏时,中西交通频繁,对拜占庭的知识,亦较为深刻。北魏亡于550年,即优士丁尼的晚期。那时候,因为匈奴西侵的结果,推动西方蛮族的移动,以致西罗马灭亡(476),而拜占庭亦向匈奴纳贡称臣,自412年至450年曾委曲求全,始保其独立。优士丁尼胸怀壮志,力图恢复古罗马帝国,他的方向虽然是错误的,当时却表现了一度的繁荣。

当拜占庭经济繁荣的时候,自中国与印度输入的奢侈品,如丝绸、香料、宝石等,常受波斯的控制,给拜占庭带来许多困难。优士丁尼是个有作为的人,常思摆脱这种处境。他想另觅出海口,从红海东北岸上爱里出发,入红海,沿非洲东岸阿杜里斯,入印度洋,直趋东方。但是,那时海上交通实力,仍受波斯领导,非洲各国无法与之竞争,拜占庭海上发展的意图无法实现。其次由黑海向北发展。占领刻赤,与匈奴人相联系。由此至里海,复向东行,避开波斯,至康居地带,经葱岭,入中国,这条道路便是有名的丝路。

《魏书》论到大秦时说:“其土宜五谷桑麻,人务蚕田。”[2]种桑育蚕的大事,是在优士丁尼时代开始的。前此,罗马既不知丝的制法,也不知丝为蚕所吐出,拜占庭史学家左纳拉斯说明了这种无知的状态[3]。关于蚕丝传入拜占庭方式,有谓传自印度僧人,如普罗柯朴所记;有谓得自波斯人,如狄奥芳纳所述。不论所述如何不同,按当时实际情况,拜占庭力图建立养蚕事业,摆脱波斯人的垄断,是长久以来的努力。就现存的史料中,530年,拜占庭与阿克苏谈判,要求从海上购买中国生丝,发展丝织品,借此与波斯竞争。君士坦丁堡、地尔等城有丝织厂。为了保护新兴工业,拜占庭规定生丝价格,实行统

①《洛阳伽蓝记》,卷四。

②《魏书》,卷一〇二,列传九〇。

③左纳拉斯(Zonaras)系拜占庭12世纪编年家,著有《世界史》,止于1118年。

购统销，因而丝织物的原料，部分得到解决。到568年，突厥使臣曼尼阿黑至拜占庭，优士丁尼向他夸耀养蚕事业的发展。尽管如此，多部分生丝来源，初须经波斯人之手。为了商业利益，拜占庭与突厥联盟，订立友好条约，共同向波斯进攻，已成不可避免的事实。自571年起，拜占庭、波斯遂发生了二十年长的战争①。

三

隋唐盛世，中国为世界上强大的国家，经济文化都有独特的发展，对中西交通起了积极的作用。《洛阳伽蓝记》说："西夷表附者，处崦嵫馆，赐宅慕义里，自葱岭已西至于大秦，百国千城莫不款附，商胡贩客，日奔塞下，所谓尽天地之区已，乐中国土风而宅者，不可胜数，是以附之民万有余家，门巷修慭，阊阖填列，青槐荫柏，绿柳垂庭，天下难得之货，咸悉在焉。"②在这样盛况下，中国与拜占庭的关系，当然较前更为密切。

根据《唐书》及《册府元龟》所记，自贞观十七年（643）至天宝元年（742）百年之间，拜占庭派遣使臣来华有七次，"来献上京"③。那时候，拜占庭不是东罗马帝国，实质上是一个希腊的国家，版图虽然缩小，小农经济、纺织业与航海业却相当发展，社会相当的稳定。华西里二世时，"拜占庭是欧洲最强大的海上国家……"④金线织成的五色丝绒、猩红呢，即海西布，驰誉世界，帖撒罗呢加、底彼斯与科林斯等处是纺织业的中心。《通典》记大秦时说："又常利得中国缣素，

①沙畹：《西突厥史料》，冯承钧，译本，166—175页。

②《洛阳伽蓝记》，卷三。

③语见大秦景教碑文。七次遣使为：贞观十七年（643），乾封二年（667），大足元年（701），景云二年（711），开元七年（719）两次，天宝元年（742）。

④《马克思编年札记》中语，为列夫臣柯所引用，见列氏所著《拜占庭简史》译本197页。

解以为胡绫绀纹，数与安息诸胡交市于海中。”[1]佩特里的丝织物，受政府监督，抽税百分之十，海上高利贷为百分之十六。拜占庭经济虽然繁荣，剥削也够苛刻。兹举一例，9世纪时，伯罗奔尼撒丝厂女主人达尼丽达死后，释放了三千奴隶工人[2]。

《旧唐书》与《新唐书》所述拂菻情况，大致相同，亦较为明确。杜环《经行记》最为概括："拂菻国在苫国西，隔山数千里，亦曰大秦，其人颜色红白，男子悉着素衣，妇女皆服珠锦，好饮酒，尚干饼，多淫巧，善织络，或有俘在诸国，死守不改乡风。琉璃妙者，天下莫此。王城方八十里，四面境土各数千里，胜兵约有百万，常与大食相御。西枕西海，南枕南海，北接可萨突厥。"《经行记》对拂菻记述，文虽短简，却正确地说明拜占庭8世纪的情况[3]。

这里，有几件事须加以说明。

1."贞观十七年，拂菻王波多力遣使献赤玻璃、绿金、水精等物，太宗降玺书答慰，赐以绫绮焉。"[4]关于波多力，众说纷纭，当以叙利亚总主教"Patrich"衔号为是，与景教来华的传播相吻合[5]。

2."自大食强盛，渐凌诸园，乃遣大将军摩栧伐其都城，因约为和好，请每岁输之金帛，遂臣属大食焉。"[6]按，摩栧即"Muawiya"（661—680）的译音。摩栧初为叙利亚总督，谋征服拜占庭，建立海军，于649年，取塞浦路斯岛。673年.以庞大舰队向君士坦丁堡进攻。拜占庭掌握更高军事技术，利用爆炸性的希腊火，击退摩栧，阿拉伯损失惨重，被迫签三十年和约，并向拜占庭承纳贡的义务。《旧唐书》所记却正相反，不合史实，这是应该修正的。

---

①《通典》，卷一九三。

②列夫臣柯：《拜占庭简史》，译本171页。

③《通典》，卷一九三。

④《旧唐书》，卷一九八。

⑤岑仲勉：《西突厥史料补篇及考证》，232页。

⑥《旧唐书》，卷一九八。

3.天宝六年(747)高仙芝平定小勃律后,“于是拂菻大食诸胡七十二国皆震恐,咸归附”[1]。拂菻降唐的说法是不正确的。高仙芝征小勃律时,拜占庭为君士坦丁五世(741—775)所统治,他厉行改革,执行毁象政策,反僧侣与贵族的统治,加强中央集权。大食亦未依附。天宝十年,高仙芝为大食败于怛逻斯的事实,已否定了依附的说法。《经行记》中所言苫国,并非如张星烺所言为卓支亚之首音[2],应为大食人所称之叙利亚,即“Scham”之译音[3]。

四

两汉时候,大秦人东来,首先传入中土的为幻术。当张骞第三次返国时,犛轩眩人同来献技,其人能“吞刀、吐火、植瓜、种树、屠人、截马”[4],自此魔术岁增,杂技益兴。东汉安帝时,掸国王雍由调遣使,“献乐及幻人,能变化吐火,自支解,易牛马头,又善跳丸,数乃至千。自言我海西人也。海西即大秦也。”[5]《魏略》也说大秦“俗多奇幻,口中出火,自缚自解,跳十二丸,巧妙……”[6]这些资料都说明大秦幻术的惊人。唐时中西交通频繁,使节往来络绎不绝,大秦幻术仍保持很高的水准,《通典》大秦条中说:“有幻人能额上为炎烬,手中作江湖,举足而珠玉自堕,开口即旛毦出。”[7]大秦幻术的表演,留于石刻画像尚多,如山东嘉祥刘村洪福院的画像石刻,上层有吐火施鞭图[8],虽为汉时作品,却可看出当时吐火的情况。

---

①《新唐书》,卷二二一下。

②张星烺:《中西交通史料汇编》,三册,49页。

③《诸蕃志》,卷一四一页。

④《汉书卷》,六十一,《张骞传》。

⑤《后汉书》,卷七十六,《西南夷传》。

⑥《三国志·魏志》,卷三十。

⑦《通典》,卷一九三。

⑧陈竺同:《两汉和西域等地的经济文化交流》,39、40页。

另一件重大的事实是拜占庭的景教传入中国。景教为聂思脱里创立，反对基督教的“三位一体”及“人神合一”的理论。他提倡亚里士多德的学说，又反对柏拉图的唯心论，推崇理性，在叙利亚起了积极的作用。431 年，在埃弗斯的宗教会议上，聂思脱里的理论被判为异端，受到谴责，并将聂氏逐放于埃及的荒原。但是，聂氏的理论受中间阶层欢迎，在叙利亚广泛地传播着。当柴农即位后（474），走上复古的道路，卫护大地主的利益，仇视聂派宗教，于 489 年予以残酷地镇压。聂派信徒不能在叙利亚停留，逃至波斯，又由波斯向东方发展，于贞观九年（635），叙利亚人阿罗本，“远将经象，来献上京”[①]。贞观十二年，敕令将长安义宁坊的波斯寺改为大秦寺[②]。度僧二十一人，阿罗本受封为镇国大法主。

聂派宗教传入中土后，改称景教。其原因，钱念珣在《旧潜记》中说：“入中国后，不能不定一名称，而西文原音弗谐于口，乃取《新约》光照之义，命名曰景，景又训大，与喀朵利克原义亦合，可谓善于定名。”[③]

明天启三年（1623），长安西部土地中掘得“大秦景教流行中国碑”，碑立于建中二年（781），文词富丽，字体端庄，碑下面及左右两边，刻叙利亚人名，为大秦寺僧景净述，台州司士参军吕秀岩书。景教受唐高宗与肃宗的重视，建立景寺，有相当的发展。如碑文所言：“法流十道，国富元休，寺满百城，家般景福。”房玄龄曾迎接阿罗本于西郊，郭子仪与景教僧伊斯友善[④]。李白的《上云乐》，亦为描述景教的作品，如“能相歌，献汉酒，跪双膝，并两肘，散花指天举素手”，这是形容景教的祷祝。

景教碑出现后，清儒十分珍视。钱大昕潜研堂的《金石文跋》，杭世骏的《古道堂文集》，王昶的《金石萃篇》，毕沅的《关中金石记》等，

①《大秦景教流行中国碑颂并序》。

②宋敏求：《长安志》，卷十。

③《诗经·小雅》：“介尔景福。”

④伊斯为 Dsaac。

都有专论。西人之介绍者亦复不少,最早有阳玛诺的《唐景教碑颂正论》;较为完备的,有复鸣雷的《西安府景教碑考》。景教碑初出土后,歧阳张赓虞摄一幅,寄李之藻。天启五年四月,李之藻作景教碑书后。

德礼贤论及景教来华,指出当时僧人所带经典有五百三十部,译为汉文者有三十五部[①]。最早译品为《移鼠迷诗诃经》,约贞观九年至十二年译成,讲耶稣一生事迹。次为《一神论》,系一部神学著作。约贞观十六年译成《三威蒙度赞》,现藏巴黎。又有《志玄安乐经》、《宣元至本经》,约在世纪末叶,为大秦僧景净所译[②]。景净为碑文的撰述者,系主教,但文字必出于华人之手。

当景教碑出现消息传至欧洲后,腓特烈二世及罗南等,多持怀疑的态度。现由敦煌发现的经典,与碑文所记完全符合,这便证实了景教碑的真实性。1905 年,丹麦人何尔谟(Holm)拟以三千两银购此碑,运往伦敦。清廷闻之,急电陕抚阻止,经多方交涉,始得阻止,陕抚乃将此碑移入碑林。[③]这可看出帝国主义劫掠文物是多么的可憎,西方伪装的文化人又多么可鄙!

会昌五年(845),武宗受赵归贞影响,禁止外来宗教的传播,“敕大秦,穆护、祆二千余人还俗,不杂中华之风”。[④]继后宣宗虽有弛禁的意图,可是僖宗乾符五年(878),黄巢起义,予外来剥削者以有力的打击,此后景教便绝灭了。

---

①德礼贤:《中国天主教传教史》。

②岑仲勉:《隋唐史》,309 页。

③齐思和:《中国和拜占庭帝国的关系》,以何尔谟为美国人,移美国,不知所据。我根据岑著《隋唐史》(269 页)所引足立喜六的《长安史迹考》,191 页。

④《旧唐书》,卷一八上。

五

拜占庭与中国的关系，随着商人、僧侣与使节的往来，其奇珍物品流入中土者，亦复不少，历代史籍与笔记多有记述。张星烺《中西交通史料汇编》中辑《本草纲目》、《酉阳杂俎》、《南方草木状》等书，有三十余种。[1]这些物品有产自大秦者，有商人加工或贩运者，都说明了物质的交流，往来关系的密切。兹择其要者列如次。

玻璃：《玄中记》云："大秦国有五色玻璃，以红色为贵。"

琉璃：《魏略》云："大秦出金银琉璃。"《晋书·四夷传》中，大秦国"琉璃为墙壁"。

采玉：《太平御览》云"大秦出采玉"。

金钢：《玄中记》云："大秦国出金钢，一名削玉刀。"

珊瑚：《太平御览》，"珊瑚出大秦四海中，生水中石上"。

水银：陈霆雨《山墨谈》，"拂菻当日没之处，地有水银海，周围四五十里，国人取之……"

车渠：《魏略》说，"大秦出车渠，车渠次玉也"。

郁金香：陈藏器曰，"生大秦国，二月三月有花，状如红兰。四月五月采花即香也"。

迷迭香：《魏略》云"出大秦国"。

兜纳香：《魏略》云"出大秦国，草类也"。

无风独摇草：李珀曰"生大秦国"。

蜜香：《晋书》云，"太康五年，大秦国献蜜香树"。

熏陆香：按《南方异物志》，"熏陆出大秦国"。

木香：宏景曰，"今皆从外国舶上来，乃云出大秦国"。

阿勃勒：陈藏器曰，"生拂菻国，状似皂荚而园长，味甘好"。

---

①张星烺：《中西交通史料汇编》，第一册，206—216页。

蜜只：出拂菻国，苗长三四尺，根大如鸭卵，叶似蒜叶。李时珍以此为水仙。

野悉蜜：出拂菻国，亦出波斯国。苗长七八尺，叶似梅叶。四时敷荣，其花五出，白色，不结子，花若开时，遍野皆香。

簸箩竹：《南方草木状》说，簸箩竹皮薄而空，多大者，径不过二寸，皮粗涩。

琥珀：《太平御览》卷八百八，“大秦国多琥珀。琥珀多产于皮罗得海边岸，拜占庭贩运至东方”。

海西布：《新唐书·拂菻传》说，“织水羊毛为布，曰海西布”。

夜光珠：《魏略》曰，“大秦国出夜光珠”。

拜占庭输入中国的东西，多系奢侈品。其生产价值并不大，只供欣赏，市利百倍。但是却说明封建时代的交通困难下，我国典籍中有此丰富的记述，也说明交通的频繁了。

六

11 世纪的后半期，拜占庭处于封建争夺、长期混乱的时代。在 24 年间（1057—1081），有五个帝王的统治。《宋史·神宗纪》元丰四年（1081），有“拂菻国来贡”之语。[①]而在拂菻国传中，却说拂菻国“历代未尝朝贡，元丰四年十月，其王灭力伊灵恺撒，始遣大首领你厮都令厮孟判，来献鞍马、刀、剑、真珠，言其国地甚寒，土屋无瓦”。[②]关于《宋史》所记拂菻的事实，张星烺以“历代未朝贡”[③]语，肯定《宋史》是错误的；《明史》怀疑《宋史》中拂菻非古代的大秦，齐思和以“此说颇有可能”[④]。我们觉着这两种说法，仍须进一步研究。

①《宋史》，卷十六。

②《宋史》，卷四九。

③张星烺：《中西交通史料汇编》，第一册，224 页。

④齐思和：《中国和拜占庭帝国的关系》，17 页。

宋朝与拜占庭的关系，就一般来说，处于停滞的阶段。但《宋史》所记，却是真实的。赛尔柱克人兴起后，自中亚北部向西方发展，于1071年在曼吉克特（在梵湖北）击败拜占庭军队，并俘获拜占庭帝王罗曼四世。随着向小亚细亚发展，占领许多主要城市，如尼塞亚。土耳其人深入小亚细亚腹地，支持尼基福夺取拜占庭的政权，曾统治了三年（1078—1081）。也便是这个时候，土耳其占领尼塞亚城，[①]派遣使臣来中国。

由是，我们认为《宋史》所言的拂菻仍是拜占庭，并非其他国家。灭力伊灵恺撒，当如夏德的解释，为塞尔柱克突厥副王之号（Melek-i-Rum）[②]。自284年后，戴克礼先执行四人制，帝王称奥古斯都，副王称恺撒。“恺撒”为副王的解释是合乎当时的习惯。“你斯都令斯孟判”并不是一个人的专名字，可能是“尼塞亚城司令斯孟判”。斯孟判名前冠以职衔，你斯为“Nicaea”的译音。斯孟判拟为塞尔柱克人，所言“国地甚寒，土屋无瓦”，当指塞尔柱克人原居地，在咸海东北境。宋朝对拜占庭的知识是贫乏的，如周去非的《岭外代答》卷三中的大秦条，赵汝适的《诸蕃志》卷上的大秦国，都反映出这种情况。事实上，拜占庭已至十字军时代，国力衰弱，处于维持的状态中。《宋史》卷十七《哲宗纪》中，元祐六年（1091）庚子，拂菻国来贡，大约与十年前相同，并无特殊意义了。元亡的时候，拂菻商人捏古伦旅居中国。洪武四年（1371），明太祖召见，赐予敕书，其国入贡，后不复至[③]。其时，约翰五世（1341—1376）与其共治者坎塔丘济那斗争，拜占庭正处于混乱的时代。塞尔柱克人又积极进攻，占领色雷斯。拜占庭最后70年的历史，已至残喘的境地，仅具地方的意义了。终于到景泰三年（1452），拜占庭为土耳其灭亡了，由此也结束拜占庭与中国的关系。

①列夫臣柯：《拜占庭简史》，译本264页。

②夏德所言，为张星烺《中西交通史料汇编》第一册224页注三中引述。

③《明史》，卷三二六。

大月氏西移与贵霜王国的建立①

一、中亚细亚的重要

中亚细亚的范围，约略西至里海，北至锡尔河，东南界葱岭及兴都库什山，亦称大雪山。地形复杂，系亚洲大陆的中心，古代交通的要道，在世界古代史上，占有极重要的位置。远古之时，岁月悠久，变化无常，所知甚少。在公元前6世纪前，中亚细亚为雅利安部族所占据，有繁荣的畜牧业及农业。自公元前2世纪起，大月氏向西移动，毁希腊人所建的大夏，其所起的作用是不容忽视的。因为“数千年间是决定当时世界事件的舞台，这些事件常常在长时期内震撼当时已经知道的整个世界”②。

通常言较确切的中亚细亚历史，是始于波斯帝王居鲁士(Cyrus，前558—前529)，他即位于公元前558年，并米底，征吕底亚，于公元前545年(周灵王二十七年)，向东进军，直入锡尔河，臣属塞种人，为了军事需要，建居鲁士城，汉称贰师城，即今之乌拉杜贝(Ura-tyube)，在塔吉克斯坦境内。继后南下，侵入俾路支，在剧烈的战斗中，波斯散失一军。费了将近六十年的时间，始安定东方，形成波斯的两省。依据希罗多德记述，波斯共有二十省，大夏列为十

①原载《学术集林》卷13，1998年。

②N. H. 梁士琴科：《南高加索与中亚细亚各部族的氏族的解体与各奴隶制国家的形成》《奴隶社会历史译文集》，199页。

七，康居列为十八[1]。

波斯采取怀柔政策，施行较开明的统治。虽使塞种人称臣，但并未破毁他们的经济，只要求塞种人的依附并缴纳一定的贡赋便满足了。

二、马其顿侵略中亚细亚

当马其顿灭亡波斯后（前330），中亚细亚形势为之一变。亚历山大确定东进政策，以图巩固所获的实利。侵入大夏与康居后，建立十二座城市，严重地破坏了原有的经济，同时马其顿也遭受到当地居民剧烈的反抗。

对中亚细亚，希腊人的知识是不很正确的，他们以为兴都库什山是高加索的延长，即此一例已足说明了。希腊人向东侵略，遭受到许多困难，不只是气候变化无常，寒热不均，尤其是大夏与康居的人民，忠于自己的部族，采用游击战术，使马其顿受到严重的打击。亚历山大必须改变战略与战术，利用本地的良马，配备标枪与弓箭，组成轻装的骑兵。马其顿人与波斯人混合编制，驻扎在战略地区，怀柔与镇压兼相并用，费三年时间，始占领这两个省份。其所需时间与侵略整个西亚、埃及与波斯相等，所遇的困难，自不待言了。

公元前330年9月，亚历山大向大夏进攻，伯索斯（Bessos）得西徐亚人之助，宣布独立，波斯亦随之响应。亚历山大采取分化政策，由兴都库什山东北冒险进军，入大夏地区。伯索斯怕被围困，放弃薄罗城（Bactris-Zariaspa），向北撤退，守阿姆河，将船舶焚毁，不使希腊军队利用。亚历山大追击，取当地所用的皮筏渡河，五日渡完军队，入康居，展开剧烈战斗，伯索斯不幸被俘，于公元前328年，死于薄罗城[2]。

①C.胡亚尔脱：《古波斯史》，89页，注二。

②格劳茨（G. Glotz）：《希腊史》，第四卷，123—128页。

康居在斯皮达姆(Spitaménès)领导下,坚决抵抗马其顿的侵略。康居人退入山区,在大宛谷,全民守居鲁士城,相持颇久,希腊人受到打击。亚历山大改变策略,采取围困方式,断绝水源,结果攻陷居鲁士城。斯皮达姆退出后,联合西徐亚人,进攻撒马尔罕,展开广泛的战斗,希腊死两千战士,亚历山大第一次受到严重挫折,不得已退居薄罗城[①]。公元前 328 年,马其顿分五军向康居进攻,改变战略,逐步清洗巩固据点,西徐亚人失败后,杀斯皮达姆以结马其顿欢心。

马其顿终未取得决定性的胜利。公元前 327 年初,康居人又起而反抗,奥亚尔德(Oxyartès)守希沙尔(Hissar)山区,长期抵抗。在战斗中,亚历山大俘获其女洛桑纳(Rhôxane),纳而为后,因而情势随之改变,康居放弃抵抗,而为希腊所统治。

亚历山大死后,帝国分裂,中亚细亚统治者为塞琉卡斯(Seleucus),但是并不巩固,不久南北两方形成两个新国家:安息王国于公元前256 年,属于呼罗珊的一部分,其全盛时期自里海直达印度,于公元226 年为波斯征服,建立萨珊王朝;大夏经百年后,受东方移入的塞族侵略,遂给大月氏创造了条件,而有建立贵霜王国的可能。

三、关于月氏古史的片断

依据中国的资料,公元前 2 世纪时,中亚细亚住着许多不同的游牧人,希腊人称他们是西徐亚人。在西部住着雅利安出身的塞种人,偏东的地方,住着突厥出身的月氏人,或称吐火罗人,其周近又住着起源不明的乌孙人,有些史学家,以为这些人是吉尔吉斯与哈萨克人的祖先。

关于月氏的古史,我们的知识是贫乏的。但是从仅有的片断史料中,可以看出它的历史却是久远的。《穆天子传》中说:“已亥至于

①《剑桥古代史·希腊史》。

焉居禺知之平”[1]，郭璞注释，焉居、禺知疑皆国名。《管子·揆度》中也说：“北用禺氏之玉。”[2]由此可见“禺”、“月”同声，“知”、“氏”相近，禺知、禺氏与月氏为同一名称，只是书法不同而已。

战国为一大转变的时代，废戎狄名词，改为胡与匈奴，涉及月氏问题，亦可看转变的情形。依据王国维的意见，《逸周书》为战国时的作品，在《王会解》内，禺氏与月氏兼相并用，一方面有“禺氏騊駼”之语，另一方面，汤问伊尹，伊尹举北狄来献者有十三，而月氏在其列。[3]

战国以前，月氏所居何地，不得而知；到战国之时，月氏在“雁门之西北，黄河之东”[4]；至秦汉之间，月氏向西移，故《史记》有“始月氏居敦煌祁连间”[5]之语。度《史记》用“始”字的意义，不能解为“原始”。

月氏为乘马游牧的部族，在匈奴未兴起之前，月氏已雄踞北方，《史记·匈奴列传》说：“当是之时，东胡彊而月氏盛。”[6]东胡位于燕赵之北，系后来的乌丸，《三国志》注引《魏书》指出：“乌丸者，东胡也，汉初，匈奴冒顿灭其国。”[7]月氏为行国，《史记》称“随畜移徙，与匈奴同俗”[8]。《匈奴列传》以騊駼为奇畜，徐广注此为“似马而青”[9]。蒙古人称 Chigitai，系野生骡马。

月氏亦称吐火罗人，系突厥种的最重要者，属印欧语系。突厥起源地难确定，可能在叶尼塞河附近，见于汉史较晚，始见于西魏大统八年（542）。[10]关于月氏人的相貌，与突厥合而考虑，即《魏书》论康

---

①《穆天子传》，卷一。

②《管子》，第七十八。

③《逸周书》，卷七。

④王国维：《观堂集林》，《观堂别集补遗》。

⑤《史记》，卷一百二十三。

⑥《史记》，卷一百十。

⑦《三国志·魏志》，卷三十，裴松之注引《魏书》。

⑧《史记》，卷一百二十三。

⑨《史记》，卷一百十。

⑩岑仲勉：《隋唐史》，10 页。

居较为真实：王姓温，月氏人，为匈奴所逐，其人“皆深目高鼻，多髯，善商贾”[①]，这与同书论于阗“自高昌以西，诸国人等深目高鼻，唯此一国，貌不甚胡，颇类华夏”是十分符合的。

四、月氏的居地

匈奴未兴起以前，月氏所居地带颇广，东自黄河，西至瓜州，“瓜州古西戎地，战国时为月氏所居，秦末汉初属匈奴”[②]。依据《史记》所述，亦觉与此符合。“右方王将居西方直上郡以西，接月氏氐羌”[③]。按照张守节正义，上郡故城在泾州上县东南五十里。《旧唐书》言及姑臧，也说，“秦月氏戎所处”[④]，姑臧汉属武威郡。从这些记述中可以看出，秦初之时，月氏居地几遍及今之甘肃。

秦汉之际，月氏移动，因单于冒顿兴起，为了与汉争夺，首先要解除匈奴东西两方面的牵制，以故东破东胡，西击月氏。冒顿致文帝书中，“今以小吏之败约，使之西求月氏击之”[⑤]。所谓小吏，系指匈奴右贤王，于前元三年“入居河南地，侵盗上郡葆塞蛮夷，杀略人民”[⑥]。右贤王西击月氏，十分成功，仍在致文帝书中，有“夷灭月氏，尽斩杀降下之”[⑦]的话，并非夸大，危言动人。汉议对匈奴之策时，公卿皆曰：“单于新破月氏，乘胜，不可击。”[⑧]这是文帝四年的事。

冒顿晚年，月氏因受匈奴的攻击，已去敦煌祁连之间，“其余小

---

①《魏书》，卷一百二。
②《通典》，卷一七四。
③《史记》，卷一百十。
④《旧唐书》，卷四十。
⑤《史记》，卷一百十。
⑥《史记》，卷一百十。
⑦《史记》，卷一百十。
⑧《史记》，卷一百十。

众不能去者，保南山羌号小月氏”。[1]《旧唐书》论及酒泉：“此月支地，为匈奴所灭，匈奴令休屠昆邪王守之。”[2]从上边而言，休屠昆邪据酒泉，当在文帝三年（前177）到武帝元封六年（前105）。“右方直酒泉、敦煌”[3]，匈奴益趋西，而月氏去敦煌已久矣。《史记》作于公元前91年前，故论及月氏说：“始月氏居敦煌祁连间。”[4]

五、月氏与允姓之戎

月氏于未西迁之前，居于敦煌祁连之间，祁连山在张掖、酒泉的南境，东西长二百余里。“敦煌古瓜州也……瓜州之戎并于月氏者也”。[5]那么这里有一个问题，即哪一种戎为月氏所并？

张澍在他的《西河旧事》中，依据《左传》“允姓之奸居于瓜州”[6]，对敦煌作这样解释：“敦煌郡即古瓜州也，允姓戎所居也。”[7]关于允姓，杜预以为系阴戎之别祖，与三苗俱放于三峗[8]，《水经注》解释三危山“在敦煌县南”[9]，并引《山海经》关于三危山的解释，“即所谓窜三苗于三危也，《春秋传》曰允姓之奸居于瓜州”。王国维在《鬼方昆夷猃狁考》中，曾指出，戎中强大者为犬戎，亦即猃狁，其他汾晋诸戎，河南阴戎，伊川陆浑戎，皆徙自瓜州。[10]

在另一方面，我们在《左传》中，读到“昔秦人迫逐”，杜预注此时

---

①《史记》，卷一百二十三。

②《旧唐书》，卷四十。

③《史记》，卷一百十。

④《史记》，卷一百二十三。

⑤《水经注》，卷四十。

⑥《左传·昭公九年》。

⑦张澍：《西河旧事·序》。

⑧《广弘明集》，卷七。

⑨《水经注》，卷四十。

⑩王国维：《观堂集林》，卷十三。

说："四岳之后，皆姓姜，又别允姓[1]，即月氏所并瓜州之戎。"便是说允姓是非常明白的。因为春秋之后，留于瓜州的戎便只有允姓了。

其次，《汉书·张骞传》中说："乌孙王号昆莫，昆莫父难兜靡，本与大月氏俱在祁连敦煌间，小国也。……大月氏攻杀难兜靡，夺其地，人民亡走匈奴。"[2]这些记述指出：月氏于未移动前，所征服兼并者只有乌孙。而前所举的资料，月氏所并者亦仅瓜州的允姓。就地点说，乌孙与允姓都在敦煌周近；就时间说，即在冒顿与汉文帝之时。因而藤田丰八主张：允姓不解为姓允的戎，而为一戎名，如义渠陆浑，根据月氏兼并的对象，便得出乌孙为允姓别称[3]。

乌孙即允姓的说法，虽说新奇，却难令人折服，"淑人君子，怀允不忘"，怀允就是怀"允姜"，允姜就是"允姓奸"[4]。关于这个问题，仍须深入，但是乌孙受月氏侵略后，随即起变化，依附匈奴，居于"流沙西北，前汉乌孙旧壤……后汉时即为车师后王庭之地"[5]。按祁韵士解释，今之乌鲁木齐即"汉车师后王庭地"[6]。至于月氏，虽然强盛，因受冒顿攻击，于文帝三年前离开敦煌，向西移动了。

六、月氏西移

概括地说，月氏西移的原因系匈奴兴起的结果。以故研究月氏西移的年代，自当以《史记》与《汉书》为依据。当冒顿自立为单于（前209）后，东破东胡，西击月氏，月氏在敦煌祁连间的地位便开始动摇了。

---

①《左传·襄公十四年》。

②《汉书》，卷六十一。

③藤田丰八：《西北古地研究》，73页。

④刘节：《中国古代宗族移殖史论》，173、191页。

⑤《太平寰宇记》，卷一五六。

⑥祁韵士：《西域释地》，5页。

月氏攻乌孙，夺其地，杀难兜靡，其子昆莫新生，依单于，“单于爱而养之，及壮，以其父民众与昆莫，使将兵，数有功”[1]，这说明月氏破乌孙，乌孙完全依附匈奴。但是《史记》所述与《汉书》有不一致的地方，“昆莫之父，匈奴西边小国也，匈奴攻杀其父”[2]，即难兜靡为谁所杀，无正面的资料可以肯定。《史记》《汉书》都是根据张骞的记述，两者必有一误，揆诸以后史事的发展，难兜靡系月氏所杀，因《张骞传》中明确指出：“昆莫既健，自请单于报父怨，遂西攻破大月氏。”[3]

关于月氏离敦煌后，王国维以为居于且末与于阗间，这与于阗产玉、玉起于禺氏的说法相吻合。其西移的路径，系走西域南道，因不臣大宛而臣大夏，便是未经伊犁的证明[4]。且末即折摩驮那，于阗即瞿萨旦那，依据《大唐西域记》，两者同为吐火罗（都货罗）故地，而月氏与吐火罗相同，这种设想自属合理的。又况《魏志》中说：“敦煌西域之南山中，从婼羌西至葱岭数千里，有月氏余种。”[5]

但是，王国维所言系一般情况，并非冒顿攻击月氏后，月氏西移的路径。月氏主力是向伊犁区域移动，攻击塞种，这些在《史记》、《汉书》中都有较明确的记载。《汉书》说：“时月氏已为匈奴所破，西击塞王，塞王南走远徙，月氏居其地。”[6]这说明月氏自敦煌西移后，便停居在塞种人所居的地带。

现在，我们说明塞种人所居地区，自明白月氏第一次西移后的居位地。《汉书》论及乌孙边界：“东与匈奴，西北与康居，西与大宛，南与城郭诸国相接，本塞地也。”[7]大月氏西移破走塞王而居其地，“后乌孙昆莫击破大月氏，大月氏徙西臣大夏，而乌孙昆莫居之，故

①《汉书》，卷六十一。

②《史记》，卷一百二十三。

③《汉书》，卷六十一。

④王国维：《观堂别集别补》。

⑤《三国志·魏志》，卷三十，裴松之注引《魏略·西戎传》。

⑥《汉书》，卷六十一。

⑦《汉书》，卷九十六下。

乌孙民有塞种、大月氏种云”[1]。《史记》论及乌孙说:“乌孙在大宛东北,可二千里,行国。”[2]按这些资料,乌孙在今之伊犁地区。

月氏受匈奴攻击,前后有两次西移,第一次自敦煌西移,第二次自塞王故地伊犁西移。第一次西移,当在冒顿晚年至老上单于初年,即公元前174年。匈奴于冒顿之时,经常侵袭月氏,《史记》说:

> 臣居匈奴中,闻乌孙王号昆莫……昆莫生弃于野,乌嗛肉蜚其上,狼往乳之。单于怪以为神……及壮使将兵,数有功,单于复以其父之民予昆莫……单于死,昆莫乃率其众远徙。……今单于新困于汉……[3]

《汉书》说:

> 臣居匈奴中,闻乌孙王号昆莫,昆莫父难兜靡……昆莫新生……单于爱养之,及壮以其父民众与昆莫……昆莫既健,自请单于报父怨……会单于死,不肯复朝事匈奴……今单于新困于汉……[4]

按张骞囚于匈奴的时间,当在建元二年至元光六年(前139—前129),其归国的时间为元朔三年(前126)。匈奴单于统治:冒顿自秦二世元年至汉文帝前元六年(前209—前174),稽粥老上自文帝前元六年至后元三年(前174—前126),军臣自文帝后元三年至武帝元朔三年(前161—前126)。《史记》、《汉书》所述昆莫之事,因系张骞实际所获,大致相同。

①《汉书》,卷九十六下。
②《史记》,卷一百二十三。
③《史记》,卷一百二十三。
④《汉书》,卷六十一。

武帝元封中(前 110—前 105),江都王建女细君嫁昆莫,为右夫人,“昆莫年老”[1],语言不通,公主悲愁,作《黄鹄歌》。此事发生在军臣死后至少十五年,即在乌维单于统治之时(前 114—前 105)。至“会单于死”,系张骞使大月氏后,亦即大月氏由伊犁移至妫水,此当在军臣死之前,即元朔三年以前,那么必然是老上单于无疑。因而昆莫既健,自请单于报父怨,此单于亦为老上单于无疑。那么乌孙进击大月氏,第二次自伊犁出,当在老上单于统治之时,亦即公元前 161 年前也。乌孙占据伊犁,亦即月氏西移妫水。假定细君嫁昆莫,昆莫年老,约为八十,即其请老上单于报父怨时,正当二十多岁的壮健的青年,那么抚养昆莫的单于,不是老上,而是冒顿。因老上即位于公元前 174 年,绝不能以十岁左右的儿童,使将兵,数有功,那么爱而养之的单于,不是老上,必为冒顿。因此,乌孙逐大月氏,据伊犁,与前所提“居流沙西北”正相符合。乘老上之死(后元三年),“不肯复朝事匈奴”[2]。从此乌孙与匈奴的关系也便恶化了。

月氏为乌孙所迫,离伊犁,第二次向西移动,经大宛、热海、石国及撒马尔干,都于妫水之北。张骞使月氏,会见月氏王当在元光六年至元朔元年 (前 129—前 128),其会见地点依白乌库吉为 Termid,《大唐西域记》作咀密。塞种已早经葱岭南下,至县度,即身毒[3]。希腊地理学者斯脱拉波 (Strab)说,约于公元前 150 年时,有蛮族侵入希腊所建立国,综此而言,塞种与月氏向中亚发展,如波推浪,与《汉书》所说“大月氏西君大夏,而塞王南君罽宾”[4],是非常符合的。

张骞出使大月氏,并非是突发的。他去的地方也非是陌生的,有匈奴降者供给的情况,有堂邑父的陪伴,深知月氏与匈奴关系的恶化,及出使后,又被匈奴拘留,了解了实际情况,即其献“断匈奴右

①《汉书》,卷九十六下。

②《汉书》,卷六十一。

③参考《广弘明集》,卷七。

④《汉书》,卷九十六上。

臂”的策略,是有根据的。

张骞出使西域,既不是推销丝绸,也不是实力的扩张。其目的有二:一方面与中亚游牧民族联盟,拒抗匈奴;一方面造成一种情势,使中亚游牧国家与中国友好,不为匈奴所利用。为了完成这项任务,选定大月氏为出使的对象。当他克服困难,到达月氏王庭,月氏却志安乐,殊无报胡之心,竟不得要领而还①。

在张骞东归不久之后,约公元前124年,大月氏侵入大夏,阿尔达班二世(Artaban Ⅱ)战死,希腊所建的大夏王国,亦因此而灭亡②。

七、贵霜王国的建立与灭亡

张骞抵大月氏后,大夏尚未被征服,故《史记》叙述大月氏时,“居妫水之北,其南即大夏”③,并身临其地。但是,《汉书·西域传》中,大月氏已有颇著的变化,“南与罽宾接”④,即大夏已为月氏所臣属。

大夏亦称吐火罗,系希腊文化的中心,位于大雪山之北。段成式释吐火罗缚底野城时说,系“古波斯王乌瑟多习之所筑也”⑤。按缚底野系大夏都城Bactria的译音,乌瑟多习为Vichtâspa,曾做大夏的省长,系波斯国王大流士(Darius)之父。自亚历山大帝国分裂后,情形混乱,故《汉书》说:“大夏本无大君长城邑,往往置小长,民弱畏战,故月氏徙来皆臣畜之。”⑥

大月氏臣属大夏的时候,是从前边提及阿尔达班二世战死开始的,约在公元前124年。这与《大唐西域记》所述,亦相符合:“伽腻色

①《汉书》,卷六十一。

②胡亚尔:《古波斯史》,103页。

③《史记》,卷一百二十三。

④《汉书》,卷九十六上。

⑤《酉阳杂俎》,卷十四。

⑥《汉书》,卷九十六上。

伽王，以如来涅槃之后第四百年，君临膺运，统赡部洲。”[①]释迦牟尼圆寂于公元前483年，以故大月氏建立国家当在公元前1世纪初。

当大月氏臣属大夏之后，并非一个统一的国家，依据《汉书》，有五翕侯的设置：休密、双靡、贵霜、肹顿与高附。[②]范晔对此有不同的叙述，高附在大月氏南，“所属无常，天竺、罽宾、安息三国，强即得之，弱则失之，而未尝属月氏。《汉书》以为五翕侯数非其实也。后属安息，及月氏破安息，始得高附。”[③]那么月氏什么时取得高附？依据波斯方面的史事发展，约在公元后四五十年间，哥达兹（Gotarzes）与瓦达奈一世（Wardanes I）斗争，互求月氏援助，月氏乘机夺取高附，扩展实力[④]。也便是在此时，贵霜翕侯丘就郤[⑤]攻灭四翕侯，自立为王，国号贵霜，“汉本其故号，言大月氏云”[⑥]。

月氏既强盛，丘就郤又向外扩展，取罽宾。《水经注》说“月氏之破塞王，南居罽宾”[⑦]，就所有情况推论，当在丘就郤晚年，即80年以前。“东汉之世，罽宾高附并于月氏”。[⑧]

公元1世纪末，丘就郤建立的大月氏王国，已树立了繁荣富强的基础。许多资料提及大月氏，“人民赤白色，便习弓马，土地所出及奇玮珍物，被服鲜好，天竺不及也”[⑨]。大月氏“土地和平，无所不有，金银珍宝，异畜奇物，逾于中夏，大国也”[⑩]。纵使这些叙述有夸张，但

①《大唐西域记》，卷二。

②参看《汉书》卷九十六上。

③《后汉书》，卷九十八。

④参看胡亚尔：《古波斯史》，134页。

⑤伯希和以丘就郤应译为丘就劫，阎膏珍应为阎膏弥，《西域南海史地考证译丛》，五编，110—113页。

⑥《后汉书》，卷一一八。

⑦《水经注》，卷二。

⑧《西域图考》，卷六。

⑨万震：《南州志》。

⑩《水经注》，卷二。

是也有一定的事实根据。

"贵霜"一词,始见于《汉书·西域传》[①],为五翕侯之一。颜师古解释:"翕侯,乌孙大臣官号,其数非一,亦犹汉之将军耳。"[②]翕侯系突厥语"yabgu"之译音。至于西方关于贵霜,桑原骘藏则列举:印度为kušâna,希腊为košano,波斯为kusân,亚美尼亚为kušang,叙利亚为kušânoyê,罗马为Cusani[③]。其种为大月氏,亦即吐火罗,并非像桑原所说是大夏种。为何称贵霜?希腊古地志Gandarae,旧译为犍陀罗,《高僧·昙无竭传》作月氏国,《汉书》的贵霜,《魏书》的钳敦,"疑亦为其对音"[④]。其都城为弗楼沙(Purushapura),即今之白沙瓦(Peshawar)。

法显于元兴元年(402)经弗楼沙国说:"昔月氏王大兴兵众来伐此国,欲取佛钵,既伏此国已,月氏王笃信佛法,欲持钵去。"[⑤]后宋云道过此城,亦说:"川原沃壤,城郭端直,居民殷多,林泉茂盛。"[⑥]

丘就郤死,其子阎膏珍继位,征印度五河流域,置将管辖,故鱼豢说:"罽宾国、大夏国、高附国、天竺国皆并属大月氏。"[⑦]就此时期言,正是月氏与康居联婚相亲,班超使西域,派遣使臣以锦帛与月氏王,为超谕康居毋救疏勒。继后月氏王求汉公主,班超拒,由是月氏怨汉,和帝永元二年(90),月氏遣其副王谢将兵攻超,超伏兵杀其骑,月氏请罪[⑧]。按此事实,系贵霜王阎膏珍统治之时,亦即月氏版图最广大之时,因所发现的货币地区,亦较广阔,遍及高附与天竺。

伽腻色伽二世立,国运昌隆,南及印度阎牟那河,东至于阗,崇

①《汉书》,卷九十六上。

②《汉书》,卷六十一。

③桑原骘藏:《张骞西征考》,39页。

④冯承钧:《西域地名》,29—30页。

⑤《津逮秘书》本法显《佛国记》。

⑥《洛阳伽蓝记》,卷五。

⑦《三国志·魏志》,卷三十,裴松之注引《魏略·西戎传》。

⑧参看《后汉书》,卷四十七。

尚佛教，每日延僧入宫说法。吸取希腊艺术作风，衣纹与形态有许多类似处。举行第四次佛典集聚大会，佛教及其艺术越葱岭而东传。桓帝建和元年（147），月支僧支娄迦谶至洛阳译经，后之来者络绎不绝，其名僧甚多，如支谦，时人语之："支郎眼中黄，形躯虽细是智囊。"[①]彼得堡博物馆所存的金币，正面刻有王的站像，佩刀持枪，周围刻以希腊文："王中之王，贵霜伽腻色伽。"背面刻女神像，头有角，角有花，缘边有"丰富"之字[②]。

伽腻色伽二世之后的史实，我们所知甚少。《三国志》记：太和三年（229）十二月癸卯，"大月氏王波调遣使奉献，以调为亲魏大月王"[③]。按波调为 Vasudeva II 的对音，约生于 3 世纪中叶。迨至法显于元兴元年（402）入印度北部，其时为笈多王朝所统治，而贵霜实力已退至兴都库什山以北。约在 430 年后，月氏王寄多罗（Kitara）又征北印度，其子为小月氏王，都富楼沙城[④]，实质上是一个国家。因为富楼沙便是犍陀罗的都城。

自 4 世纪中叶，贵霜经常受哌哒的压迫，至 480 年，遂全为哌哒所灭。按《魏书》所述："哌哒国，大月氏之种族也。亦曰高车之别种：其原出于塞北……在于阗之西，都乌浒水南二百余里……其人凶悍，能斗战，西域康居、于阗、沙勒、安息及诸小国三十许，皆役属之，号为大国。"[⑤]神龟二年（519），宋云入哌哒国，他说："居无城郭，游军而治，以毡为屋，随逐水草，夏则随凉，冬则就温乡土，不识文字，礼教俱阙……四夷之中，最为强大，不信佛法，多事外神。"[⑥]由是知贵霜王国为来自东方的哌哒所灭。

①《高僧传》，初集卷一。

②关卫：《西方美术东渐史》，15 页。

③《三国志·魏志》，卷三。

④《魏书》，卷一百二。

⑤同上。

⑥《洛阳伽蓝记》，卷五。

公元557年，西突厥兴起，木杆可汗灭哌哒。“自数百年，王族绝嗣，酋豪为竞，各擅君长，依川据险，分为二十七国，虽画野区分，总役属突厥”。[①]迨至唐高宗时，阿拉伯大将柯泰巴（Kotaiba）向东进军，入土耳其斯坦，阿姆河一带，尽归阿拉伯所有矣。而一代繁荣昌盛的贵霜王国，已成为历史的陈迹。

八、结语

中亚细亚历史在世界古代史上起着重要的作用，我们的知识异常贫乏，所知甚少，须深入研究，以补世界古代史上的缺陷。我们觉着世无孤立的国家，亦无隔绝的民族，便在远古时期，虽然交通困难，工具简陋，但是仍然有许多移殖，扩大古人的物质与文化生活。

读前人关于月氏的著作，试写成《月氏西移与贵霜王国的建立》，从而理解到月氏的历史甚古，自战国向西移动。月氏人深目高鼻，属突厥种，亦称吐火罗种。月氏居敦煌祁连之间，受匈奴压迫，不得已而去敦煌，其先所并之允姓，不能解作乌孙；其后西移所经之地，必为塞种人曾居之伊犁，而非取西域南道。由伊犁移入妫水，系昆莫攻击的结果，自在老上单于死之前。张骞出使月氏，月氏已侵大夏，然尚未将之灭亡。迨至丘就郤时，月氏扩大，建立贵霜王国；其子阎膏珍即位，南侵印度；伽腻色伽二世出，贵霜文教昌隆，佛教向东传播，吸取希腊艺术，蔚成大观。哌哒兴起，西移毁月氏的成就，贵霜灭亡，但是哌哒又为西突厥所灭。中亚细亚历史，常受外力袭击，变化无常，因而所起的影响亦巨大。兹将前人所述，略加整理，所用资料，多采自祖国典籍之中，只是所见有限，功力自然不足，这是可以预见的。

①《大唐西域记》，卷一。